# 中国古代
# 体育文化

钟全宏　著

人民体育出版社

**图书在版编目（CIP）数据**

中国古代体育文化 / 钟全宏著. -- 北京：人民体育出版社, 2023（2023.7重印）
ISBN 978-7-5009-6231-1

Ⅰ.①中… Ⅱ.①钟… Ⅲ.①体育文化—研究—中国—古代 Ⅳ.①G812.92

中国版本图书馆CIP数据核字(2022)第195592号

\*

人民体育出版社出版发行
北京建宏印刷有限公司印刷
新 华 书 店 经 销
\*
710×1000　16开本　13印张　223千字
2023年3月第1版　2023年7月第2次印刷
\*
ISBN 978-7-5009-6231-1
定价：70.00元

社址：北京市东城区体育馆路8号（天坛公园东门）
电话：67151482（发行部）　　　　邮编：100061
传真：67151483　　　　　　　　　邮购：67118491
网址：www.psphpress.com
（购买本社图书，如遇有缺损页可与邮购部联系）

# 前 言

　　保罗·肯尼迪在《大国的兴衰》中论述西方世界的兴起时，从人口、文化成就、水利及运河系统、官僚体系与统一行政管理下的社会整合及灵活性等方面，对比了明代以前的中国与欧洲。他引证麦克尼尔等多位西方学者的著作，并以赞许和肯定的态度总结道："在先前的所有文明中，没有哪一个文明比中国文明更发达更先进。诚然，中国文明曾经遭受唐代的突厥，宋代的契丹、女真、党项以及后来兴起的蒙古等入侵，但她总能改变征服者而不是被征服者所改变。"（引自 *Paul Kennedy, The Rise and Fall of the Great Powers*, NY: Random House, 1987）。中国古代体育文化就是在中国文明的优越环境中形成的，是一部与中国古代社会、政治、经济、文化的交流史。

　　我们讨论中国古代体育文化，必然要涉及民族文化与主流文化之间的关系问题，因为人类社会的历史发展是一个多元文化交流与融合的过程，文化交流与文化认同对于其发展至关重要。自上古时代开始，人类生存的每一个角落和每一个部族都形成各具特色且相对独立的文化特征，在历史演进与流变过程中，许多区域性的民族文化最终要融入世界发展的主流文化中。随着社会发展和科学技术的进步，人们所获取的社会信息容量和生活半径不断扩大，多元文化和不同文明之间难免会出现冲突与碰撞。虽然每一个区域性的条块文化都有自己较为稳定的民族文化基因，但在长期多元文化价值交互思维的影响下，区域内部人们的生活方式和思想行为会发生相应的文化裂变，改变其原有文化一致性的特质。人们对异质文化所持有的观点和态度，随着生活方式的变迁，就会改变相互之间的文化思辨和文化期待，通过长期的文化冲突与碰撞，最终形成对彼此文化的交融与认同。

在人类社会发展的每一种社会形态都有其独特的文明类型，因此也显示出属于那个时代文明的先进性。随着社会发展的进步，人们的生活环境和生活条件不断地发生改变，原来自然形成的单个条块文化界限将会逐渐被打破，慢慢融入新阶段的文明体系之中。中国古代几千年的华夏文明就是在这种文化交互影响中，形成了朝代更迭和文明的延续。一方面在历史时空序列里对传统文化的反思与改变，另一方面又怀着对固有传统文化的怀念与期待，逐步形成了稳定的民族文化基因，在长期交互思辨过程中形成了传统文化之根。

文化交流与互鉴的关键就是要建立起多元共生的文化包容性思维，构建马赛克式的文化大观园，而非独树一帜的文化单边主义思想。人类社会总是在宗教信仰、种族冲突、军事战争等各种矛盾中打破民族间的藩篱，并与民族主义的觉醒互为作用，相伴而生。文化作为每一个社会形态的经济基础和民族认同纽带，维系着每个时代的意识形态、文化传统、价值取向、民族精神、宗教信仰、生活方式等。经济全球化同样也会导致民族文化的同化和文化侵略发生，美国学者勒纳用"痛苦门槛"来形容这一现象的存在。每一个民族的文化在跨越这道"门槛"时，固有的文化体系都会遭到瓦解，于是民族的凝聚力和认同感开始淡化，极端个人主义思想开始膨胀，人际矛盾、群际矛盾、种族矛盾以及各种社会矛盾不断产生和激化。因此，无论先进或者落后的国家和民族，在世界主流文化形成的洪流之中，都会面临文化一致性被弱化的困惑。

文化作为人类智慧的结晶，可以超越时空的限制，进而在代际之间传承和积累，并对人类社会生活的行为方式和心理结构产生深刻影响。文化是维系民族灵魂的纽带，其并非一成不变，它总是随着人类实践活动的变迁而维系着民族文化认同的活力和张力。一方面，社会转型驱使那些底蕴深厚、历史悠久而又相对封闭的传统文化，在思想观念、情感认同等领域面临转向选择。在人类以世代沿袭、适应本民族文化习俗的思维认知界域之外，不断建立起跨民族、跨文化的价值观念与外界交流和对话，这便是对原有条块文化的再认识。另一方面，在全球化的语境下，主流文化借助大众消费倾销和大众文化传播，改变其原有条块文化建立起来的道德规范和行为规范，因此，构建制度约束就显得尤为重要。制度是人所形成的文化观念的产物，文化只有外化为制度才能获得维系民族文化强有力的依托。正如美国人类学家克利福德·格尔兹所说："宗教思想、道德思想、实践思想、美术思想也必须由强有力的社会集团承载，才能产生强大的社会作用。贯彻这些思想，要想在社会中不仅找到其在精神上有存在，也找到其在物质上有存在，就必须将这些思想制度化。"由此可见，民族文化的一致性在外来文化的冲击下，条块内部所形成的社会秩序、生活秩序、经济秩序、政治秩序在变革中面临多元危机的挑战。那些曾经在人类历史上有着光辉灿烂的文明，经过长期的历史积淀，根植在人们灵魂深处的价值体系，在全球化背景下转型更为艰难，或将面临价值认知冲击下的文化衰退。

面对民族文化与世界主流文化之间的冲突，关键在于如何认知主流文化的世界性和民族性。所谓主流文化，就是在人类历史发展的长河中，将那些条块文化通过文化传承、文化交流、文化传播和文明互鉴等途径，进而得到不同民族、不同国家的价值体系所认同的，融汇于全球性社会生活之中的观念文化、制度文化、生活文化等，例如，源于希腊的奥林匹克文化，中国的儒学文化等。

条块文化之间的冲突，其自身的文化"修正"是在所难免的，而文化"融合"也大致是可行性的选择。关键在于找到民族文化成长的有效空间，文化全球化本质上是民族文化与主流文化不断融合的过程。条块文化的界域被打破必然会导致对民族文化的重新审视和修正，在文化走向选择的十字路口，挖掘民族文化的优秀内核动能，在主流文化语境下重新塑造民族文化的价值体系，在民族文化与主流文化之间架起融会贯通的桥梁。当然，如果这种重塑以自觉、认同、主动、可控的形式出现，必然会加速文化现代化进程，反之亦然。在全球化的背景下根据民族文化的优势，选择具有合理性和普遍性的发展模式，使民族文化的根和魂焕发出与时俱进的活力，才能矗立于世界民族文化之林。

从世界体育文化发展的历史来看，中国古代体育文化显然是人类文化宝库中极其重要且极具特色的一部分，在中华民族漫长的历史发展过程中创造出了星河灿烂的古代体育文化。虽然在不同时期、不同区域、不同民族间呈现出了多样性和变异性的特征，但始终有着一以贯之的同一性，形成了中国古代体育文化核心精神的基本特色。例如，天人合一、物我交融的世界观，器具不离、体用不二的哲学观，仁民爱物、以人为本的健康观，中庸之道、和而不同的方法论，自强不息、日新变通的进取精神等。中国古代体育文化是中华文明的主要代表，在人类文明发展的历史长河中，中国古代体育文化的影响并不局限于中华大地，也不局限于东亚文化圈，而是通过不同的时空和渠道传播至世界各地，散发着独特的文化魅力。特别是在东方养生文化和西方奥林匹克文化之间，自古以来，从未停止相互交流和影响。中国传统体育文化通过多元化途径传入世界各地，在冲突与矛盾中不断进行着相互间的认同和摄取，诸多传统体育文化和体育项目受到世界人民的喜爱和研究，如传统武术文化、传统养生文化、理疗针灸和火罐等。

在全球化背景下，中国古代传统体育文化的思想精神依然具有世界性的独特意义。中国古代体育文化独具特色的世界观、方法论、认识论、健康论、本体论等，在一定程度上与西方体育思想、体育文化、体育价值的文化倾向形成互补，矫正其各自的文化传承，行以致远。中国传统体育文化兼容并蓄、追求内外合一的和谐境界，以"和而不同"的精神审视世界语境下的多元体育文化，以更加开放、包容、尊重、理解、鉴赏的态度促进文化多样性。

本书涉及内容相对较多，而且时间跨度长，因此在撰写过程中所涉及的文献资料较为繁杂，但由于笔者的学术水平和能力有限，在文献资料梳理和分析论述上难免有偏差和疏漏之处，诚请专家、学者不吝赐教。本书是在前人的研究基础上完成的，在写作过程中，参考了前人和时贤的相关著作，除在行文中及时注明之外，另附参考文献于书后，在此特致谢忱。

# 目 录

# 绪　论

## 一、中国古代体育文化的研究对象

中国古代体育文化是研究中国古代体育的产生和流变过程的轨迹及其发展规律的一门学科，是历史学科和体育学科下属的一个分支学科，属于历史学、考古学、文化学、人类学、社会学和体育学共同研究的范畴。

古代体育文化更注重的是研究不同时期人类社会的体育行为，中国古代所历经的每一种社会形态都有其独特的政治、经济、文化制度。尽管有这些人类社会的多样性，但这些社会形态下的体育文化依然具有其相对稳定的延续性。体育文化在某种程度上成为人们满足健康需求的依赖，为追求个体在社会秩序中的生存空间，体育文化必须使个人利益与整体社会相妥协。同样，体育文化必须具备变迁的潜力，以适应新的环境或者变化的社会形态。

体育文化是一种以动作技能、运动技术为文化符号的身体文化。体育文化是通过人体完成某种动作来具体表现的，体育文化中的人体动作是由人类走、跑、跳、投、攀登、支撑、悬垂、爬越等基本活动技能组成的。经过程式化的组合，升华为各种体育运动表现形式。中国古代体育文化是一门研究古代人类体育文化变迁的学科，根据古代体育文化的历史演进规律，主要涉及三个层次的关系：第一是人与自然的关系，包括人们所创造或发明的体育文化思想、体育运动器具、体育活动方法，以及体育文化变迁与物质文化之间的关系，其中科学技术的进步对体育文化发展的影响尤为重要；第二是人与社会的关系，我们也称作人与人之间的关系，包括社会架构下的体育组织、体育结构、体育制度以及体育运行机制与人之间的关系；第三是人与自身心理的关系，更加注重人们的知识体系、价值观念、体育思想、体育态度以及个人的健康理念等，将影响自身的体育行为和表现。这三个层次并非孤立存在，而是相互作用、彼此协调地整合成为各个社会制度化的行为规范，构成各种类型的体育文化模式而存在。

## （一）文化的概念

由于历史所处的环境不同，世界不同民族和国家的社会发展迄今仍有后进和先进之分。但无论哪个民族的文化，都是在历史发展的进程中适应其生存环境而产生的，都有其自身的价值。随着人类社会发展的进步，不同地域间各民族的交流日益频繁，文化的碰撞与交融成为人类命运共同体的必由之路。民族和种族之间由于文化隔阂所造成的偏见，使人类对异质文化的懵然无知，认为只有本民族的文化才是最优越的。于是因偏见而歧视，由歧视而欺凌，直至侵略、发动战争，这便是文化霸权主义。人类社会发展的历史实践证明，无论哪一个民族的文化，在相应序列里所培植的人类身心是相同的，并无高低贵贱之分。

从语言体系上观察，"文化"由拉丁语cultura转化而来，cultura原本有神灵祭祀、土地耕作、动植物培养以及精神修养之意。自罗马哲学家西塞罗（公元前106—公元前43年）提出"哲学就是心的耕种"观点以来，文化转化为主体的自我形成乃至教养之意，"有文化"就意味着拥有学问、艺术等富有高雅的人类精神成果。到了中世纪，cultura基本与今天我们所说的物质文明和精神文明的文化概念相类似，但由于受到神学的影响，"耕种"演变为神的赏赐和崇拜之物的精神寄托，而这一时期精神的文化概念主要指宗教文化。近代的文化从中世纪的思想中解脱出来，其含义在不同的国家和地区发生了微妙的变化。

在中国，"文化"一词是源于中国语言系统中古已有之的词汇，"文"之本义是指各色交错的纹理。据《周易·系辞下》中记载："物相杂，故曰文。"《礼记·乐记》中记载："五色成文而不乱。"另据《说文解字》中记载："文，错画也，象交文。"这些记载中均有"文"的共同之意。在此基础上，"文"又引申出多种意思。第一，是象征着各种语言文字的符号，进而具体为各种文物典籍和礼乐制度。据《尚书·序》中记载：伏羲八卦书契，"由是文籍生焉"；而在《论语·子罕》里孔子则说："文王既没，文不在兹乎"。第二，是关于伦理之说，由此而延伸出的彩画、装饰、人文修养等，其与"实"和"质"互为对称。因此《尚书·舜典》中疏曰："经纬天地曰文"，又据《论语·雍也》中记载："质胜文则野，文胜质则史，文质彬彬，然后君子。"第三，是在前两层意思的基础之上，延伸出德、善、美之意，这便是《礼记·乐记》中所说的"礼减而进，以进为文"，而《尚书·大禹谟》

所谓"文命敷于四海，祗承于帝"。

"化"之本义为改易、生成、造化，如《庄子·逍遥游》中记载："化而为鸟，其名为鹏"；又如《周易·系辞下》中记载："男女构精，万物化生"；另据《黄帝内经·素问》中记载："化不可代，时不可违"；我们归纳先哲们的这些论道，"化"主要指事物的形态或性质的改变，并以此引申为教行迁善之意。

"文"与"化"合而使用，较早见其于战国末年由儒生所编辑的《周易·贲卦·象传》之中，曰"刚柔交错，天文也。文明以止，人文也。观乎天文，以察时变。观乎人文，以化成天下"。

在西方社会，较为经典的文化概念是19世纪末英国人类学家爱德华·伯内特·泰勒（1832—1917年）所描述的："文化是一个复合的整体，其中包括知识、信仰、艺术、道德、法律、风俗以及人作为社会成员而获得的任何其他的能力和习惯。"哈佛大学文化人类学和社会学教授克莱德·克鲁克洪在《文化的概念》一书中，把文化定义为："文化是历史上所创造的生存式样系统，既包括显性式样又包括隐性式样；它具有为整个群体共享的倾向，或是在一定时期为群体的特定部分所共享。"而美国大多数人类学家都认可赫斯科维兹对文化的界定：①文化是学而知之的（但并非所有的学习都是文化）；②文化是由构成人类存在的生物学成分、环境成分、心理成分以及历史学成分衍生而来的；③文化具有结构；④文化分为各个方面；⑤文化是动态的；⑥文化是可变的；⑦文化显示出规律性；⑧文化是个人适应其整个社会的工具，是表达其创造性的手段。事实上，就文化的概念而言，我们可以无限地延伸列举下去，例如，文化是可以积累的，文化具有阶级性、民族性等。

现在的文化定义，倾向于更加明确地区分现实行为和构成行为原因的抽象价值、信念以及价值观。也就是说，文化不是可观察的行为，而是共享的理想、价值、信念，人们用它来解释所经历的生活经验，生成行为，而且文化也反映在人们的行为之中。

人类受赐于自然，也受制于自然，同时，人类又超越自然，能够认识自然并按照自己的意志与自然相生相伴，"人之巧乃可与造化者同功乎"，自此，我们所生存的自然环境充满生机的"人的世界"，也即"文化的世界"。文化的实质性含义是"人类化"，是人类价值观念在社会实践过程中的对象化，使人类创造的文化价值，经由符号这一介质在传播中的实现过程，而这种实现过程包括外在的文化产品的创制和人的自身心智的塑造。

文化作为人类社会的现实而存在，具有与人类同样古老的历史。人类从"茹毛饮血、茫然于人道"的"直立之兽"演化而来，逐渐形成与"天道"既相互联系又相互区别的"人道"，这便是文化的创造过程。人是文化创造与发展的主体，客体则是自然，文化便是人与自然、主体与客体之间对立统一的产物。创造文化的过程就是人与自然交流、改变社会的实践活动过程，它同时也是人类自身变革的过程。显然，人创造了文化，同样文化也创造了人。文化的实质性含义是"人化"或者"化人"的过程，是人类通过社会实践活动实现自身价值的过程。因此我们说，凡是超越本能的、人类有意识的作用与自然界和社会的一切活动及其结果，都属于文化；或者说，"自然的人化"即文化。

## （二）"体育"名称的演变

在研究中国古代体育文化时，首先我们要搞清楚什么是"体育"。对"体育"一词的外延和内涵要追根溯源。我们知道，中国古代文化语系里对"体育"这个词没有专门的界定，而与其相生相伴的称谓则有很多，诸如养生、导引、拳勇、武勇、技击、武艺等名称和内容形式，但一直未有"体育"称谓的说法，因此，对"体育"一词的梳理结果是属于"外来词"。

我们追溯"体育"一词的来龙去脉，不得不翻开日本的历史。日本在明治维新时期（1868—1873年），在不断学习西方资本主义国家的先进科学技术的同时，一些学科知识与学科术语也随之引进日本。日本学者算作麟祥先生于1875年前后将physical education翻译为"身之教"，后来有学者逐渐将其翻译成"关于身体的教育""身体之教育""身教""育体"等术语。直至1876年，日本学者近藤镇三先生将其翻译为"体育"，于是"体育"一词便随之问世。人类的体育行为和体育活动习惯与人类社会的相生相伴具有悠久的历史，但是"体育"一词的名称出现却比较晚。因为在"体育"一词出现前，世界各国对体育这一文化活动过程没有统一的称谓。

在古希腊时期，游戏、角力、体操等多种形式的活动被列入教育的内容。在17—18世纪，西方一些资本主义国家的教育体系中将打猎、游泳、爬山、赛跑、跳跃等活动全部列入教育的内容，但这些活动内容没有固定统一的名称。直到18世纪末，德国近代体育之父约翰·克里斯托夫·弗里德里希·古兹姆斯

（Johann Christoph Friedrich Guts Muths）曾把这些活动分类、综合以后统称为"体操"。人类社会进入19世纪以来，一方面由于德国形成了新的体操内容以及相对固定的教育体系，并广泛传播于欧美各国；另一方面则是相继出现了各种类型的新兴运动项目。在学校逐渐开展了超出原来体操教育体系范畴且更为广泛的运动项目，逐步建立起"体育是以身体活动为手段的教育"这一新的教育理念。与此同时，在很长一段时间里，"体操"和"体育"两个词同时存在、相互混用，其内涵和外延较为混乱，时间进入20世纪初，在世界范围内逐渐将"体操"和"体育"统称为"体育"。

中国古代体育发生和流变的历史源远流长，但"体育"这个称谓却是一个外来词。它最早出现于20世纪初的清朝末年，当时，我国有大批留学生东渡日本求学，通过中国留日学生这一媒介将"体育"一词引进中国，梁启超先生最早倡导将"体育"作为学校教育的内容。"体育"一词在中国最早出现于1904年，湖北幼稚园开办章程中涉及对幼儿进行全面教育时提到："保全身体之健旺，体育发达基地。"而在1905年《湖南蒙养院教课说略》中也提到："体育功夫，体操发达其表，乐歌发达其里。"1906年在中国最早创办的体育团体是上海的"沪西士商体育会"。1907年（光绪三十三年）我国著名女革命家秋瑾在绍兴创办了体育会。同年，清皇朝学部颁布的《学部奏定女子小学堂章程》也提到"体育"一词，"女子缠足，最为残害肢体，有乖体育之道，务劝令逐渐解除，力矫弊习。"自辛亥革命以后，"体育"一词逐渐得到推广和运用。1923年，在《中小学课程纲要草案》中，正式把"体操课"改为"体育课"，从此"体育"一词成为学校教育中身体教育的专门术语。

"体育"一词其含义有一个逐渐演化的过程。在一开始传入我国时作为教育内容的一部分，主要是指身体的教育，是与维持和发展身体活动相关联的一种教育过程，与国际视野里的"体育"（Physical education）是一致的。随着社会的进步和体育功能的不断演变，其目的和内容都远远超出了"体育"原有的范畴，于是，对体育概念的界定出现了"广义"与"狭义"之解释。当用于广义时，一般是指体育运动，其中包括了体育教育、竞技运动和身体锻炼3个方面；用于狭义时，一般是指体育教育。一些专家、学者对"体育"概念的解释大致趋向于："体育是以身体活动为媒介，以谋求个体身心健康、全面发展为直接目的，并以培养完善的社会公民为终极目标的一种社会文化现象或教育过程"。随着社会的发展和进步，我们对体育概念的认识也不断发生变革。

体育作为一种特殊的社会文化现象，它的发生及其发展演变过程，与不同历史时期的社会政治、经济、文化、教育、军事等方面相辅相成，而且影响至深。我们今天研究体育史的发展，既要研究不同时期体育的变革轨迹，也要注重研究不同历史时期和不同社会体制下政治、经济、文化、教育、军事等领域对体育发展的影响，同时还要研究不同学术思想流派对体育发展的影响。如果孤立地从体育视角谈不同时期的体育发展是狭隘的，只是对不同时期体育运动技术的描述，而非对体育发展的推动性进步。

体育以项目的形式使练习者参与其中，不会受到社会制度的影响，但在不同的社会体制下，体育往往作为完善社会制度的文化手段呈现在社会发展的各个领域，促进或制约着社会进步与发展。从人类生活方式的选择与健康视角解读体育的产生及其发展过程，对人类社会发展意义重大。

## 二、中国古代体育文化的研究目的、意义

我们今天研究中国古代体育文化，其目的在于探索我国古代体育发生及其发展形成的基本规律，传承中华民族优秀的体育文化基因，弘扬优秀的民族体育精神，建立起强大的文化自信，为实现中华民族的伟大复兴而接续努力，为人类的健康贡献中国智慧。

德国著名哲学家雅斯贝尔斯先生曾提出一个很著名的理论——"轴心时代"。他在《历史的起源与目标》中指出，公元前800—公元前200年，尤其是公元前600—公元300年，是人类文明出现闪光的"轴心时代"。"轴心时代"发生的地域范围大概是在北纬30°，就是北纬25°～35°，这一时期是人类文明精神的重大突破时期。在"轴心时代"里，各种文明不同程度地出现了伟大的精神导师。譬如说：古希腊的苏格拉底、柏拉图、亚里士多德，以色列的犹太教先知们，古印度的释迦牟尼，中国的孔子、孟子、老子、墨子等诸子百家众多的思想家、哲学家相继出现，他们所提出的哲学思想塑造了不同类群的文化传统，这些文化传统一直影响人类的社会生活。而且更重要的、需要我们深入思考的是，虽然中国、印度、中东和希腊之间远隔千山万水，但它们在"轴心时代"的文化有很多一脉相承的相似之处。

在"轴心时代"，古希腊、以色列、中国和印度的古代文化都发生了"终极关怀的觉醒"。也就是说，生活在这些地域的人们开始用理智的思维方法、

道德的标准方式来解决人类社会所面临的不同问题，同时也产生了宗教，这是对原始文化的超越和突破。而这种超越和突破的不同发展类型和文化基因决定了今天西方、印度、中国、伊斯兰不同的文化形态。

那些没有实现超越突破的古文明，如巴比伦文化、埃及文化，虽规模宏大，但都难以摆脱灭绝的命运，成为文化的化石。而这些"轴心时代"所产生的文化一直延续到今天。每当人类社会面临危机或新的飞跃的时候，我们总是回过头去，看看"轴心时代"的先哲们是怎么言说的。

中华民族历史悠久，在几千年延绵不断的峥嵘岁月里，历经繁衍生息、生产劳动、部族战争、朝代更迭、文化传承等人类生存、活动、发展的沧桑巨变。我们的先民们创造并积累了诸多强身健体的生存手段。这些生存手段有的旨在祛病禳灾，有的是为了强身健体，有的则为了娱乐自然。无论从哪个视角来解读，这些生存手段都为中华民族的繁衍生息、社会进步、人类健康等方面发挥了巨大作用。在体育发展的全球化背景下，中华民族优秀的传统体育文化在不同时间和不同空间里依然光彩夺目，成为广大人民群众追求健康长寿、健身娱乐和文化交流的最好方式。通过对中国古代体育文化的学习，将会使我们看到中华民族的先民们在世代繁衍生息的历史长河中所表现出来的智慧，他们创造出了类型迥异的民族体育文化，并将这些体育文化融入生活中，使身体、生活、文化融为一体，并与每一个时代和谐相融，这就是中国古代体育文化的生活化过程，也是几千年来中华文明的民族情感。

在中华文明传承的历史长河中，由于不同的历史时空观、历史现实以及利益追求等因素的交互作用，许多优秀的民族体育文化被淹没在朝代更迭的历史混流之中，但我们今天依然承载和延续着诸多中国古代的优秀民族体育文化，这些古代体育文化仍然或多或少地随着古代的历史气息和文化烙印，留存于世界体育文化的大观园之中。今天我们解读中国古代体育文化，将会使我们以辩证、历史、世界的眼光审视我们的先祖们在古代的生存状态，并理性地解析我国古代的体育文化遗产，传承精华，去其糟粕，挖掘和整理今天依然闪光和促进人类社会进步的优秀的民族体育文化，使这些优秀的古代体育文化在人类社会发展过程中永放光彩。

在中国古代，我们的先祖们通过丝绸之路等人类思想的理想通道，与世界许多国家进行广泛的文明交流，在频繁的国际交流回响中，把我们优秀的民族体育文化传播到世界各地。这一方面促进了国际体育文化交流，为这些国家多元化的体育发展作出了重大贡献；另一方面也使我们优秀的民族体育文化发扬光大，在世界各国广泛传播。学习中国古代体育发展的历史，使我们回过头来深刻解读中国古代的体育文化，帮助我们认知和了解中国古代先祖们的生存状态，梳理先祖们创造出这些优秀的体育文化的历史渊源，为今天人类体育事业的发展作出更大贡献。

## 三、如何学习和研究中国古代体育文化

体育文化是文化学科的一个分支，属于人文社会科学的范畴，在学习和研究体育文化的过程中，要用历史的、辩证的、科学的态度去审视和解读不同时期我国古代体育的发生和流变。我国古代体育发展随着历史的更迭与社会发展形影相随。例如，"蹴鞠"（即古代足球），是春秋战国时期流行于民间的一项体育活动，到汉代以后逐渐演变为军事体育活动，成为军事训练的一种主要手段；到了唐宋时期，在军队中盛行"击鞠"（后被称为马球），与此同时，"蹴鞠"又流变为一项重要的民间体育活动。在北方少数民族满族入主中原以后，由于文化冲突与融合，"蹴鞠"和"击鞠"等运动项目逐渐消失在历史变迁的洪流之中。我们今天学习和研究中国古代体育文化，要尊重历史的真相和事实，深入探究中国古代体育文化的发生、变化和发展规律。

研究古代体育文化，必须认真阅读史料，建立正确的历史文化观点，用科学的态度对待中国古代体育文化的发展，这便是我们学习和研究体育文化最重要的物质基础。除此之外，还要跳出图书资料的约束，走向社会实践，从出土的古代文物、历史古迹、博物馆等现实生活实践中寻求答案，认真鉴别和科学分析，去伪存真，选择典型案例和真实史料进行分析和研究，寻找出我们所需要的正确结论和答案。

## 四、中国古代体育文化研究的内容

本书所研究的中国古代体育文化主要包括中国古代在朝代更迭过程中的体育发展概况，体育发生和演变的历史轨迹，以及当时人们参与体育文化活动的情况等。其时间跨度从原始社会开始到1911年的清朝结束为止。每个朝代的时间跨度和体育文化的表现形式以及文化特质如表1所示；另外，古代原始社会历史年代简表如表2所示。

表1　中国古代各个时期体育文化简表

| 历史年代 | 时间跨度 | 代表性运动项目 | 体育文化 |
|---|---|---|---|
| 原始社会 | 约170万年前—约公元前21世纪 | 采集、渔猎、攀爬、跳跃、追赶等 | 为了获得生存的技能和部落之间的争斗，主要为生存技能和生产劳动服务 |
| 夏 | 约公元前21世纪—约公元前16世纪 | 射箭、御车、田猎、军事训练等 | 这一时期的体育已经与军事战争、宗教、教育等相结合，被奴隶主利用，主要控制奴隶制造工具 |
| 商 | 约公元前16世纪—约公元前11世纪 | | |
| 西周 | 公元前11世纪—公元前770年 | | |
| 春秋 | 公元前770—公元前476年 | 踏鞠、棋艺类、角力、角抵、养生类运动等 | 能够全面地显示古代体育文化的职能，体育运动不仅为军事训练服务，而且为地主阶级的路线服务，同时对丰富人民群众的文化生活起到了积极作用 |
| 战国 | 公元前475—公元前221年 | | |
| 秦 | 公元前221—公元前206年 | 在前一历史时期的基础上，体育项目得到了进一步发展，出现了杂技、秋千、登高等运动项目，同时，射箭理论得到了进一步的总结 | 这一时期不但丰富了体育项目，而且有了一些运动场地、训练形式和制度等，体育不仅是一种健身、军事训练的手段；还具有竞技性、娱乐性的活动内容，其社会效能得到了进一步扩大 |
| 西汉 | 公元前206—公元25年 | | |
| 东汉 | 公元25—公元220年 | | |
| 三国 | 公元220—公元280年 | | |
| 西晋 | 公元265—公元317年 | 养生运动得到了进一步发展，特别是围棋的发展很快，出现了投壶等运动项目 | 这一时期的体育发展从一定程度上来说应该是退步了，这主要与玄学和宗教的泛滥有关，当时的政治腐败也是导致体育退步的主要原因之一 |
| 东晋 | 公元317—公元420年 | | |
| 十六国 | 公元304—公元439年 | | |
| 南北朝 | 公元420—公元589年 | | |

（续表）

| 历史年代 | 时间跨度 | 代表性运动项目 | 体育文化 |
|---|---|---|---|
| 隋 | 公元581—公元618年 | 击鞠、蹴鞠、马球等运动发展较快 | 这一时期的体育竞赛制度得到了进一步的完善，女子体育运动有了空前的发展，体育项目多，参与人群广泛，体育不断为丰富人民群众的生活服务，而且与相邻的国家有了一定的体育交往，如日本、朝鲜、印度等国家 |
| 唐 | 公元618—公元907年 | | |
| 五代 | 公元907—公元960年 | | |
| 北宋 | 公元960—公元1127年 | 球类运动，蹴鞠、马球、捶丸、相扑等运动 | 这一时期体育同样得到了很好的发展，但理学的兴起对体育产生了消极作用；与此同时，造纸术的发明使体育文化的传播得到了进一步发展，体育的作用主要是丰富人民生活和被统治阶级利用 |
| 南宋 | 公元1127—公元1279年 | | |
| 辽 | 公元916—公元1125年 | | |
| 金 | 公元1115—公元1234年 | | |
| 元 | 公元1271—公元1368年 | | |
| 明 | 公元1368—公元1644年 | 武术、气功、养生、军事体育等运动 | 明清时期重视武功，倡导文武兼备，使军事体育和民族传统体育得到了较快发展。然而，古代体育文化在这一时期已经失传一部分。到了清代随着统治阶级的衰败，体育也逐渐退步，体育发展主要被统治阶级利用 |
| 清 | 公元1636—公元1911年 | | |

表2　中国古代原始社会历史年代简表

| 石器时代分期 | | 距今年代 | 人类和文化 | 社会组织 | | 相当于神话传说时代 | 体育文化 |
|---|---|---|---|---|---|---|---|
| 旧石器时代 | 初期 | 约170万年<br>约60万年<br>约50万年 | 元谋猿人<br>蓝田猿人<br>北京猿人 | 原始群居 | | 有曹氏 | 早期原始体育文化是由人的思维活动所萌芽的体育意识的复合体，诸如渔猎、采集、教育、战争、宗教等实践活动的综合体 |
| | 中期 | 约20万年<br><br>约10万年 | 大荔人<br>马坝人<br>长阳人<br>丁村人<br>许家窑人 | 母系氏族公社 | 氏族公社时期 | 燧人氏<br>伏羲人 | |
| | 晚期 | 约4万年<br><br>约两万八千年<br>约两万八千年<br>约1万年 | 河套人<br>柳江人<br>峙峪人<br>山顶洞人<br>沙苑地区文化 | | | | |
| 中石器时代 | | 约五千多年 | 仰韶文化 | | | | |
| 新石器时代 | | 约五千年上下 | 龙山文化<br>河姆渡文化<br>良渚文化<br>大汶口文化<br>大地湾文化等 | 父系氏族公社 | | 神农氏<br>黄帝<br>尧舜禹 | 通过生产劳动、宗教祭祀、集会庆典等活动有组织、有意识进行的一系列身体活动 |

# 第一章　中国古代体育文化的演进

## 第一节　中国古代体育的文脉

### 一、中国古代体育文化的"根"与"脉"

中国古代社会的历史演进大致可以概括为："三皇五帝夏商周，春秋战国秦暴收。汉末三分归入晋，朝称南北阻江流。隋开天下遭唐灭，五代十国战乱稠。宋统中州元虏代，明清过后市王休。"（引自《人民日报》）

中国是一个农耕文明传承的国家，其文明所处地形复杂，族群众多，但中国历史上的发展是以汉族文化为主体，并融合了其他诸多族群文化的辉煌文明，长期保持着自己独有的文明特性，如精耕农业、统一帝国、儒学伦理等，历经种种磨难而未曾中断，彪炳于世界，贡献于人类。直至今天，中华文明滋养和根植出中国独特的道路自信、制度自信、理论自信、文化自信。

关于中华文明的起源问题，学术界并非持有一致的认识，学者们根据多年来的文献典籍和考古发现认为，中华文明的起源应该有许多地方，遍布大江南北。有的学者认为虽然中华文明的起源是多中心的，但仍不能否认黄河流域是其核心地区；有的学者主张长江流域同样也是中华文明的摇篮，其进入文明的时间不晚于黄河流域。在距今七八千年之前，中华大地上已经发展出了众多的农业文化。根据现在的认识，拥有农业文化的黄河流域是当时最早进入文明阶段的区域。黄河流域具有特殊的地理环境，土质疏松而便于农耕生产，利于植物生长。

从考古资料来看，承载着古代农耕文明的生产工具不仅只有耒（音：lěi）耜（音：sì），还有铲、凿、锄、斧、犁等，商周时期的农业生产工具主要是石器、木器和蚌器。据《管子·轻重乙》中记载："一农之事，必有一耜、一铫（音：diào）、一镰、一耨（音：nòu）、一锥、一铚（音：zhì），然后成为农。"这说明我国古代农业生产很早就向园艺化、精耕细作方向发展。譬如：孟子描绘的农业经济的繁荣景象是"五亩之宅，树之以桑，五十者可以衣帛矣。鸡豚狗彘之畜，无失其时，七十者可以食肉矣。百亩之田，勿夺其时，八口之家可以无饥矣。"因此我国的种植业和畜牧业采取了分区域发展的模式，这一现象随着时间的推移越来越明显，今天依然清晰可见。

农耕文明促进了手工业技术的发展，新石器时代我国已有青铜器，商周时期青铜器物已经深入社会生活的各个方面，其中以兵器和礼器的制造最为发达。商周时期的青铜兵器有格斗兵器，如戈、矛、戟、钺、殳、刀、剑等；远射兵器如弓箭和弩等；防御装备如盾和甲胄等。这些兵器极大地促进了古代军事体育和身体训练的发展，也为体育繁荣提供了良好基础。

中国地处亚洲东部，东临一望无际的海洋，西靠巍巍高山，北边为广袤无垠的戈壁沙漠和绿洲草原，南边水草丰美，森林茂密。黄河和长江两条河流贯穿于祖国的大江南北，中华民族几千年来在两河流域耕耘、开拓、繁衍生息，创造出了黄河流域和长江流域两种不同的农耕文明。假如我们依据中国的地理环境特征，以及考古发掘两河流域的大地湾文明和河姆渡文明，把中国古代文明划分为黄河流域的小麦文明和长江流域的稻谷文明。那么，中国体育发展在黄河流域和长江流域表现出鲜明的不同特征。黄河流域的体育发展表现出"彪悍型、力量型、耐力型"（大、重、强）特征，而长江流域的体育发展表现出"技巧型、速度型、灵敏型"（小、快、灵）特征。两种文明一脉相承，培植出中国古代体育健康长寿的养生思想；同样，中国传统的哲学思想也赋予了"养生文化"深厚的内涵，于是"养生"自然就承载了中国古代体育发展的"脉"。中国体育文化发展的哲学思想从古代一直延续至今天，在中华大地上生生不息，农耕文明为其提供了最好的养分。不可否认，黄河流域和长江流域所创造出的农耕文明自然便形成了中国古代体育发展的"根"。

## 二、世界两种比肩而立的体育文化

在人类发展的历史上，由于生存环境迥异，形成了四个迥然不同的文化板块：以中华文明为核心的东方文化，以希腊文明为发端的西方文化，介于二者之间又不同于二者的南亚文化与伊斯兰文化。如果把世界古代体育文化划分为东西两种文化类型，那么东方古代体育文化以中国的养生思想为主，西方古代体育以希腊的奥林匹克文化为主。由于地理环境和交通的阻隔，这两种类型的体育文化没有得到更多的交流和互动，因此，在时间的历史长河中，两种类型的体育文化便按照各自的文化逻辑构建并运行着本民族的体育发展轨迹。

于是在东方的农耕文明与西方工业文明之间；东方文人居士与西方商人海盗之间；东方宗法的"礼文化"与西方宗教的"罪文化"之间；东方神秘玄学文化与西方科学实证文化之间，形成了东方体育文化的植物性与西方体育文化的动物性之间的差异，这正是农耕文明与工业文明之间最本质的区别。东方体育文化的哲学思想与西方认知物理性的区分，东方以满足自我修养与西方追求个人价值的差别，东方体育文化容易走宗法教化的道路，西方则强调彰显个性的主张。二者之间的文化差异竟如此泾渭分明，最终西方形成了以竞技运动为主体的奥林匹克文化，东方则形成了以导引养生为核心的健身文化，这正是东西方体育文化的革命性差异。

虽然对两种体育文化的这些差异描述不免有些粗略，但这种差异的存在是显而易见的，于是体育文化的交流就存在着回响的空间。而且反差越大，交流的必然性就越大，而交流的可能性是在经历了多元文化碰撞与冲突之后，在相互博弈的过程中显现出来的，最终将实现不同体育文化的相互认同以及形成对一种新型的、全球化体育的文化自觉。

## 三、根植于农耕文明的古代体育文化

### （一）中国古代健身养生文化的观念

人类对自身认知的一个最大谜底就是生命的起源和延续。为了追求健康长寿而避免早期夭折，先哲们对生命的本质进行了多元化的哲学思考和探索，逐渐形成了中国古代的生命观。庄子的思想认为，人是由"气"凝聚而成的，"气"是人体的生命物质。于是庄子提出了"人之生，气之聚也，聚则为生，散则为死。"虽然古代先民们对"气"的理解是模糊的，这与现代科学所提出的，生命是一种能量、物质、信息的复合体观点是一种耗散性结构相距甚远。但是他们认为生命运动是"气"的运行和代谢的思想是十分可贵的。这是现代生理学关于物质、能量、信息理论的最远古及最朴素的认识。

然而，中国传统哲学思想所蕴含的那种封闭式和循环式的思维方式，也在一定程度上影响古代传统的体育思想和活动方式，形成了极强的历史稳定性。比如中国的传统武术、气功等就有着强烈的寻根问祖的意识倾向，以及对周易之理的顽强恪守等。

## （二）中国古代健身养生文化的行为

中华民族以"农耕文化"为基础所形成的思维习惯，对古代体育文化的影响深远。不可否认，这种思维方式在早期体育文化的发展中发挥了重要作用，它帮助古代体育文化形成了相应的理论逻辑和方法体系的原始积累。但是，每一个时代的体育文化是在共享、融合、互鉴的流变过程中赋予其新内涵、新方法、新机制。中国古代体育文化正是在多元体系的交流过程中，相互取长补短，完善自身运行轨迹，使其在各个方面得到了升华。

中国古代传统养生文化长久不衰的流变与传承，更多地倾向于圆形、环形、球形等向心式的运动，如太极拳、八卦拳等。并不是所有的关节活动都做弯曲状、抱球状，其运动运行的路线始终以闭环的形式存在。我们可以看到，这显然是受到中国传统文化封闭式思维方式影响的结果。

中国传统导引养生术大多是在人体非自然性动作状态下进行的。这类动作发生于人体通常不活动或少活动的机体部位，向很少活动的反关节方向和平常难以达到的活动幅度进行运动，或者选择一些与人体的正常姿势相悖的姿势做相应的动作。在中国体育文化中，有大量的关节内收、内旋的动作，这在西方体育文化中是很少见的。从这一特点可以看出人们长期从事农业生产劳动对于重复单调动作的厌倦，这便是一种行为动作上的逆反和补偿。

中国传统导引养生术动作缓慢柔和，运动负荷强度适中。中国健身养生导引术在发展的过程中，受到不同思想流派的影响。其中一派为主动派，主要有道家、兵家和拳家，认为"动则阳生"，阳气丰盛，则身体健康。而另一派则主静，主静派主要有禅家、儒家和医家，主张修身养性、胎息、禁欲之类的静心养气，认为静则阴长，阴液增长则疲劳消除。到了明清以后，主动派和主静派逐渐趋于融和，中庸之道成了似动非动、似静非静，如行云流水的太极运动，其中包括太极拳、太极刀、太极剑和太极推手等多项运动。农耕文明的社会节奏相对缓慢，具有广延性的时空观念，再加上儒、道思想的"体验""反省"，佛禅的"面壁""顿悟"以及"贵在虚静""有动则心垢，有静则心净"的静态时空观念，导致中国传统养生具有韵律型节奏的活动方式。

中国古代体育文化在活动方式上大多以个体的、娱乐性的、技艺性的、表演性的项目为主，譬如投壶、戏球、礼射等，而对于抗性强的、竞争性强的、身体接触较多的运动项目，则开展相对较少，也难以流行。这似乎与传统文化所主张的"心欲宁，志欲逸，气欲平，体欲安，貌欲泰，言欲讷"有关。这种社会形态反映出中国皇权专制制度的超稳定结构，也符合中国古代哲学意识的内倾性，同步于农耕文明的亚节奏生活方式和逻辑思维。

### （三）中国古代健身养生文化的方法

我们从人类学和社会学的层面看，体育文化活动对人类的进化、个体成长、生命健康、社会秩序等过程都起着积极的作用。从生物—心理层面上分析，体育文化活动不仅关注人的物质构成，还关心人的精神世界。再从生物—心理—社会层面上讲，它不仅注重个体的人，而且注重社会的全体成员。于是体育文化将"身—心—群"维系在一起。

从古代生命观推演，必然产生有关身体运动的理论，特别是由于古代体育文化的发展，形成了中国古代特有的养生保健生活方式，这便是养生导引术。中国古代体育文化独特的养生导引术产生于中原农耕文化的启蒙时代，发端于适于农耕文明的黄河流域和长江流域。那时人们的平均寿命较为短暂，主要夭折于消化系统和呼吸系统的各种传染病和急性炎症。因此，很自然地就形成了一种同呼吸运动相结合，并讲求腹部丹田运气，讲究吐纳、调息养身的健身方法。

中国古代体育文化的健身养生活动有严格的律己要求。它受到古代传统宗法观念和政治伦理学说的影响，在健身、养生活动中，需要在饮食、起居等方面严以律己，以及与人相处时要克制自己的情感。

## 四、中国传统健身养生思想的历史缘由

### （一）政治原因

中华民族传统的健身养生思想融入了礼教、宗法、道德等思想因素，因此它必然随着时代的变迁而发生变化，正如孔子所言："殷因于夏礼，所损益，可知也。周因于殷礼，所损益，可知也。其或继周者，虽百世，可知也（引自《论语》）。"中华民族传统的健身养生文化在等级森严的奴隶制和封建制社会，成为"分尊卑，别贵贱，严内外，变亲疏"的政治统治工具，这也促进了

健身养生术向着多元化的方向发展。我国在春秋战国时期就已经形成了相对完善的健身养生术，虽然在朝代更迭的历史洪流中不断创新与变革，但以不同形式体现等级差别的思想始终沿袭至封建社会结束。随着历史变迁和社会发展，每一个时代的健身养生术都具有其相对完整而独立的时代特征。人们始终以追求健康长寿的思想为宗旨，但在具体的运行过程中，统治阶级往往凭借自己的意志而妄加规定利已的健身养生方式，这正是传统健身养生术曲线式发展的主要原因。

## （二）经济原因

中国的地理环境是周边围绕着高山湿地、沙漠和无法逾越的海洋，空间上形成了一个自成一体的封闭系统。适宜的温度、平缓的地势和肥沃的土地，聚集了发展农耕文明的理想条件。农业社会的特点便是人们对土地的绝对依附，而且在时间越久远的远古时期，生产力越不发达，这种依附程度就越明显。在中国长达数千年农耕文明的社会里，人们日出而作，日落而息，没有固定的闲暇时间，土地和生产劳动是他们对生活的憧憬。于是体育的形态便与生产劳动建立起了密不可分的联系。虽然工业革命发明了各种机械，如手摇纺车、石磨等，这些机器本质上是对人类体质的放大，于是这个时期的体育开始注重人的体质、健康、保健等方面的问题，显然，古代的导引养生术便随着农业生产的发展而产生。

## （三）伦理原因

农耕文明的社会主要是以地缘关系和血缘关系为纽带而形成的社会群体，民俗民规、乡俗乡约、家风家教等传统人文伦理是维系这些社会群体的文化根源。中国古代传统文化重感情、讲人伦、亲血缘、尊崇道德的思想观念，渗透到体育文化的各个领域，并得到了充分的体现，中国古代体育文化属于伦理范畴的规范与约束远远超过了健身活动本身。

## （四）宗教原因

春秋战国时期以来，对远古巫术礼仪与宗教情感的限制，从根本上制约了驱动人们展现自我力量的可能性。因为体育朝着竞争性的方向发展，需要有竞争意识和相应观念的支配，在农耕文明的社会环境下，这种观念长期无法得到认同。而佛教传入中国所形成的禅宗思想，以及所开展的各种内省与修持活动，与现代心理学所践行的心理健康有相互借鉴之处；佛家所倡导的禅医实践与中西医结合的诊疗技术并不相悖，所倡导的一些生活习惯对改善人的生活方式和促进健康水平多有助益。譬如主张饮食以素食、轻食为主，减少动物脂肪的摄入以及禁忌烟酒、不规律生活，保持动静相宜等，这些都有利于形成良好的养生健身习惯。

### （五）文化原因

中国是世界上最早产生健身养生文化的国家之一。早在三千多年前就有养生文化的文字记载，并在其源远流长的文化传统中发展了它的价值观念、功能结构和方法手段。从中国古代体育文化的实践轨迹来看，健身养生与中医、中草药、经络、针灸、按摩、食疗、药浴、药膳等融合成为世界文化中最具中国特色的传统文化。正是这些文化的内驱动力，中华民族的健身养生文化才得以经久不衰，但我们必须看到的是，中华民族传统的健身养生文化始终承蒙着农耕文明的色彩。在新的发展阶段，中华民族健身养生文化在传承精华的同时必须推陈出新，向着科学化、普及化与全球化的方向发展。

## 五、中国传统健身养生文化的未来取向

### （一）科学化

中国传统健身养生文化的科学化，主要指提高健身养生术的科学解释水平，摒弃各种玄学的解读因素，要让生命科学、生物化学、生物力学、运动医学、体育心理学等指标体系与其融会贯通，使其更具说服力、影响力与吸引力。"健身养生术"好，究竟好在哪里？为什么好？如何更好？不能只有主观判断，没有科学实验的数据证明。不能只有方法、技术、手段方面的操作，没有理论、观念与文化体系的支撑。中国健身养生文化只有进行科学化创新，面向大众、面向未来，才能更好地发展。

## （二）普及化

中国健身养生文化产生于农耕文明的黄河流域和长江流域，服务于中华民族的大众百姓，中国传统健身养生文化一定要被更广泛的民众接受，改变较为单一的受众群体，要吸引更多不同类型的人群参与其中，使之成为人们开展获得健康长寿、休闲娱乐等活动的高雅手段，创造出更有趣味性的健身养生系统，要融入"全民健身""健康中国"等国家战略布局的体系之中。

## （三）全球化

寻求中国传统健身养生文化的多元化发展思路，将其融入世界主流体育文化发展的主渠道是必由之路，这样的文化轨迹顺应了全球健康命运共同体与大众体育事业发展的需求，这不仅丰富了奥林匹克文化的多样性选择，还是中国传统优秀体育文化对世界体育发展的贡献。

# 第二节　中国古代体育文化的流变

从世界文明和文化发展轨迹的版图来看，中国是最古老的四大文明古国之一。中国古代文明延续至今，表现出非凡的生命力和时空穿透力，由于这样的一些文化特质，使中国古代文化极为丰富多彩，令整个世界为之瞩目。这些令人瞩目的文化遗产，不仅对中华民族的历史和现实产生深远影响，而且对世界文化的繁荣发展起到了重要的推动作用。因此更加广泛而深入地了解、学习和研究中华民族优秀传统文化，有助于我们增强民族自信和文化自信。

## 一、起源于远古时代多姿多彩的体育文化

人类社会通常把文字产生以前的历史阶段称为远古（或上古）时期，

人类萌芽阶段的文化就起源于这一时期。人类考古发现，最早的人类诞生于距今1500万年至1000万年之前。在我国云南发现的古猿化石证明中国是人类的源头之一，这也是对中国文化追根溯源的逻辑起点。人是创造人类历史的源泉，当然，人也是人类历史活动中文化的创造者。从考古发现，旧石器和新石器时代的文化遗址分布在中华大地的大江南北，我国远古时期的文化也因此呈现出多姿多彩的状态。中华文化在中国大地上发生，先民们从攀爬采摘到涉足渔猎，再到刀耕火种和生产工具的制造，他们用原始图腾崇拜、祭祀舞蹈等形式，在与自然界的交流回响中获得了文化的回馈，人类生存的空间不断得到拓展。

与物质文化的发展互相映照，远古时期的文化观念也呈现出繁花初绽的现象，而原始图腾崇拜、宗教祭祀、祛病健体、艺术体现等便是存在的形态。中华先民的原始崇拜大致分为自然崇拜、生殖崇拜和图腾崇拜，从考古发掘和神话传说中发现人类模仿动物而创造出的奔跑、跳跃、攀爬、腾跃等都属于体育文化的原始积累。原始先民们的攀爬采摘、奔跑狩猎、涉水渔猎、舞蹈庆丰等行为都映射出原始体育文化的烙印。

远古时期体育文化的发生具有和人类活动一样的历程，古代体育萌芽于原始人类社会的生活实践。我们通过对远古时期的各种物质、精神文化进行详细的梳理和解读，不难发现，原始人类无非是在对生存的向往、生殖的需要和对死亡的恐惧三个层面进行所有的社会活动，包含了物质、心态、行为和制度层面的文化需要。而且，在所有的原始文化体系中都渗透着生物体的发展和精神实质以及历史进程和特定的文化时空。为此，原始体育文化的发生和演进不仅表明人类生物体的进化历程，还在某种程度上反映出了原始文化的发生和演进。它的发生和演进以人类进化为基础，同时，作为一种特有的体育文化形式，是以人的需求而逐渐发展起来的，当然，也离不开人类的各种社会实践活动。远古时期人类体育文化的烙印如表1-1所示。

表1-1　远古时期体育的雏形

| 名称分类 | 认知能力 | 更深影响（伴随的体育元素） |
|---|---|---|
| 河边有动物 | 能够传达大量关于人类生存环境的信息 | 规划并执行复杂的计划，比如绕开无法猎捕的大型动物，猎捕小型动物（渔猎、狩猎、围猎等） |
| 八卦 | 能够传达更多关于人类社会关系的信息 | 组织更大、更有凝聚力的团体，进行生活能力训练，祭祀活动等（田猎、奔跑、祭祀舞蹈等） |

（续表）

| 名称分类 | 认知能力 | 更深影响（伴随的体育元素） |
|---|---|---|
| 虚构故事 | 能够传达虚构概念的信息，例如部落的守护、国家、人权争夺 | 大量陌生人之间的合作；社会行为的快速创新；部族之间的战争（军事训练、祭祀舞蹈、武器及训练工具的制造等） |

## 二、百家争鸣与中国古代体育文化的产生

体育文化是人类文明演变过程中特殊的文化符号。中国古代体育文化在走过远古的萌芽时期之后，至夏商周开始进入实际意义上的发生期。进入奴隶社会以后，体育开始脱离生产活动，逐渐形成军事体育、学校体育、娱乐体育三种不同的存在方式。这一时期的体育已经与军事战争、宗教祭祀、礼仪教育等紧密结合，体育文化主要体现以神为本的思想意识形态，被奴隶主利用，统治阶层用以控制奴隶为其制造工具。正如《礼记·表记》中所记载的："殷人尊神，率民以事神"。

诸侯纷争的春秋战国时期，体育文化随着社会变革的思潮进入了一个辉煌期——百家争鸣时期。社会变革与动荡丰富了体育文化的思想，而且他们"救世之弊"的社会责任便是"百家争鸣"的体育文化背景。于是养生导引类、强身健体类、礼射祭祀类、礼仪教育类、军事习武类等体育文化活动形式都找到了各自发展的温床。先秦诸子百家最重要的有儒、墨、道、名、法、阴阳、农、纵横、杂、小说等思想，在这一时期都形成了各自的健身养生哲学思想。

孔子是儒学的创始人，他提出仁、义、礼、智四端说，并将儒学发展成"穷则独善其身，达则兼济天下"的修身理论。孔子修身思想的核心是"仁"，同时强调文武兼备。正是在这样的思想指导下，继承了西周官学六艺"礼、乐、射、御、书、数"的教育内容，并强调射和御的教育，提倡礼乐和射御的结合，以塑造文质彬彬、尽善其美的人格境界。孔子不仅是一位善射御而"能拓国门之关"的人，还主张以射扬礼。他"勇而无礼则乱"的思想普遍渗透于体育文化实践之中，如："君子无所争，必也射乎！揖让而升，下而饮，其争也君子"。"射不主皮，为力不同科，古之道也"（引自《论语》）。

墨子是墨家的创始人，他的体育思想融入了"尚力""节用""兼爱""天志""尚同"的文化性格，强调人的主体能力，这里涵盖了人的体力和脑力锻炼，重视尚贤举能和军事体育，对武侠思想和精神产生了深远的影响。组织严密、苦行生活、尚武崇勇、重义轻利的侠义精神对后世体育发展影响深远。

道家学派的始祖是老子，在面对礼崩乐坏的社会争霸局面时，他主张"无为而治"的精神，在他看来，"人法地，地法天，天法道，道法自然"（引自《老子》）。而自然是无为的。他的人生哲学中无不遵循无为逍遥的生存方式，其体育思想为"道可道，非常道；名可名，非常名"。又如："是以圣人之治，虚其心，实其腹，弱其志，强其骨"（引自《老子》）。

关于诸子百家思想所培植出的体育文化不再一一列举，对中国古代体育文化影响深远的百家争鸣核心还是儒、道、法、墨诸家，这些思想作为一种文化传统，对中国体育发展产生了极为广泛而深远的影响。

## 三、"有容乃大"与中国古代体育文化的兴盛

公元前221年，经过多年诸侯相争的兼并战争，秦王嬴政完成了中国的统一大业，建立了中国历史上第一个君主集权制帝国——秦王朝。秦、汉帝国的强大根植于新兴的地主阶层，因此，由统治阶层意志所决定的社会文化基调也蕴含了不可抑制的开拓、创新精神。绵延千里，巍然耸立的长城；"覆压三百里，隔离天日"的阿房宫；气势磅礴，浩然荡气的兵马俑；包括宇宙，总揽人物的汉赋；以恢宏眼光审视历史的《史记》等，都是这一时期奉献给世人的辉煌的历史成果和文化典籍。

秦汉时期体育文化变革的主要特征是与帝国统一的思想相适应。由于整个社会的主流思想基础发生了转向，加之北方游牧民族进入中原以后，体育文化出现了多民族交叉融汇的特点，民族传统体育文化得到了广泛传播与发展。在大一统的社会局面下，各民族之间的体育文化交流日益频繁，这极大地丰富了体育活动的内容，而且有了一些运动场地、训练形式和相应的制度等。体育不仅是一种强身健体、军事训练的手段；还具有竞技性、娱乐性的活动内容，其社会效能得到了进一步扩大。

唐代的体育文化广泛吸收了丰富的外域文化，从体育思想层面来看，主要融入了西亚和西方的宗教思想；从体育内容层面来看，丰富了体育项目以及开展的形式，譬如：体育舞蹈、马球运动等。同时，体育竞赛制度得到了进一步

的完善，女子体育运动同样得到了空前的发展，体育项目多，参与人群广泛，而且与比邻国家的交流更加频繁，比如同日本、朝鲜、印度等国家的体育交流。难怪英国学者威尔斯在《世界简史》中这样写道："当西方人的心灵为神学所缠迷而处于蒙昧黑暗之中，中国人的思想却是开放的、兼收并蓄而好探求的。"国家的强盛与文化的包容营造了这一时期体育文化的辉煌成就。

宋代的体育文化深刻地融入了理学的思想，将"正心、诚意、修身、齐家、治国、平天下"的社会责任感与历史使命感融入体育文化的性格之中。宋代是我国古代蹴鞠运动发展的巅峰时期，在《宋太祖蹴鞠图》《宋史》以及《东京梦华录》等典籍中都记录了蹴鞠流行的程度。"左右军筑球，殿前旋立球门，约高三丈许……拜舞谢恩，以赐锦共披而拜也，不胜者球头吃鞭，便加抹枪。"（引自《东京梦华录》）蹴鞠不仅流行于宫廷，在民间同样盛行蹴鞠之风。宋诗中不乏对热爱蹴鞠的描述："宝马嘶风车击毂，东市斗鸡西市鞠"；"乡村年少那知此，处处喧呼蹴鞠场""舞余燕玉锦缠头，又著红靴踢绣球"。司马光在《击球》中记录了蹴鞠比赛的激烈场面是"顾盼华星澈，萦回紫电流"。

射箭是宋代宫廷体育文化的衍生，随着宫廷体育文化的向外传播，上行下效，在民间也出现了诸多的体育场所、职业体育人等有民间特色的体育文化，对民间社会生活产生了潜移默化的影响。北宋时期随着政权逐渐稳定，体育文化才开始从宫廷走向民间，体育文化是体现北宋特色的时代文化。

元朝所建立的大元帝国横跨欧亚大陆，使中国的版图空前扩大，还使古代中国的西部和北方边疆处于一种开放状态。元朝多元一体的体育文化是在多民族交融的背景下形成和发展起来的，表现出民族融合性、区域差异性、军事交互性等特点，这在一定程度上加快了农耕文化和游牧文化的双向融合。于是，体育文化在古代丝绸之路上随着指南针、印刷术、火药武器等不断向世界各地传播。养生导引术、蹴鞠运动、射艺、宫廷乐舞、赛马、民族传统体育等体育文化活动在世界各地得到了文化互鉴与交流。

## 四、闭关锁国与中国古代体育文化的衰落

从1368年明朝建立到1840年鸦片战争前的清朝，中国社会进入封建社会末期，体育文化也如影随形地到了历代以来的衰退期。明清两代的体育文化，一方面是体育受到文化专制主义的强烈控制；另一方面，体育文化与萌芽的资本

主义相适应，出现了对传统体育文化传承的逆反思想。我们不难看出，明清两代已进入中国古代体育文化的总结性时代。

从明清两代的文化流变来看，是体育发展由传统到现代的转折期，而体育文化在这一进程中，"西学东渐"思想不可避免地对中国传统体育文化的价值认知产生冲击，中国古代体育文化在与异质文化的不断碰撞和持续融合中丰富了自己的内容。中国漫长的封建社会重文而轻视体育文化活动，重文而忽视军事。董仲舒主张以仁政和教化治理天下，提出了"文德为贵，威武天下"的重文轻武思想，对后世体育文化发展产生了极其深远的影响。从唐朝开始，重文轻武的思想不断改变，但又形成了"文者不武、武者不文"的对立观念。从宋朝开始创立武学，使习武成为一种学制，并和武举相联系，以此建立起培养军事人才的新机制，进一步提高了武文化的地位。清朝统治阶级为巩固其军事统治地位和民族压迫政策，便把文武合一的制度逐渐松弛化。1840年第一次鸦片战争之后，洋务派主张兴办西学，先后设立了一些军事学校，并开设了西洋体操，这对古代传统体育文化发展产生了一定影响。

受西方资本主义启蒙思想的影响，其教育思想对以后体育文化的发展产生了较大影响。这一时期的学校体育开设内容主要是西方传入我国的体操内容，传统体育文化的生存空间进一步被压缩。严复翻译斯宾塞的《德育、智育、体育》一书，成为在中国传播西方资本主义德智体三育并重的教育维新主义者。主张通过体育和其他劳动"练体力"。与此同时，以梁启超为代表的改良派主张英国资产阶级的教育："其教育之宗旨，在养成活泼进步之国民，故贵自由，重独立，熏陶高尚之德行，锻炼强壮之体魄。"正是由于受到西方外来体育文化的冲击，新的体育思想在整个社会开始蔓延，古代传统体育文化慢慢走向了衰退之路。

在整个体育文化发展方面，明清两代的思想家和学者们对中国古代体育文化的生存空间进行了理性思辨，这对中国传统体育文化的绵延不辍（音：chuò）以及在困境中发展意义重大。但这一时期古代体育文化衰落的危机原因还是文化专制政策，当然，主要根在还源于明清统治阶级闭关锁国的宏观政策。

在中国几千年的历史发展过程中，形成了以健康养生为核心的古代体育文化，它曾以宽阔的胸怀接纳和消融了周边民族和国家的体育文化，形成了生生不息、亘古不绝的健身养生文化。也正因如此，中国历代上至帝王、下至庶民都形成了对古代健身养生文化的认同感。正是在这样的文化意识主导下，专制没落的清王朝闭关锁国，拒绝与更加广泛、更加多元的体育文化进行交流，沉醉于唯我独尊的优越感之中，西方资本主义的工业革命却改变着整个世界的面貌。1840年鸦片战争，西方列强用坚船利炮把中国古代文明推向了衰落，中国古代体育文化的发展也由此进入一个衰落、蜕变与重生并存的历史阶段。

## 第三节　中国传统哲学思想与古代体育文化

中国五千年的文明史创造出了璀璨的中华传统哲学思想和丰富多彩的体育文化。这漫长而又充满智慧的过程，充分体现了中华民族的创造性以及体育文化所包含的哲学思想、文化内涵与人文精神，在古代体育文化源远流长的发展轨迹里渗透出深厚的思想内涵。

有史以来，中华民族生于斯、长于斯的东亚大陆，纵横万里，疆域辽阔，四周被诸多天然屏障包围，这样的自然环境铸就了中国体育文化的封闭性和多样性特点。北有无边的戈壁沙漠，干燥而且寒冷，不适于长期定居和农耕生产，多民族间战乱繁杂，滋生了中国古代厚重的军事体育文化；西部和南部是巍巍的崇山峻岭，常年积雪的世界屋脊，形成了独具特色的山地体育文化和高原体育文化；东部和东南部濒临浩瀚的太平洋，龙舟文化便是中国古代图腾文化与体育文化的巧妙融合。这种特殊的地理环境促成了古代中国体育文化独特的"方圆天地"和"四维八极"的哲学思想，这正是承载中国古代博大精深"养生"文化的土壤。东亚大陆是地球上最大的内陆季风气候地带，一年中四季分明，冬季干燥寒冷，夏季普遍潮湿炎热而且降雨严重不均，这种独特的气候和地理环境为体育文化的多样性创造了优越的条件。而流贯于东亚大陆的两河流域——黄河、长江流域受季风和地理环境的影响较深，冬季缺雨少水，上游常年干旱，夏季则洪水肆虐，危及中下游两岸，因而造成了"旱魃为虐"（引自《诗经》），或"水逆行，泛滥于中国，蛇龙居之，民无所定"（引自《孟子·滕文公下》）。旱涝和饥荒灾害在不同的地方连年发生。生活在两河流域的人民为了生存不停地与生存环境抗争，他们在无意识状态下丰富了中国古代体育文化的思想内涵，这便是体育文化根植的沃土。两河流域是中国古代体育文化的起源，生活在这里的人们应付自然环境的挑战要比同时期欧洲两河流域和尼罗河流域严重得多，自然形成了中国古代体育文化的环境适应性特点。人们把两河流域变成古代中国体育文化摇篮的这一片原野，除了有沼泽、丛林和洪水的灾难以外，还有更大更多气候上的灾难，它们不断地在夏季的酷热和冬季的严寒之间变换。古代中国体育文化和其他类型的文化形态一样，都是生物因素和地理环境两者交互作用的结果。在严酷的挑战面前，创造了独特文明的华夏先民们，在不同的生活空间里创造出了维系生存的体育文化。当我们在这里讨论中国古代体育文化时，不得不把它的辉煌与灿烂与古代中国文明联系在一起，它们有的相互一致、相互维护甚至相互强化，有的则相互矛盾，共同铸就了灿烂而辉煌的华夏轴心文化。

## 一、中国古代体育文化"大一统"的思想渊源

首先是"大"。无边无垠的江河山川形成了中国古代体育文化庞大的社会基础，而农业为其提供了稳定发展的经济基础。从文化形态学的视觉审视，古代农业文化是体育文化衍生与发展的内在动力因素，而从农业文化的类型来看，有大、小型之别。譬如，古代埃及、巴比伦等都属于小型农业国家，内部发展易于饱和，外面又不易捍御强暴，因而体育文化的发展均缺乏创新空间。唯独中国是古代唯一的大型农业国，其体育文化的发展总是随着游牧文化与农业文化的交流与碰撞，不断演化出新的内容，绵延四五千年之久。

其次是"一统"。统一不仅是农耕文化防御强悍的北方游牧部落侵凌的需要，而且为体育文化的发展提供了广阔的空间，其独特的自然地理环境与气候条件造成了经年不断的自然灾害，这就更早、更强烈地奠定了以农业为基础的养生文化思想和军事体育文化思想，实现所谓"河内凶，则移其民于河东，移其粟于河内，河东凶亦然"（引自《孟子·梁惠王》），因为寡民小国能力终究有限，于是强身健体和军事体育文化得到了进一步巩固。生活在黄河流域的先民们在艰难的生存环境里逐步形成了体育文化思想的积累，特别是体育文化与军事文化的巧妙融合，成为实现"平洪水定九州"、四海一家、结束诸侯割据"相伐"、相互间"以邻国为壑"状态的愿望，为体育文化的创新发展提供了有利的文化空间。中国古代《汉书·刑法志》表露："齐愍以技击强""魏惠以武卒奋""秦昭以锐士胜"。一些强盛的诸侯国，都拥有训练有素、武艺高强的军队。在转相攻伐、代为雌雄的战争环境中，相继出现了许多提倡军事体育活动的人物，如齐国的管仲（分齐国为三军）、魏国的李悝（颁布了《习射令》）等。中国古代曾出现的"早封建、早集权"，以及周代初期大规模的"封邦建国""分土而治"，为体育文化的多元化发展提供了有利的社会环境因素。以后诸侯之间相互"以土地之故，糜烂其民而战之"（引自《孟子·尽心章句

下》），成为促进军事体育文化发展的有利因素；直到春秋战国时期，大国相继称霸，摔诸侯盟约"无曲防，无遏籴""毋雍泉，毋讫籴"（引自《左传·僖公九年》），再到战国时期短暂的齐、魏"徐州相王"和齐、秦相互称帝双强对峙，最终到秦国以"振救黔首，周定四极"为号召称霸天下，随后又"决通川防夷去险阻"，并修筑万里长城以防御北方游牧民族入侵，奠定了体育文化稳定发展的多层面基础。随着历史的变迁，逐步形成了我国古代体育文化多元化的存在形式，一部分以军事训练为手段，如射箭、武艺、摔跤、驭车、举重、田径、狩猎、足球、马球等；还有一部分逐步演化为社会娱乐活动，如杂技技巧、游泳弄潮、花样滑冰、龙舟竞赛、拔河、秋千、风筝、踢毽子等；另外，如导引、气功、按摩，既是体操又是医疗保健的养生手段。这些恰恰是中国古代体育文化和谐稳定发展的思想基础。和欧洲相比较，中国古代体育文化逐步形成的民族性与西周至秦国之间的封建宗法制度有着不解之缘。历史久远的古代体育文化始终无法摆脱封建宗法制度的思想，在"封建"结束之后的统一国家，相较欧亚大陆其他类型的体育文化早了千余年，而且形成了其稳定的思想体系。

统一由社会、政治、经济、文化及其江山社稷的统一变革，以至于"车同轨，书同文，行同伦，全国统一度量衡"。从中国古代历史发展的社会形态来看，"大一统"是维护和传播中国古代体育文化必不可少的条件。16—18世纪，西方资本主义兴起和东侵，以摧枯拉朽之势扫荡印度和东南亚，却无法进入中国而颠覆其体育文化的成长。与此同时，中国虽然被动地进入新兴的世界市场，但由于深厚的文化底蕴，总能够以不同的文化运行方式促进体育文化的发展，这都是"大一统"思想的深层次影响。

与"大一统"相生相伴的是延续两千多年未能改变的皇权专制主义和集权官僚制度。这种特殊的封建制度和禁锢的文化思想给以农耕为基础的中国古代体育文化带来的历史自然演进惯性、思想惰性和社会体制的顽固性，使其在史无前例地遭遇西方体育文化之际进退失矩，行动艰难。"大一统"对中国传统体育文化的传承和发展影响巨大，"大一统"的思想观念对古代乃至今天的中国传统体育文化的发展影响深远。

## 二、"包容"与"变通"形成了和谐的体育文化思想

在中国古代体育文化发展的历史长河中，儒学是影响其发展的重要力量，

是中国古代体育文化的象征和代表。《易经》主张"天下同归而殊途，一致而百虑"。孔子曾经讲过"君子和而不同"。"和"是指"相辅相成"，如八音和谐、百鸟齐鸣，这都从不同层面体现了古代体育文化的包容性。然而，中国古代体育文化并没有局限于儒家思想，而是融合了法、道、墨、兵等诸子百家的思想以及从外部传播来的体育文化思想。中国古代体育文化在传播发展中吸收了众多哲学思想，于是便有了"万物并育而不相害，道并行而不相悖""外儒内法"等哲学理念，使中国古代不同民族间的体育文化融会贯通，这些哲学思想深刻地渗透到中国古代体育文化的每一个层面。正是这种包容会通的精神，使中国古代体育文化具有了非凡的融合力，而这种文化融合力也成为凝聚中华民族体育文化多元一体的亲和力。中国历史上各民族间体育文化的融合与亲和在世界上是罕见的，各民族对体育文化的认同程度较高，这正是中国古代体育文化广泛传播的文化基础，它曾令世界上许多著名的学者称羡不已。20世纪70年代初，英国历史学家汤因比曾与日本学者池天大作对话时这样指出："就中国人来说，几千年来，比世界任何民族都成功地把几亿民众从政治上、文化上团结起来。他们显示出这种政治、文化上同一的本领，具有无与伦比的成功经验。"此外，中国古代体育文化也讲"变易""变通"，所谓"穷则思变，变则通""功业见乎变""变而通之以尽利"。"包容"和"变通"使中国古代体育文化通过古代"丝绸之路"走上了文化传播之路，一些优秀体育文化随着文化交流在世界范围内得以传播。

当然，这种包容和变通都是有限度的。两千年间由于"心学"被推崇为尊，体育文化从本体上摆脱唯"心"论的倾向更难以包容，中国古代体育文化无法像同时期的欧洲那样致力于体育文化在世界范围内的传播，发展出自己的体育文化体系和学科特点。百余年来，中国现代化在器物即"用"的层面上相对顺利，在制度和文化层面上的变革则一波三折、步履艰难，反映出体育文化"包容"和"变通"的局限性。

## 三、中国古代体育文化因循守旧的思想观念

这是中国古代体育文化的另一要素，传统的农业文化与男耕女织的家庭手工业相结合的生产方式，周而复始的帝王循环和朝政更替，便是中国古代军事体育文化和娱乐体育文化滋生的丰厚土壤，也使人们难以接受和吸收多元融合的体育文化思想，从而造成了体育文化在观念上的保守，不过这更多的是受

"好常恶变，故土难迁，崇尚古之盛世，笃信祖宗家法"文化观念的影响。难怪中国的传统体育文化如武术、养生等难以在世界范围内广泛传播。"保守"使中国古代体育文化具有维护一致和稳定自我复制以及在吸收外来体育文化时"固步自封"的功能，因而与"包容"并非完全矛盾，这也进一步强化了中国古代体育文化"大一统"的思想基础，同时，一味地回看历史使得中国古代体育文化在一代一代的自我复制中得以保持传承的神秘性，体现了"祖述尧舜，宪章文武""述而不作，信而好古"，墨守成规、遵法守信，以至于主张"天不变，道亦不变"等文化思想，必然成为了体育文化思想上的禁锢，形成阻碍体育文化"变通"、反对革故鼎新的思想定势和文化氛围，导致中国古代体育文化只能在一代一代的自我复制中传递和发展。

应当说，因循守旧是古代农耕文明的共同特点，这就注定了中国古代体育文化对农耕文明的依附性。钱穆先生认为，"游牧、商业起于内不足，内不足则需向外寻求，因此而为流动的、进取的。农耕可以自给，无事外求，并必继续一地，反复不舍，因此而为静定的、保守的。"这充分说明两河流域的中国古代体育文化在与游牧文化的碰撞中得到了创新和发展的空间。譬如秋千，本是北方山戎之戏，于春秋时齐桓公北伐山戎时传入中国（参见《古今艺术图》）。到了汉代，秋千之戏，由民间传入宫廷；南北朝以后，千秋之戏，盛行全国各民族。"秋千者，千秋也。汉武祈千秋之寿，故后宫多秋千之乐"（引自唐高无际《汉武帝后庭秋千赋》）。传统中国农耕文明培育了体育文化根深蒂固的唯"心"主义、文化本位主义等保守观念。这种文化思想对中国体育文化的发展影响深远。当然，中国古代体育文化与中国古代文化思想还有很多相似之处，譬如"内圣外王""刚柔相济"、家族本位、道德本位等文化思想。此外，中国传统体育文化思想的成就取向和教育性，对世界体育的和谐发展和人类健康具有永恒的价值。

纵观整个中国古代体育文化的发展与变迁轨迹，体现出一种深厚而理性思辨的哲学思想。中国古代体育文化的发展表明，当世界绝大部分地区仍处于混沌、朦胧状态的时候，以中华民族传统体育文化为代表的东方体育已经从公元前五千年左右开始逐步向文明社会过渡，并在发展中逐步形成了自己的文化特征。而此时，以欧洲及地中海为代表的西方古代体育才刚刚起步，经过公元前8至5世纪的发展，西方体育才逐步形成。保罗·肯尼迪在《大国的兴衰》中对比了明代以前的中国与欧洲，他引证麦克尼尔等多位西方学者的观点，以赞许和肯定的态度称："在前现代的所有文明中，没有哪一个文明比中国文明更发达、更先进。"中国古代体育文化就是在中国文明的优越环境中逐步形成和发展起来的，是一部与中国古代的社会、政治、经济、文化的交流史。

# 第四节　人类生存环境与体育发展

人类生存环境对体育的产生、形成和发展的影响是巨大的。一方面，体育的内容毫无例外地源于人类同生存环境的交流回响；另一方面，体育的地域性、民族性、时令性又在具体细节上受制于人类生存环境。人类社会在同生存环境的相互依赖和变迁中不断向前发展，这个过程也使得体育文化不断发展和完善，同时，体育对人类的价值活动必须通过生存环境才能实现。

体育作为人类社会创造出的一项社会文化财富，是生存环境赋予人类社会的一种特殊的文化符号，是自然的、社会的、人类信仰和精神的诸多因素共同作用的结果，这种复杂的社会现象告诉我们一个简单的道理，就是人类社会在不同的生存环境里创造出了类型迥异的体育文化，客观地决定了人类体育与生存环境之间存在的必然联系。人类体育活动的不断发展和完善，得益于生存环境为人类社会提出的各种挑战，生存环境作为人类体育活动的历史起点和对象起点，无论从体育运动进行的场所和体育内容实践完善的角度，还是从制约体育发展的客观因素分析来讲，都为人类体育活动的发展提供了必然的契机，因此，生存环境无疑是推动人类体育活动不断发展和进一步完善的必然依据。

## 一、生存环境对人类体育发展的制约性

人类生存环境对体育的决定性制约可以从体育的本源说起，在体育的源头上，创造了古老文明的先民们，在不同的生活空间里创造出了维系生存的体育文化。早期的人类社会在同生存环境交流的过程中，既获得了生产劳动的技能，也获得了基本的身体活动，如跳、攀登、泅水等，虽然这些活动不能完全看作是体育，但却孕育着体育的因素，孕育着体育源于人类生存环境。譬如，《吕氏春秋·古乐》中记载："昔陶唐氏（即唐尧）之始，阴多，滞伏而湛积，水道壅塞，不行其原，民气郁阏而滞著，筋骨瑟缩不达，故作为舞以宣导之。"以农耕文化为主的中华民族在土地肥沃的黄河流域和长江流域开拓自己

的历史，而生活在近海移山环境中的希腊先民，则在渔猎游牧生活中创造属于他们的文明。因此，生存环境构成了人类活动的客观基础，决定着人类活动的对象、内容及方式。而体育作为人类活动的结果，在产生的初始阶段，其内容和形式都必然与生产劳动相结合，进而由生存环境来决定。正如《毛诗序》中记载："情动于中，而形于言；言之不足，故嗟叹之；嗟叹之不足，故咏歌之；咏歌之不足，不知手之舞之，足之蹈之也。"中华民族世代繁衍生存在一个自给自足的以传统农业生产为基础的闭塞、静穆的环境之中，这样的生存环境铸成了中华民族宁静淡泊、顺其自然、洁身自好、温良淳厚的民族性格，追求个人与社会、伦理与心理、理智与情感的和谐统一，因而中华民族素来以个人的修身养性为重。这种特殊的活动形式名为"养生"，它作为一种保健手段运用于医学和体育之中。在中国古代特定的社会环境里，形形色色的养生文化得到了充分发展。譬如《庄子·刻意篇》中这样写道："吹呴呼吸，吐故纳新，熊经鸟申，为寿而已矣。此导引之士，养形之人，彭祖寿考者之所好也。"在地处尼罗河下游的古埃及人繁衍生息的时代，由于气候干燥，日照充足，他们创造了光辉灿烂的古埃及文明，同时也发展了流光溢彩的体育文化。这也印证了古希腊著名史学家希罗多德所说的，在他看来，当时没有比埃及人和吕底亚人更健壮的民族了。但古埃及人浓厚的宗教意识和等级森严的社会制度却对体育的发展产生了不良影响。"而古希腊盆地被一道道山岭隔阻，岛屿难于到达，互不依存的小社会群体充分利用每一个成员的能力，独立为自己的生存和富裕进行着斗争。希腊的神话世界促使人们勇敢开拓，探索未知，发展人的智力和身体能力，这种由墨菲斯（希腊神话中的梦神）发展而来的生活方式，承认体育的社会自我调节作用，这一点直到今天，仍然是体育文化发展的源泉"。

体育自身的发展轨迹告诉我们：一方面，把体育追溯到本源，毫无例外地震荡着人类同生存环境的交流回响。埃及地处尼罗河下游，又濒临地中海，因此水上劳作和运动十分普及，这不仅是生存的手段，也成为娱乐的方式。在古代印度的吠陀时代，随着战争频繁出现，拳击和狩猎成为生存和军事训练的主要内容。追溯中国传统体育文化的发展历程，养生有着中国传统文化的烙印，典型的"五禽戏"是公元前3世纪道家医生华佗通过对熊、猴、鸟、虎和鹿的观察编制而成的，"五禽戏"是世界上最早的健身体操之一，有强身、祛病、延年益寿的效果。正如《三国志·华佗传》中记载，华佗对其弟子吴普说道："人体欲得劳动，但不当使极尔。动摇则谷气得消，血脉流通，病不得生，譬犹户枢不朽是也。"在古希腊荷马时代，生产力水平十分低下，各部族战争频繁，人民生活困苦，这样的生存环境使是古希腊人希望拥有无限的智慧和强健的体魄，于是体育运动便成为他们的选择，而战车、拳击、摔跤、赛跑、投掷等运动项目的开展迎合了当时的生存环境；另一方面，体育的地域性、民族性又在具体细节上证明了人类生存环境对体育的决定性。人类生存在不同的地域环境中，组成不同的社会群体，创造出不同的体育文化，这就形成了体育文化的地域性特点。"在东方两河流域人口众多的广褒平原上，由于生存环境的缘故，形成了集中组织和集中管理的劳动特点，两河流域的文化反映了依附于土地的农民和古代封建上层建筑之间的精神世界"。两河流域是带有神秘色彩的东方式健身祛病方法的发源地，中国的养生体育文化从这里源源不断地传入世界各地。古代的埃及人、印度人、中国人、波斯人、希腊人都按照自己的文化观念对东方两河流域的体育文化进行了创新发展，从而在不同的生存环境里创造出不同流派的优秀体育文化。古代印度河流域的城市化文明中一个最重要的成果就是印度体育文化的形成，长寿的愿望促使印度河流域土著居民的瑜珈运动得到了继承和发展，但浓郁的宗教观念使印度的体育文化受到了至今仍然难以消除的消极影响。"正是中国社会的农业性、宗法性以及在此基础上形成的追求原始朴素和谐的思想、独具特色的自然观和医学理论、注重伦理美而忽视形体美，使中国体育在理论基础、内容方式等方面，都与西方体育处在不同的发展层次上"，这也是中国传统体育文化难以传播和发展的根源所在。可见，生存环境决定了人们活动的具体内容和方式，形成了人们不同的生活感受、思维方式、心理素质、文化认同以及观念上的差异，从而制约着体育文化的形成内容和发展方式。

## 二、体育的发展方向和进程依赖于生存环境

体育文化的传播与发展，从本质上而言，是人类在生存环境中进行实践活动的深化，是人类对生存环境认识和交流的拓展和延续。在人类创造体育文化的岁月轮回中，生存环境必然渗透其中并发挥独特的作用。毋庸置疑，人类源于生存环境，立足于生存环境，又在同生存环境进行物质交换的过程中成长和发展，形成了人类体育文化和自然的基本属性。不同的生存环境，规定着人类活动不同的内容和形式，人类活动空间的不断扩展，总是以生存环境为基础。因此，生存环境的变化必然导致体育内容的对象化，从而构成了体育的具体内

容环境化，于是体育的发展便成为一部人类与生存环境的文化交流史，人类体育正是在这种双向选择的互动中完善和发展。

体育的发展依赖于人类生存环境，在体育产生、形成的开始阶段生存环境已经赋予其自身的基本特质，任何事物在它产生的同时，就内在地确立了自身的发展方向和规律。既然体育在产生和形成阶段已经把生存环境作为对象而纳入自身内容，并以生存环境的特点形成自身的发展方向，那么，体育的发展过程必然以生存环境为基础。这一点我们从中国古代体育的发展历程就可以看出：在夏、商、西周时期，随着战争的出现，人们为了适应当时的战乱环境，于是射箭、御车、田猎等军事体育得到了充分发展；春秋、战国时期，由于社会全面发展，思想领域出现了"百家争鸣"，体育受当时的社会环境影响，从内容到形式都得到了空前发展；秦、汉、三国时期，由于受汉武帝"罢黜百家，独尊儒术"思想的影响，社会上出现了重文轻武的倾向，制约了体育的发展，但是随着当时经济、文化的发展和中外文化交流日益频繁，养生、杂技、秋千、登高等娱乐项目为体育发展增添了新的内容；两晋、南北朝时期，在当时统治阶级分裂、战乱的局势下，宗教思想和玄学思想广泛流传，严重地扼杀和阻碍了体育的发展；隋、唐、五代时期，随着国家的统一和社会的安定、经济的繁荣，体育得到了繁荣发展，统一性体育项目和女子体育项目都得到了充分发展；宋、辽、金、元时期，由于两宋时期统治时间较长，社会稳定，经济繁荣，体育得到了一定发展，如蹴鞠、马球、捶丸、相扑等项目，后来由于宋明理学的兴起，对体育发展产生过消极影响，但造纸术的发明使体育得到了进一步传播与发展；明、清时期，重视武功，尤其是允许僧人练武以后，拳术和兵器武艺发展很快，倡导文武兼备，军事体育和民族传统体育得到了充分发展，后来随着统治阶级的衰败，体育发展也有了一定衰退。由于受不同时期社会环境的影响较深，中国古代体育文化的发展历程始终在一种非平衡状态下发展，从时间结构来看，时长时消，繁荣与衰微交替进行；从空间和地域结构来看，此起彼伏，兴衰和凋敝同时存在。当我们审视不同时代体育文化变迁的时候，总是可以看出，人类生存环境是影响体育文化变迁曲线的重要动力，体育作为一种社会文化现象，其产生和发展总是受到不同生存环境的制约和影响，随着不同社会的政治、经济、军事、文化、教育等方面的发展，体育呈现出依附于社会环境的发展方向。人类同生存环境之间的相互改造便形成了体育发展的主旋律，不仅如此，体育发展依赖于生存环境的结论，并不悖于体育自身相对独立的存在形式和其独特的发展规律。任何事物的发展只有在特定的时空环境中才能存在和发挥作用。体育作为具有相对独立形式而存在的一种文化形式，生存环境就是它赖以存在和发展的基本空间，这也是体育文化传播和发展的基本条件。

体育史的研究表明，大凡气候适宜、土地肥沃，社会环境稳定，则体育易于萌发，并具有进一步发展的基础；而对人类具有挑战性的生存环境，赋予了体育活泼、竞争、创新、发展的内在活力。中国体育发源于北温带较寒冷的地域，黄河流域庞大的水系和肥沃的土壤，为体育的发展提供了良好的环境，复杂的生存环境和社会变革对人类形成的挑战，促使体育发展日益创新；而庞大的水系带来广阔的灌溉系统，便利的交通舟辑，致使内部统一迅速完成，体育由融合而统一，由统一而一脉相承。希腊具有开放的地理位置，在与东方文明的交流碰撞中吸收了东方体育文化的精髓，从而使希腊体育不仅流光溢彩，而且源远流长。而在古埃及、巴比伦和印度，虽然都因土地的肥沃使体育早期萌芽，但由于都只凭借着单一的水系和平原，再加上复杂而又不够开放的生存环境，缺乏与世界优秀文化的交流和对接，体育的发展便缺乏内在活力和外部传播条件，所以其体育的发展易于璀璨，也易于枯萎，出现了或缓慢，或衰微，或陈迹的结局。由此可见，生存环境连接起了体育通往人类社会的纽带，决定着体育是否发展、怎样发展和发展的进程。

## 三、体育与人类生存环境的融合与发展

体育作为人类实践活动的创造，反过来也作用于人的实践活动和意识活动。正因为如此，体育的社会性体现在人类活动的整个过程之中。人类活动的基本方面包含实践关系、认识关系和价值关系的内容，而体育作为人类亘古未绝的实践活动，只有通过这些活动内容才能发挥和实现它的作用。

从实践关系的内容来看，实践过程就是自然的人化和人的自然化过程。也就是说，人类按照自己的目的实现对生存环境的改造，把自己的目的、能力和力量对象化，创造出单纯的自然所不能产生的东西——体育的人化过程。与此同时，它也是人类吸收生存环境的活动成果，把生存环境的属性、规律内化为自身的力量——体育的自然化过程。在这个过程中，体育一开始就内化为人的目的、能力和力量，参与对生存环境的实践活动，并在最终结果上以人类同生存环境的融合来证明体育的存在和价值。但是，在人类创造体育的全部过程中，生存环境自始自终伴随并决定着体育的产生和发展，这也是体育与人类生

存环境融合与发展的过程。

从认识关系的内容来看，体育作为人类活动的工具或手段，通过物质和精神两方面参与人类活动并发挥作用。在这个过程中，体育与人类社会之间的融合必然同生存环境联系在一起。由于认识在本质上是主体和客体之间在观念和内容方面的双向选择过程，认识的主体即人类自身的存在与生存环境之间的关系是人类体育的基本前提，认识的客体即人类体育在任何时候都要面临生存环境的挑战。这样，人类生存环境就构成了人类同体育之间相互作用的自然基础，这就决定了体育在产生、形成和发展的各个阶段都受到生存环境的重大影响，在以生存环境为基础的认识活动中，人类通过参与体育活动而发挥体育的社会作用，使体育文化的时代性在人类文化舞台上不断发展和完善，并由于生存环境的差异而决定体育的社会性。

从体育与人类活动的价值关系来看，生存环境毫不例外地渗透其中并发挥作用。由于体育的内容本质上就是人在活动中因利益趋向而进行的活动选择，以及对活动结果的评估。因此，随着生存环境的变迁，人类体育活动的内容形成、活动的价值取向以及对结果的评估等方面，都受到生存环境的影响和制约。也就是说，体育对人类活动的价值必须通过生存环境才能实现。

总体来说，人类生存环境决定着体育内容的形成和发展，这种决定作用从体育的本源上讲是直接的，也是根本性的，虽然在体育发展演进的历史过程中，逐渐融入其他社会因素，但生存环境的影响是基本的，是体育与生俱来的。

人类体育的形成和发展依赖于生存环境，无论是人类从体育的实践活动、认识活动还是价值活动的哪一方面内容来讲，都必须通过生存环境才能实现人类活动的目的，体育的社会性正是通过这些内容在生存环境的制约下形成的。

人类生存环境与体育的融合，表现为体育在社会化完善过程中决定—规范—制约的关系模式，虽然这个关系模式因生存环境的变迁而表现出体育内容和运行方式的变化，然而模式本身的存在是毋庸置疑的。

# 第二章 原始社会时期的体育文化

## 第一节 原始社会的历史概况

中华民族具有悠久的历史文化和古老的文明传承，中华民族和世界各国人民一样都历经了一个没有阶级、没有剥削、没有压迫的原始社会（约170万年前——公元前21世纪）。

中国原始社会时期，从社会形态上来讲，原始先民们大致经历了三个生活阶段，即原始群居时期、母系氏族公社时期、父系氏族公社时期。从生产工具的制造方法和制造过程来讲，同样经历了三个时期，即旧石器时期、中石器时期、新石器时期。

原始社会的历史变迁可以概括为："伏羲渔畜八卦传，燧人取火去腥膻。神农辨药播五谷，黄帝分州制井田。颛顼平定九黎乱，帝喾仁威天下安。尧置鼓木喜闻过，舜称至孝复称贤。"（引自《人民日报》）

原始群居时期（相当于旧石器时期的最初阶段，距今大约20万年以前）。据考证可以推测出，这时的人类居住在原始天然的洞穴里，过着原始群居生活，原始先民们只会制造一些粗笨的打制石器工具，以采集为主要谋生手段，以涉猎为辅，生活极为简单低下。

母系氏族公社时期（相当于旧石器时代的中、晚期，中石器时期和新石器时期的初期，距今大约5000多年—20万年）。这一时期生产工具有了很大程度的进步，出现了磨制石器，特别是弓箭的发明出现和普遍应用，扩大和丰富了食物的来源，农业、畜牧业、制陶业等相继出现，与此同时，原始先民们开始有了宗教意识、迷信活动、集体意识和社会分工意识等，人类社会活动向着更加广泛、更加多样的方向发展。

父系氏族公社时期（相当于新石器时期的中、晚期，大约在公元前21世纪—5000年前；也就是神话传说中的黄帝、尧、舜时代，大致相当于这一时期）。这一时期生产力有了很大的发展，逐步出现了农业和手工业的分工，出现了商品交换，出现了私有制，出现了掠夺战争，因此也导致了贫富分化以及阶级的出现和原始公社的解体。原始社会的历史文化如图2所示。

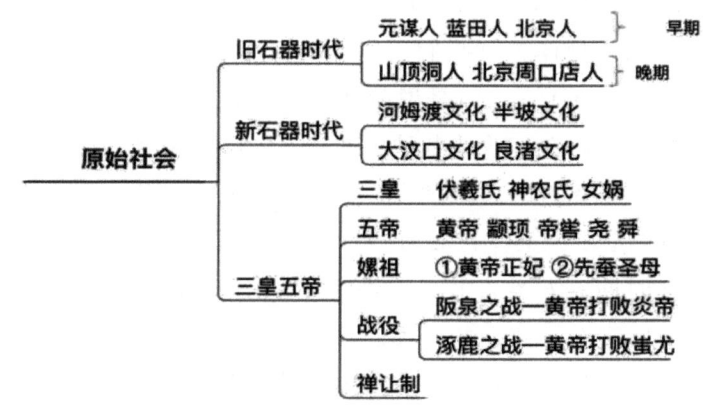

图2 原始社会的历史文化

## 第二节 早期原始社会的萌芽体育

### 一、体育随着人类社会发展的活动轨迹而发展

体育作为人类社会独特的社会文化现象，随着人类社会的产生而出现，同时随着人类社会的发展而不断发展。体育是如何出现在人类社会中的？这是学习体育历史首先要回答的问题，也是我们研究体育文化需要认真解决的问题。

人们对于体育起源问题的认识大体经过三个阶段。第一阶段主要源于最初的自然主义思想的学说，以遗传本能说为代表，与此相应的需要论、心理冲动论等都是从艺术起源领域中移植过来的理论。第二阶段在人们认识到"纯生物学观点"的局限后，开始出现一种"一源论"观点，即体育产生于生产劳动论。主张从马克思主义的观点来分析，劳动既然创造了人类，自然也就创造了人类社会的实践活动，其中也包括人类的体育活动。第三阶段在前两个阶段的基础上出现"多源论"观点，认为各种社会因素，包括劳动、人类生理和心理、宗教与战争等均在体育的产生及初期发展过程中起到了不同类型的特殊作用。但在多种因素中，劳动—物质生产的实践活动起决定作用，为首要因素，相比之下，其他因素都是次要的，处于从属地位。从历史文献、人类学、社会学和民族学的相关研究，以及已经发现的原始人类活动的轨迹来看，以人类的社会劳动为主，体育起源的"多源论"是较为符合历史发展事实的。

人类社会发展的规律告诉我们，"劳动创造了人本身"（引自恩格斯《劳动在从猿到人转变过程中的作用》），也就是说劳动创造了人类社会。人类社会通过生产劳动，在社会实践中创造和改造各种生产工具，正是人类社会对生产工具的使用，促进了人类从猿到人的进化过程，从这个意义上来说，劳动创造了人类社会，自然劳动也创造了人类体育活动。

在原始社会时期，人类的生产劳动基本处在萌芽阶段，人类进行生产劳动的条件和环境异常艰苦。我们的先民们只能依靠木棒、石器等简单而粗笨的生产工具，从事一些采集、狩猎等维持基本生计的劳动。正如《礼记·礼运》中记载的"食草木之实，鸟兽之肉"，在当时生活资料极其匮乏的情况下，人们为了生存和自身安全与凶禽猛兽进行搏斗，据《韩非子·五蠹（dù）》记载，"人民少而禽兽众"。在这样的恶劣环境条件下，人们生活异常艰苦，迫使我们的先民必须适应当时的生存环境，这就要求我们的先民不仅要跑得快、跳得高，还要学会攀爬、泅水等生存技能。人类在与生存环境的这些互动过程中，既获得了生产劳动的技能，也强化了人类最基本的身体活动。从内容和形式上审视这些活动，其目的虽然不是为了增强体质，而是为了获得生存技能，但这些活动却孕育着体育最初的各种内涵。从现代体育运动项目的发展和演进来解读这些项目的运动演变轨迹，今天我们依然能够清晰地看到这些运动项目的原始文化烙印。

在原始先民们长期与生存环境的交流回响中，人类社会首先出现了以传授生产劳动的基本技能和生存技能为主的原始萌芽教育。其教育形式大致如下：教育内容主要涵盖母传子，年长者对少年、儿童的经验传授等。而传授的内容主要有制造和使用生产劳动工具；有目的、有意识地提高身体机能训练；生存和获取生活用品的技巧；加强奔跑速度和跳跃能力的训练等。这些人类有意或无意的教育行为，都孕育着原始体育的烙印。

原始教育源于人类生存和生产劳动的群体活动，同时回馈于人类社会的生存和生产劳动，人类早期的体育行为与生存和生产劳动之间紧密互动，因此我们说：劳动创造了人类社会，劳动创造了人类的体育文化活动。原始社会的体育活动类型大致如表2-1所示。

表2-1　原始体育类型

| 类型 | 体育活动 | 体育器具 |
|---|---|---|
| 技击类 | 渔猎、狩猎等 | 镞类、弓箭、木弩、弋射、弹弓、弹丸、扳指、槽箭 |
| 投射类 | 追赶、狩猎、田猎 | 石球、投掷槌、矛类（投矛器、投枪）、鱼叉、鱼镖 |
| 攻击类 | 食物争夺、部族战争 | 棒、斧、锤、锛、刀、铲、戈、匕、护臂、盾 |
| 涉水类 | 涉水、渔猎、戏水 | 舟、桨、钓、鱼镖 |
| 娱乐类 | 庆典、祭祀 | 陀螺、陶埙、陶球、弹丸 |
| 保健类 | 祛病、健体 | 砭 |

## 二、人类对精神生活的向往促进了原始体育的发展

人类在脱离原始群居生活之后，依靠新的思维方式和发展改进了生产工具，主要以狩猎和渔猎为生活基础，生活资料和以前相比有了较大改善。在这种情况下，人类逐渐对精神生活有了向往，与此同时产生了原始宗教的萌芽。随着考古发现，人们在山顶洞人的墓葬遗址中发现了随葬品，根据考古学的分类，包括生产工具、生活资料和各种装饰品。这些随葬品的发现使我们大概推断出人们当时的思想，他们也许想让死者能够和生前一样生活和参与一切活动。这反映出当时人们心灵深处所存在的原始宗教思想和宗教观念，随着一些随葬品的出现（主要包括小型石珠，穿孔的兽牙等），从另外一个层面反映出原始山顶洞人的精神生活，表现出他们通过装束对美好生活的向往，也表明他们对原始艺术具有非凡的创造力。

据有关史料记载，原始社会出现了一些图腾崇拜、祭祀活动和原始舞蹈，这些舞蹈内容与当时的宗教信仰和精神文化追求相吻合，这些原始舞蹈的出现极大地丰富了原始体育的内容。正如《毛诗序》中记载："情动于中而形于言，言之不足，故嗟叹之，嗟叹之不足，故咏歌之，咏歌之不足，不知手之舞之，足之蹈之也。"这是对舞蹈起源最好的概括，原始先贤们在生活之余、获得生活物资之后，或在一些原始宗教仪式上，或在一些集体活动上，利用一些装点器具模仿各类动物形态手舞足蹈，借以表达他们内心对未来生活的向往，同时也表达他们对自然的崇拜和对原始先人的敬仰之情。

到了原始社会后期，舞蹈不单是"情动于中而形于言"的体现，在生活中不断演变为健身祛病的主要手段。正如《吕氏春秋·古乐》中记载："昔陶唐

氏之始，阴多，滞伏而湛积，水道壅塞，不行其原，民气郁阙而滞著，筋骨瑟缩不达，故作为舞以宣导之。"我们可以看出，在天气阴霾多雨、河道阻塞不畅通的情况下，人们的情绪开始抑郁寡欢，人们的身体也开始体弱多病，阴康氏创编了一种舞蹈，用以消除抑郁情绪、活动全身关节，以此来达到强身健体的目的。用舞蹈健身祛病，是体育文化活动萌芽时期质的飞跃。

据《通鉴纲目》中记载："阴康氏时，水渎不流，阴凝而易闷人，郁于内，理滞著而多重腿，阴康氏所以利其关节，乃制舞焉，治于华原。""教民制舞"可视为中华舞蹈、健身祛病活动的源头。"理滞著而多重腿……"犹如今天有些偏僻山区的大骨节病，由此可以推断塔坡遗址就是阴康氏部落当年活动的主要地点之一。可以判定，当时为了对付这种疾病，"阴康氏"部落的先民发明了一种"捽筋骨、动支节"的养生方法。所谓"大舞"，实际上就是一种类似于气功导引的养生方法。其基本作用就是宣达腠理、通利关节，达到散瘀消积、保持健康的目的。《路史》中有关"大舞"的记载虽属后人补记，但大体上与原始文化的特征相吻合。

原始社会同时出现了各种游戏，同样为原始体育增添了诸多新的内容。这里我们列举几项早期原始体育文化活动项目的内容：

石球。石球的出现大大提高了原始狩猎的效率，也被原始人群所广泛接受，使之成为人们获取食物和抵御入侵的重要工具。石球是弓箭发明之前重要的狩猎工具，随着弓箭的出现，石球在狩猎活动中逐渐被弓箭所取代，但其依然是当时原始人类生存活动中重要的生活工具。随着时间的推移，石球逐渐演变成为人们进行体育游戏的一种重要活动内容。这一点我们在西安半坡遗址中出土的石球文物实体中可以得到线索。

1955年，中国科学院考古研究所在对西安半坡遗址进行第二次考古挖掘时，在第152号墓穴中一个三四岁小女孩的墓葬里，挖掘出随葬品3个小石球（无穿孔，非装饰用），这3个小石球制作精良。除此之外，在西安半坡遗址中还挖掘出大大小小的石球二百多个。据考古专家分析，小女孩墓葬中小石球并非让死者长大后用于狩猎，也不是用小石球来装扮孩子而这可能是一种原始宗教思想：让死者如同生前一样，通过石球的陪伴度过愉快的童年生活。通过原始儿童墓穴发现的随葬品石球可以反映出石球游戏在当时已经较为普及，已被越来越多的人所接受，石球逐步演变为原始社会时期萌芽体育的一项重要活动内容。

击壤。据《辞源》所释，击壤为"古游戏名"，通常认为是古代的一种投掷类游戏。东汉王充《论衡·艺增篇》中记载："传曰：有年五十击壤于路者，观者曰：大哉，尧德乎！击壤者曰：吾日出而作，日入而息，凿井而饮，耕田而食，尧何等力！"从"击壤"的字义分析，"击"是击打、投击之意；"壤"也不是什么特制物品，《辞海》中说："壤，泥土的通称。"由此可以推断，当时的"击壤"是一种投击土块的游戏。至于后世改用木屐、砖块等器物用具，则是击壤游戏器材的进一步改进与发展。

击壤源于原始社会人类的生产与生活。在远古时代的狩猎生产中，人类会用土块、石块、木棒投击猎物；在原始社会的部落战争中，这种投击也成为作战的技能。为了投击得更加准确，平时便要进行练习。后来，狩猎、作战器械和工具得到不断改进，有了弹弓和弓箭，不再依靠土块、石块、木棒掷击野兽，这种投击练习便演变成了一种游戏。据《高士传》关于"壤父击壤"的描写，认为击壤与投壶相似，本是士大夫的一种休闲习艺方式，因其具有较强的娱乐性，逐渐流传至民间，并改变了活动形式。

击壤是源于狩猎生产的古老游戏。东汉刘熙的《释名》中讲到："击壤，野老之戏。"继东汉王充《论衡·艺增篇》关于击壤的记载之后，晋人皇甫谧《高士传》中也记述了尧时存在的击壤游戏，说尧出游于田间，路见"壤父"一边击壤，一边歌唱。"帝尧之世，天下太和，百姓无事。壤父年八十余而击壤于道中，观者曰：大哉！帝之德也。壤父曰：吾日出而作，日入而息，凿井而饮，耕田而食，帝何德于我哉！"（《艺文类聚》卷十一引）"壤父"反驳观者，认为这一切与尧的恩德无关，显示出一副不以为然、自得其乐的状态。后来，"帝尧之世，击壤而歌"成了太平盛世的一个典故，如清方贞观《出宗阳》诗："生逢击壤世，不得守耕桑。"

有学者认为击壤是一种宗教活动，追溯击壤的源头可能是一种生产巫术，或是一种预测秋成的占卜形式。也有学者认为，击壤最初是从事农业劳作的初民借以谢土报社的俗信活动，蕴含在游戏外表中的内核是对土地的膜拜。以《高士传》的描述看，虽然没有直接言及亲土祭神之事，但"壤父"所唱歌辞与农事兴作饮食相关，并与击壤动作相配，应该是奉献土地神的祝颂。正如《诗经·小雅·甫田》中关于"琴瑟击鼓，以御田祖，以祈甘雨，以介我稷黍，以谷我士女"的描写一样，击壤和击鼓都用娱乐的方式祭奉土地，是一种动态的乐神行为。由于这种俗信活动所具有的欢怡气氛，决定它由娱神向娱人的方向转化，最终形成一种季节性游戏，并在传习过程中逐渐被淡化掉俗信的成分。

从东汉开始，击壤活动在民间已十分流行。东汉王充《论衡·刺孟》中记载："夫毁瓦画墁，犹比童子击壤于涂，何以异哉！"三国时期的吴人盛彦曾在《翁子击壤赋》中这样写道："论众戏之为乐，独击壤之可娱，因风托势，罪一杀两。"从这里的"论众戏之为乐，独击壤之可娱"，可以推断出击壤是当时人们闲暇之余游戏的一项活动内容。

击壤所用的"壤"，最早应当是用土块做成，后来才逐渐有了变化。三国时期魏书法家邯郸淳在《艺经》中有这样的记载："壤以木为之，前广后锐，长尺四，阔三寸，其形如履。"这个时期的"壤"已发展成一尺四寸长、三寸宽、前宽后窄、形状如履的木制品，更为耐用。"将戏，先侧一壤于地，遥于三四十步以手中壤敲之，中者为上。"（引自《太平御览》卷七五五引三国魏邯郸淳《艺经》）游戏的方法是把一块"壤"侧放地上，在三四十步处，用另一"壤"去投击它，击中的就算得胜。说明这时的击壤已经形成有比赛、有规则、能分争高低上下、力求准确性的投掷活动。

三国时期的曹植，在《名都篇》中也提到了"击鞠壤"的游戏："名都多妖女，京洛出少年。宝剑值千金，被服丽且鲜。斗鸡东郊道，走马长楸间。驰骋未能半，双兔过我前。揽弓捷鸣镝，长驱上南山。左挽因右发，一纵两禽连。余巧未及展，仰手接飞鸢。观者咸称善，众工归我妍。归来宴平乐，美酒斗十千。脍鲤臇胎鰕，炮鳖炙熊蹯。鸣俦啸匹侣，列坐竟长筵。连翩击鞠壤，巧捷惟万端。白日西南驰，光景不可攀。云散还城邑，清晨复来还。"这里所说的"击鞠壤"，有学者解释为"蹴鞠和击壤"。

魏晋南北朝时期，击壤在民间已经非常流行，南朝诗人谢灵运在《初去郡》中所描写的"即是羲唐化，获我击壤情"（引自《谢灵运集》上编"诗集"）的诗句。晋朝人张协的《七命八首》诗中也有"玄龆巷歌，黄发击壤"之句，描述的就是当时黑发的童子在歌唱，黄发的老翁在玩击壤的游戏。可见，击壤是当时很受欢迎的游戏。

进入唐代以来，击壤依然盛行。唐李峤在《晚秋喜雨》中写道："野洽如坻咏，途喧击壤讴。"后一句是说道路中响彻击壤的歌声。唐张说《季春下旬诏宴薛王山池序》："河清难得，人代几何？击壤之懽，良有以也。""懽"同"欢"，表明人们对击壤的喜爱程度。

宋代的文学作品中不乏关于击壤的记载。譬如：司马光《春帖子词（四首之一）》："盛德方迎木，柔风渐布和。省耕将效驾，击壤已闻歌。"范成大《插秧》诗："谁知细细青青草，中有丰年击壤声。"当时的击壤与歌唱、节庆等活动相互联系。

宋代击壤的方式有了一些明显变化,杨慎在《丹铅余录·卷九》有这样的记载:"宋世寒食有抛堶(音:tuó,砖)之戏,儿童飞瓦石之戏,若今之打瓦也。"梅尧臣《依韵和禁烟近事之什》中有这样的诗句:"窈窕踏歌相把袂,轻浮赌胜各南堶。"或云起于尧民之击壤。除此之外,宋代的张侃在《代吴儿作小至后九九诗八解》诗中也提到了抛堶的游戏,诗云:"五五三三抛堶忙,柳丝深处映陂塘。"由此可见,当时在寒食节、清明节前后的一段时间,宋代时期在儿童中流行名为"抛堶"或"飞堶"的类似击壤的游戏。

"飞石"是宋代时期类似于抛堶的游戏,《太平御览》中记载,飞石的玩法大致是:"以砖二枚,长七寸,相去三十步,立为标。各以砖一枚,方圆一尺,掷之。主人持筹随多少。甲先掷破,则得乙筹,后破则夺先破者。"这种"飞石"比赛,是一种带有赌博性质的击壤游戏。

明朝时期,击壤仍然是非常流行的游戏活动。晏璧《无忧泉》中记载:"槛泉西畔漱清流,酌水能消万斛愁。白叟黄童争击壤,春来有事向东畴。"王圻《三才图会》转载了《艺经》中的记述:"壤以木为之,前广后锐,长尺四,阔三寸,其形如履。将戏,先侧一壤于地,遥于三四十步以手中壤敲之,中者为上。"

明朝时期的击壤游戏出现了许多新的变化,击壤被称为"打柭儿",又曰"打杂""打瓦",并由此演变出"打柭柭"或曰"打板"的游戏。刘侗在《帝京景物略》卷二中记载:"二月二日龙抬头……小儿以木二寸,制如枣核,置地而棒之,一击令起,随一击令远,以近为负,曰打柭柭,古所称击壤者耶?其谣云:杨柳儿活,抽陀螺。杨柳儿青,放空钟。杨柳儿死,踢毽子。杨柳发芽儿,打柭儿。"这种打柭儿便是由击壤游戏发展而来的,已不是"以手中壤击之",而是以手中的棒击起地面如同枣核形状的木棍,击起后再次一击令远,以打远而取胜。另据《顺天府志》中记载:"小儿以木二寸,制如枣核,置地棒之。一击令起,随一击令远,以近为负,曰打板。板,古称所称击壤者也。"可见,这里的"打柭柭"或"打板",与以往的击壤游戏方式已经有了很大的变化。这种变化在清朝时期的周亮工所著的《书影》中有较详细的描述。

周亮工在《书影》中所记载的秣陵童谣有"杨柳黄,击棒壤",书中还具体描绘了击壤之戏新的变化:"所云长尺四者,盖手中所持木;阔三寸者,盖壤上所置木。二物合而为一,遂今后人不知为何物矣。阔三寸者,两首微锐,先置之地，以棒击之，壤上之木方跃起，后迎击之，中其节，木乃远去。击不中者为负，中不远者为负，后击者较前击者尤远，则前击者亦负。其将击也，必先击地以取势，故谓之击壤云。"可见，在周亮工看来，《艺经》中所说的长一尺四寸、宽三寸左右的壤，其实是两种东西，即一尺四寸长的木是击壤者手中所持的、准备用来击壤的工具，而三寸宽的木块，则是被击的对象，它两头微尖，被放置在地上。击壤游戏开始，游戏参与者先用手中所持木击此小木块，当此小木块从地上弹起时，再以手中所持木猛击，击中且将此木块击得远的，就是胜者。这种活动有些类似今日的棒垒球运动。其中，空中击木棍是需要有相应技巧的，还要求有极快的反应能力，对击木棍的时间要把握得相当准确，能打远则更需要很好的手腕巧劲。

清朝时期，"打桉桉"又被称为"打尜尜"。"尜"是一种两头尖、中间大，形似梭子的木棒，也叫做尜儿。"打尜尜"在清代流行较广，清朝的潘荣陛《帝京岁时纪胜》中所记载当时的童谣："杨柳青，放空钟。杨柳活，抽陀罗。杨柳发，打尜尜。"其具体活动形式与上述"打桉桉""打板"类似，所不同的是负者需大声呼"被"，边呼边跑，一口气把胜者击出的短木棒拾回来。这种游戏，不仅可锻炼敏感的敲击技能，而且能锻炼奔跑的能力。它较投掷木块或砖瓦要复杂些，而且更具有趣味性。

由于地域差异性，明清时期人们对击壤这种游戏的叫法五花八门。除了"打桉桉""打尜尜""打板"之外，有些地方还叫"打瓦"，满族人称为"打得栲"，北方则叫"打瓦块"，而南方人直呼"栲棒"。

我们之所以用大量的篇幅来描述中国古代体育文化所蕴涵的"击壤"之戏，究其原因，主要是"击壤"之戏历经多年的传承和流变，今天我们依然能够看到在中国的大江南北、村镇城市，茶余饭后的老百姓参与到这个项目的活动之中，虽然这个项目的名称、活动内容、游戏规则、参与群体随着时间的流变和地域的不同存在着根本的差异，但我们仍然能依稀看到几千年历史风尘中"击壤"之戏的影子，这便是中国古代体育文化经久不衰的真实原因。

## 三、部族之间的战争，丰富了原始体育的内容

原始社会后期，出现了以地缘关系和血缘关系为纽带的军事战争，特别是私有制社会制度出现以后，部族之间为争夺财产、占领地盘发生了不同类型的战争。譬如中国古代传说中的黄帝大战蚩尤的故事，据《山海经·大荒北经》

中记载："有系昆之山者，有共工之台，射者不敢北射。有人衣青衣，名曰黄帝女魃。蚩尤作兵伐黄帝，黄帝乃令应龙攻之冀州（杭州）之野。应龙畜水。蚩尤请风伯雨师，纵大风雨。黄帝乃下天女曰魃，雨止，遂杀蚩尤。魃不得复上，所居不雨。叔均言之帝，后置之赤水之北。叔均乃为田祖。魃时亡之，所欲逐之者，令曰：神北行，先除水道，决通沟渎。"

另据《龙鱼河图》中记载："黄帝摄政，有蚩尤兄弟八十一人，并兽身人语，铜头铁额，食沙石子，造立兵仗刀戟大弩，威振天下，诛杀无道，不慈仁。万民欲令黄帝行天子事。黄帝以仁义不能禁止蚩尤，乃仰天而叹。天遣玄女下授黄帝兵信神符，制伏蚩尤。帝因使之主兵，以制八方。蚩尤没后，天下复优乱。黄帝遂画蚩尤形象以威天下。天下威谓蚩尤不死，八方万邦皆为弭服。"

大规模军事战争的出现，使部族之间越来越重视参战人员身体素质的提高和作战技能的训练。譬如，据《越绝书》中记载，"黄帝之时，以玉为兵"。"轩辕、神农、赫胥之时，以石为兵，断树木为宫室，死而龙臧。夫神圣主使然。至黄帝之时，以玉为兵，以伐树木为宫室，凿地。夫玉亦神物也，又遇圣主使然，死而龙臧。禹穴之时，以铜为兵，以凿伊阙、通龙门，决江导河，东注于东海。天下通平，治为宫室，岂非圣主之力哉？当此之时，作铁兵，威服三军；天下闻之，莫敢不服，此亦铁兵之神，大王有圣德。"

另据《史记·黄帝本纪》中记载，"轩辕乃习用干戈"。黄帝，又号轩辕氏，在与蚩尤的战争中，黄帝亲自给部族成员指教练习兵器。东夷蚩尤部落进入华北平原，联合巨人夸父部族和三苗一部，击败了炎帝族，并进而占据了炎帝族居住的"九隅"，即"九州"。后集结了所属的81个支族（另一说法72族），向黄帝族发起攻击。黄帝族则率领以熊、罴、狼、豹、雕、龙、鸮等为图腾的氏族，迎战蚩尤部，并在上游筑坝蓄水以阻蚩尤。

战争初期，适逢浓雾和暴风雨天气，这更适合于来自东方多雨环境的蚩尤族。所以在初战阶段，适合于晴朗气候环境作战的黄帝族处境并不有利，曾经九战而九败。然而，不多久，雨季过去，天气放晴，黄帝族把握战机，在玄女族的支援下，乘势向蚩尤族发动反击。

其利用特殊有利的气候变化——狂风大作、尘沙漫天，吹号角，击鼙鼓，乘蚩尤族部众迷乱、震慑之际，以指南车指示方向，驱众向蚩尤族进攻，终于一举击败敌人，并在冀州之野（即冀州，今河北地区）擒杀其首领蚩尤，这就是历史传说中的涿鹿之战。

# 第三节　原始社会的体育文化要点

　　原始社会是人类历史上最早的社会形态，历经时间长，社会生活相对较为单一，生产力水平低下，人类的思想意识和生产活动都处于萌芽阶段。这些社会特征决定了原始社会的体育活动同样处于萌芽阶段，这充分说明体育文化活动的发展始终受到生产力发展水平的制约，因此我们说，体育发展始终与生产力发展水平形影相随。

　　人类进行的生产劳动与体育文化活动相生相伴，以传授劳动技能为主要目的的原始教育，同样衍生出身体机能的训练，这些无意识的训练活动便是原始萌芽状态的体育。为丰富和适应文化活动的需要而模拟动物等创造出的舞蹈、游戏，以及为了部族之间的战争而进行的军事技能训练，极大地促进了古代原始体育的形成和发展。

　　原始社会是一个没有阶级、没有剥削的社会，因此当时处于萌芽状态的体育活动是人类社会共同的财富。随着私有制出现、阶级产生，导致原始公社解体，体育被打上阶级的烙印，成为阶级斗争的工具。

# 第三章 夏、商、西周时期的体育文化

## 第一节 夏、商、西周时期的历史概况

由于历史更迭和社会进步，不断促进了生产力的发展，到了氏族公社后期，出现了私有制，与此同时，产生了奴隶主和奴隶两大对立阶级，从而也导致了原始社会的解体。从夏朝（约公元前21世纪—约公元前16世纪）开始，我国古代社会进入阶级社会。

夏朝是中国历史上有记载的第一个世袭制朝代，也是我国历史上第一个统一的奴隶制大国。一般认为夏朝共传14代、17后（夏朝统治者在位称"后"，去世后称"帝"），延续了大约471年，后被商汤所灭。后人常以"华夏"自称，使其成为中华民族的代名词。

夏朝的历史变迁可总结为："大禹水平九鼎成，万民归启赖贤明。太康承父家天下，寒浞行奸覆夏庭。颠沛少康兴祖祚，昏庸孔甲匿龙精。桀从妹喜荒淫事，四百四十殿宇倾。"（引自《人民日报》）

商朝（约公元前16世纪—公元前11世纪），商汤灭夏以后，建立了我国历史上第二个统一的奴隶制大国。商朝曾经五次迁都，主要是统治阶级的内部矛盾所致。公元前14世纪，盘庚迁殷（现河南省安阳市西北），至此以后，商朝也称殷商或者殷朝。商朝相传17代、31王，延续500余年，大约在公元前1027年，周武王伐纣，商朝的末代君主帝辛于牧野之战被周武王击败后自焚而亡。

商朝的历史变迁可总结为："汤除桀暴定八方，亳邑为都始立商。太甲去昏赖伊尹，盘庚改殷效成汤。武丁梦说得良弼，帝纣伐苏为女郎。暴虐奢靡纵妲己，亲离众叛自燔亡。"（引自《人民日报》）

西周（约公元前11世纪—公元前771年）。周武王灭商朝以后，建立了我国历史上第三个统一的奴隶制大国，西周定都在镐京，史称西周。传承11世、

12王，共250余年。公元前771年，北方少数民族犬戎攻破都城镐京（今陕西西安），大肆掠夺，镐残破狼藉，周幽王被杀于骊山之下，西周灭亡。

西周的历史变迁可以总结为："姬发灭纣都镐京，封赐诸侯四海平。刑废成康周公力，穆王八骏天下行。厉防民口终奔彘，真惠共和周复兴。褒姒幽王烽火戏，犬戎马踏骊山倾。"（引自《人民日报》）

从原始社会"公天下"形态的解体，到"家天下"的奴隶制国家出现，这是历史发展规律的结果。尽管奴隶制是一个极度残酷的剥削制度，但从另外的视角来看，奴隶制促进了当时社会制度的极大进步。奴隶的全面劳动不但改进了生产工具，推动了生产力的发展，同时为当时的社会创造了巨大的物质财富，而且依靠从生产劳动中获得的智慧，创造了优秀的古代文化，从而为这一时期的古代体育创造了演进的社会条件（图3）。

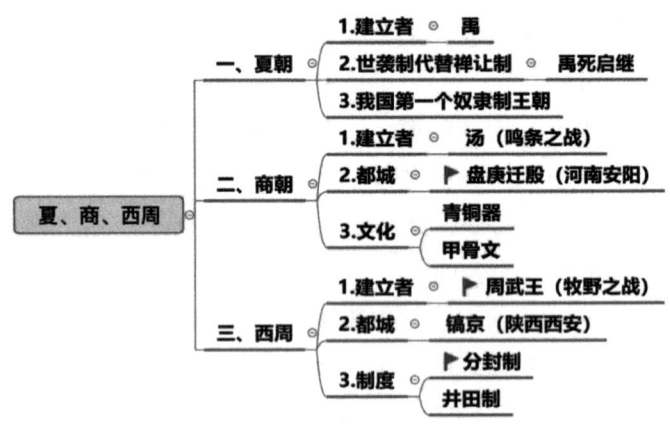

图3　夏、商、西周时期的历史文化

# 第二节　夏、商、西周时期的体育发展

## 一、军事体育的兴起和发展

原始社会时期的体育处于一种萌芽状态，主要以人类自身的生存和生产劳动服务为主线。随着部族之间战争的出现，体育逐渐成为阶级斗争服务的工具，在这样的社会体制下，武功类体育活动得到了社会的崇尚，军事体育不断兴起，得到了很大发展。

从原始社会后期开始，在人类历史上出现了争夺生存地域、掠夺财物的奴隶战争。自夏禹以后，奴隶主阶级依靠武力征伐，频繁爆发大规模战争，并以此夺取巩固政权。譬如，夏禹死后，为了争夺王位，夷夏之间经历了三四代、百余年的战争。少康重建夏朝以后，为了巩固夏朝的统治政权，先后发动战争，使九夷降服。商汤在推翻夏朝的过程中，也向四方征伐，把商代的势力由黄河下游逐步扩张到西方的氐羌部族："昔有成汤，自彼氐羌，莫敢不来享，莫敢不来王。"（引自《诗经·商颂·殷武》）夏、商、西周都拥有庞大的军队，以商代为例，武乙、文丁时代的卜辞有"王作三垍：右、中、左"的记录。"垍"用为屯聚之屯，即作三营以屯驻三军。从商代用兵的人数推测，每军可能达到1万人左右，三军共有3万余人。我们再以西周为例，周武王讨伐商朝时，率领兵车300辆，近卫军3000人，甲士45000人，经过长期的战争，推动了兵器制造业和军事体育的快速发展，社会逐步形成了尚武的风气，使军事体育、学校体育不断为战争服务。这一时期的军事体育主要有以下形式。

### 1. 射箭

弓箭（旧石器晚期）原本是原始社会时期先民们狩猎的工具，弓箭的普遍性应用对当时原始先民们的生存和生产力发展有着重要意义，正如恩格斯说："弓箭对于蒙昧时代，正如铁剑对于野蛮时代和火器对于文明时代一样，乃是决定性的武器。"（引自《家庭、私有制和国家的起源》）随着军事战争的兴起，弓箭由以狩猎为主的生产工具变为战争武器，而且成为战争中获取胜利的关键武器。到了夏代的时候，弓箭的制作有了重大改进，射箭的技艺同样达到了很高的成就，这一点我们从河南偃师二里头遗址发掘的夏代时期的铜镞（箭头）就可以得到答案。"羿射十日"的神话传说就反映了以善射著称的东夷族首领精湛的射艺。"南宫适问于孔子曰：'羿善射，奡荡舟，俱不得其死然；禹、稷躬稼而有天下。'夫子不答。南宫适出，子曰：'君子哉若人！尚德哉若人！'"（引自《论语》）传说中的羿不但善射，也善于教射。"一人曰：'吾弓良，无所用矢。'一人曰：'吾矢善，无所用弓。'后羿闻之曰：'非弓，何以往矢？非矢，何以中的？'令合弓矢，而教之射。"（引自《胡非子》）

从夏朝开始，奴隶主统治阶级开始重视对射艺的训练，射艺已经成为军队训练的主要内容，同样也是学校教育选择的重要内容。传说中，夏代学校的固定形式为"序""校""学"。商代学校有"教""序""庠""学"等多种类型。据《孟子》中记载："序者射也。""序"是专门习射的地方。商代的乡学"庠"，也是习射的场所。

在先秦文献中，有关夏代学校相关的记载较少，且大多概略不详，也无足够的旁证或文物依据。因此，至今学界依然不能准确认定夏代学校的真实性，对于这类学校的性质及其职能，也只能概略评述，很难做出关翔实具体的判断。有关夏代"序""校"的记载，主要有以下几种。

据《孟子·滕文公上》中记载："设为庠序学校以教之。庠者，养也。校者，教也。序者，射也。夏曰校，殷曰序，周曰庠。学则三代共之，皆所以明人伦也。"

另据《礼记·王制》中记载："凡养老，有虞氏以燕礼，夏后氏以飨礼，殷人以食礼，周人修而兼用之。五十养于乡，六十养于国，七十养于学，达于诸侯……有虞氏养国老于上庠，养庶老于下庠；夏后氏养国老于东序，养庶老于西序。殷人养国老于右学，养庶老于左学；周人养国老于东胶，养庶老于虞庠，虞庠在国之西郊。"《汉书·儒林传序》中说："闻三代之道，乡里有教，夏曰校，殷曰庠，周曰序。"《说文解字》释"庠"："礼官养老。夏曰校，殷曰庠，周曰序。"

上述文献记载中有关夏学的名称互有出入，或曰校，或曰序，但都肯定夏学已有教育的职能，这种"学校"的设置及其职能，与商周两代的学校前后具有因革损益的历史关联。从上述文献记载也可以看出：夏学的职能大体类同于商周二代，具有养老、习射之功能，兼行视学、合乐、释奠、择士、讲武、讯馘（音：guó）诸典，并有"望气治历"之职。

对于夏代的校、序，我们仍然认为是宗庙建置的组成部分，其职能也是依附性的。夏代还没有专门意义的学校，但作为养老之所在，我们一方面看到原始氏族公社尊老敬长传统的延续存在，另一方面也从这种现象中看到与教育相关的礼仪和内容。孔颖达疏《王制》中记载虞夏商周四代"养老"之文，称引熊氏佚文："天子视学之年养老，一岁有七：谓四时皆养老。凡饮养阳气，凡食养阴气，阳用春夏，阴用秋冬，是四时，凡四也。"按《文王世子》中云："凡大合乐，必遂养老。"注云："大合乐谓春入学舍，菜合舞，秋颁学合声。通前为六。又季春大合乐，天子视学，亦养老，总为七也。"

据相关文献记载，商代学校除有庠、序、学外，又有"瞽宗"这一新型的教育机构。商代的"庠"在文献和卜辞中均有记载，同夏代一样以养老为主要职能。据《礼记·王制》中记载："殷人养国老于右学，养庶老于左学。"

郑玄注此"左学"即为下庠、小学，位在国中王宫之中。"庠"的教学内容如何，文献记载很少。商代的"序"也是讲武习礼的场所，目前还未发现史料说明"序"的教学情况，但从《孟子·滕文公上》《礼记·王制》等文献记载来看，商的"序"与夏学之"序"没有多少区别，均兼有养老、习射等职能。

西周的学校与夏商相比，有了更大的发展，从设置上看，可分为两类：一类是国学，另一类是乡学。国学设于王城及诸侯国都，按学生的年龄与程度可分大学与小学。天子所设的大学，规模较大，有"五学"之称，即辟雍、成均、上庠、东序、瞽宗。其中辟雍是中心，四面环水。诸侯所设的大学，规模比较简单，仅有一学，半面临水，称为"泮宫"。国学之外，又有乡学。乡学是地方各级组织的学校，按地方行政区划设立。由于地方区域的大小不等，分为庠、序、校、塾四级，正如《周礼》中所说："乡有庠，州有序，党有校，闾有塾。"

西周国学的教育对象主要为贵族子弟，所以把诗、书、礼、乐列为四教，作为教育的主要内容。据《礼记·王制》中记载："春秋教以礼乐，冬夏教以诗书。"但由于西周社会政治、经济的稳定发展，文化生活日益丰富，因此教育的内容与范围也日趋扩大，并逐渐涉及更多方面。据《周礼》中记载，除大司乐教国子以"乐德""乐语""乐舞"之外，还有师氏"以三德教国子：'一曰至德以为道本；二曰敏德以为行本；三曰孝德以知逆恶。'教三行：'一曰孝行以亲父母；二曰友行以尊贤良；三曰顺行以事师长。'"又保氏"养国子以道，乃教之六艺：'一曰五礼，二曰六乐，三曰五射，四曰五驭，五曰六书，六曰九数。'乃教之六仪：'一曰祭祀之容，二曰宾客之容，三曰朝廷之容，四曰丧纪之容，五曰军旅之容，六曰车马之容。'"综上所述，可见西周国学的教学内容，包括德、行、艺、仪四个方面，而以礼、乐、射、御、书、数六艺为基本内容。在大学以诗、书、礼、乐为重点，在小学以书、数为重点。而射、御的学习，除了传授和培养有关的知识、技能外，还着重与礼、乐之教相配合。乡学的教育内容，没有国学所记的详密。据《礼记·王制》中记载："司徒修六礼以节民性，明七教以兴民德，齐八政以防淫，一道德以同俗。"所谓六礼，即"冠、婚、丧、祭、飨、相见"；所谓七教，即"父子、兄弟、夫妇、君臣、长幼、朋友、宾客"；所谓八政，即"饮食、衣服、事为、异别、度、量、数、制"。又据《周礼·地官》中记载，大司徒"以乡三物教万民，而宾兴之。一曰六德：知、仁、圣、义、忠、和；二曰六行：孝、友、睦、姻、任、恤；三曰六艺：礼、乐、射、御、书、数。"在六艺之中，侧重礼乐，所以特别提出要"以五礼防万民之伪而教之中，以六乐防万民之情而教之和"。因此我们可以看出，乡学教育的主要内容为"乡三物"，即德、行、艺三事。

西周除了学校学习射艺之外，在祭祀、朝会、宴乐等集会活动中，还要进行"礼射"。所谓"礼射"，就是在习射活动中有严格的礼仪程序和等级规定，正所谓"明君臣之义""明长幼之序"（《礼记·射义》）。

西周的礼射规定有以下四种：

①大射——周天子在祭神、祭祖的时候，行大射礼于射宫。

②宾射——天子因诸侯来朝而行的射礼叫宾射，射于王庙。

③燕射——天子与群臣燕恩时进行的射礼叫燕射，射于路寝庭。

④乡射——乡大夫在行乡饮酒礼时进行的射礼叫乡射，以相娱乐。

西周自周天子以来，无不尚射，有效地推动了射箭这一运动的普及和发展。但是由于处处以礼为准绳，且等级森严，因求德而抑体，所以，束缚了射技中体育功能的发展。

### 2. 御车

车战的出现推动了御车技术的快速发展，也成为学校教育和军事训练选择的重要内容。相传夏代已有战车，但战车普遍用于军事战争是殷商时期的事情了。商代后期，战车已经成为军事作战的主力。据《墨子·明鬼下》中记载："汤以车九两，鸟陈雁行。汤乘大赞，犯遂下众，人之螭遂，王乎禽推哆。"另据《吕氏春秋·简选篇》中记载："殷汤良车七十乘，必死六千人，以戊子战于郕，遂禽。推移大牺，登自鸣条，乃入巢门，遂有夏。"说明在这一时期利用战车作战已经达到了一定的规模。

到西周时期，军事战争的形式仍然以车战为主，每辆战车除配备1人或2人御车之外，还配有车兵、徒兵。为了适应车战的需要，西周时期的学校把"御"同礼、乐、射、书、术作为教育的基本内容，同样"御"在军队里也作为军事训练的重要手段。西周的军事制度规定，一年之中，三时（季）进行劳动耕作，一时（季）讲武。据《礼记·月令》中记载："天子乃祈来年于天宗，大割祠于公社，及门闾，腊先祖五祀，劳农以休息之，天子乃命将帅讲武，习射，御，角力。"御与射、角力同样重要，可以看出这一时期对"御"的重视程度。

### 3. 田猎

田猎作为军事战争演习的一种手段和方式，始于夏商时期。从夏开始，奴隶主阶级从征战需求的视角出发，将围田打猎作为军事训练的一种手段（同样兼有娱乐的性质）。据相关文献记载：因迷恋田猎，夏王太康就是在带领家眷到洛水北岸打猎时，被后羿乘机篡夺王位的；后羿当权以后，自持善射，四处游猎，最终被寒浞所杀。

商代的田猎活动非常频繁，在《卜辞》中记载的田猎活动内容很多，在中国近代农学家、教育家、考古学家、金石学家、敦煌学家、目录学家、校勘学家、古文字学家罗振玉（公元1866—1940年）先生编辑的1169条卜辞中，有关田猎内容的占186条，且这些文献记载的条目中都有"王"参加田猎活动。"商王经常率领大队人马，乘车田猎，猎取大批飞禽走兽，同时通过田猎进行军事训练。"（引自《中国史稿》第一册192页）

西周时期的田猎活动形成了有效的制度，每年都要进行以田猎为主的军队教阅，中秋教治兵，性狝（音：xiǎn）田之礼，称秋狝；中冬教大阅，行狩田之礼，称冬狩。

## 二、宗教、祭祀和庆典活动推动了舞蹈的发展

舞蹈是人类最古老的文化艺术形式之一，是一项原始社会时期发端起来的身体活动。上古时代，它就成了原始先民们交流思想和感情的工具，舞蹈可以调匀气血，舒健肢体，愉悦神情，它是随着人类生产劳动而产生的。夏商西周时期，随着宗教祭祀、庆典活动的频繁出现，舞蹈得到了很大的发展。

原始社会解体，人类进入奴隶社会，夏商西周时期的统治阶级，从维护自身的利益出发，在氏族公社时期崇拜祖先、迷信鬼神的基础上，进一步发展为崇信"天命"，以人格化的"神"作为精神的统治工具。他们重视祭祀、占卜，并通过舞蹈来实现自身的愿望。据相关史料记载："少康即位，方夷来宾，献其乐舞。"又如："后发即帝位，元年，在王门接待各方夷族朝见，在上池会见再国之君保雍，各方诸侯国进献舞乐。"（引自《古本竹书纪年·夏后氏》）。随着主流社会信仰的变化，图腾崇拜和巫术相结合而产生了巫舞。图腾崇拜和巫术虽然都是原始宗教信仰，但两者性质不同，活动形式也不尽相同。图腾是原始人类先民们崇拜的偶像，图腾舞蹈是社会性的集体舞蹈；而巫舞则是由巫师表演，在巫术活动中，巫师利用歌和舞等手段，制造出一种神秘的气氛，以保证巫术的成功。从舞蹈发展的视角审视，巫舞相比较原始图腾舞蹈前进了一大步，它从比较粗糙的集体舞蹈转向专业化、个性化的舞蹈表演，活灵

活现地刻画出各种神话人物和故事。

在殷商舞蹈的基础上，西周时期的舞蹈文化艺术得到了很大的发展，也进一步丰富了西周时期学校教育的内容。这一时期，宗教祭祀、节日庆典等成为社会活动的主要形式，为了适应祭祀、庆典等活动的需要，学生入学以后按照年龄大小进行舞蹈训练。据《礼记·内则》中记载："十有三年学乐，诵《诗》，舞《勺》，成童舞《象》，学射御。二十而冠，始学礼，可以衣裘帛，舞《大夏》，惇行孝弟，博学不教，内而不出。"

西周时期学校的舞蹈，并未区分舞蹈的难易程度，有大舞和小舞两类，主要用于祭祀、巫礼、宴享和教育等。大舞共有7种，即云门、大卷、大咸、大磬（sháo）、大夏、大濩（音：shēn）、大武；小舞有6种，即帗（音：fú）、羽、皇、干、旄（音：máo）、人。从内容上来看，有文舞和武舞两种。舞蹈教育贯穿于整个西周的教育体系之中，在学校教育中除了配备专门的舞蹈教师教授舞蹈外，还有专人负责督促舞蹈练习。舞蹈成绩被作为评定学生学习优劣的标准，只有舞蹈学习成绩合格的学生才有资格承担祭祀、庆典活动的舞蹈任务。

西周时期的舞蹈虽然主要用于祭祀、庆典等活动，但也是学校教育发展学生德、智、体三位一体的重要手段之一。在德育层面，"教国子以舞，使之委蛇曲折，动容貌，习威仪，就其抑扬进退之节，以消其骄淫矜夸之习"。在体育方面，"教之以舞，所以均调其气血，而收束其筋骸，条畅其精神，而涵养其心术，是得血气和平，耳目聪颖，移风而俗，天下皆守"（引自郭希汾所著《中国体育史》94页）。

在学校学习舞蹈环境的影响下，民间也重视对舞蹈的练习，但民间练习舞蹈并不会受到规定乐章的限制，大多在民间组织的宴会和劳动间隙时活跃气氛。西周的军队也跳武舞，主要有两种，即象舞和大武舞，这两种舞蹈都是表彰军队功勋的，军队练习武舞以振奋士气。

西周射技分为五射，分别是白矢、参连、剡注、襄尺、井仪。

①白矢。白镞至指也，此弯弓之法。

②参连。前放一矢，后三矢连续而去，矢矢相属，若连珠之相衔。意思是说先射一箭，后三箭加上第一箭首尾相连成一条直线，像珠子链一样连在一起。

③剡注。谓矢行之疾。形容箭飞得很快，表示像（射出去的）箭一样快速。

④襄尺。臣与君射，不与君并立，让君一尺而退。意思是君臣同射时，臣退一尺地以让君，示尊鄙有别。

⑤井仪。言开弓圆满以井形也。四矢连贯，皆正中目标。

# 第三节　夏、商、西周时期的体育文化要点

夏、商、西周三代，历经一千余年的历史。这一过程，主要依靠大批的奴隶长期劳动，创造出了闻名遐迩的古代文化，当然也包括根植于生产劳动中的体育文化。但是，这一时期的物质财富和精神财富属于奴隶主所有，奴隶并不能拥有他们所创造的体育文化，体育被奴隶主用作控制奴隶的工具，体育便深深的打上了阶级的烙印，同时受到统治阶级思想的制约。

这一时期的体育，已经逐渐与劳动所分离，而与军事、宗教、教育、礼仪以及统治阶级的贪图享乐紧密相连。与此同时，这一时期出现了学校体育和军事体育，相对于原始社会的萌芽体育有了很大的进步。

体育与军事、宗教、教育以及统治阶级的贪图享乐的生活相结合，这在一定程度上延伸了体育发展的空间，推动了这一时期体育的快速发展，为以后不同时期奴隶制和封建制社会的体育发展轨迹奠定了坚实的基础。

# 第四章 春秋战国时期的体育文化

## 第一节 春秋战国时期的历史概况

公元前770年，周平王宜臼（音：jiù）从镐京迁都至洛邑，在中国历史上把这段时间称作东周，东周又分为春秋和战国两个历史时期。从公元前770—公元前476年（周敬王四十四年），是春秋时期；由公元前475—公元前221年（秦灭六国），是战国时期。

春秋战国时期的历史变迁可总结为："平王迁洛启东周，王命不行霸主道。齐桓晋文兼秦穆，宋襄楚庄演春秋。燕韩赵魏秦齐楚，赫赫七强战不休。秦本附庸渐强大，灭周并六统金瓯。"（引自《人民日报》）

我们以公元前500年为中心，从公元前500年一直到公元前200年间，这段时期人类的精神基础在中国、印度、波斯、巴勒斯坦和希腊开始奠定。直至今天人类依然附着在这些精神基础之上。

在公元前800—公元前200年间所发生的精神过程，似乎建立了这样一个轴心，即德国思想家卡尔·雅斯贝尔斯所提出的"人类文明的轴心时代"。这一时期在北纬30°左右的地区，诞生了苏格拉底、柏拉图、孔子、老子等先哲，人类文明精神获得了重大突破。以色列的神教及希腊哲学、印度的印度教和佛教、中国的儒教和道教都开始形成并得到发展，这些思想搭建起了人类精神思想的根基，时至今日依然无法超越。

从春秋到战国这一时期，是我国历史上奴隶制社会向封建制社会转变的时期，各诸侯国之间的兼并战争频繁兴起，井田制的迅速瓦解、战国七雄的变法，使农业、手工业、军事工业和商业均得到了快速发展。文化领域和科技领域都不同程度地获得了巨大成就，同时这一时期也是中国传统哲学思想形成的璀璨时期，思想领域出现了"百家争鸣"的局面，从而把中国的文明历史推向了一个新的阶段。在这样一个思想文化繁荣发展的环境里，我国的古代体育文化也同样进入了一个全面发展的新阶段（图4）。

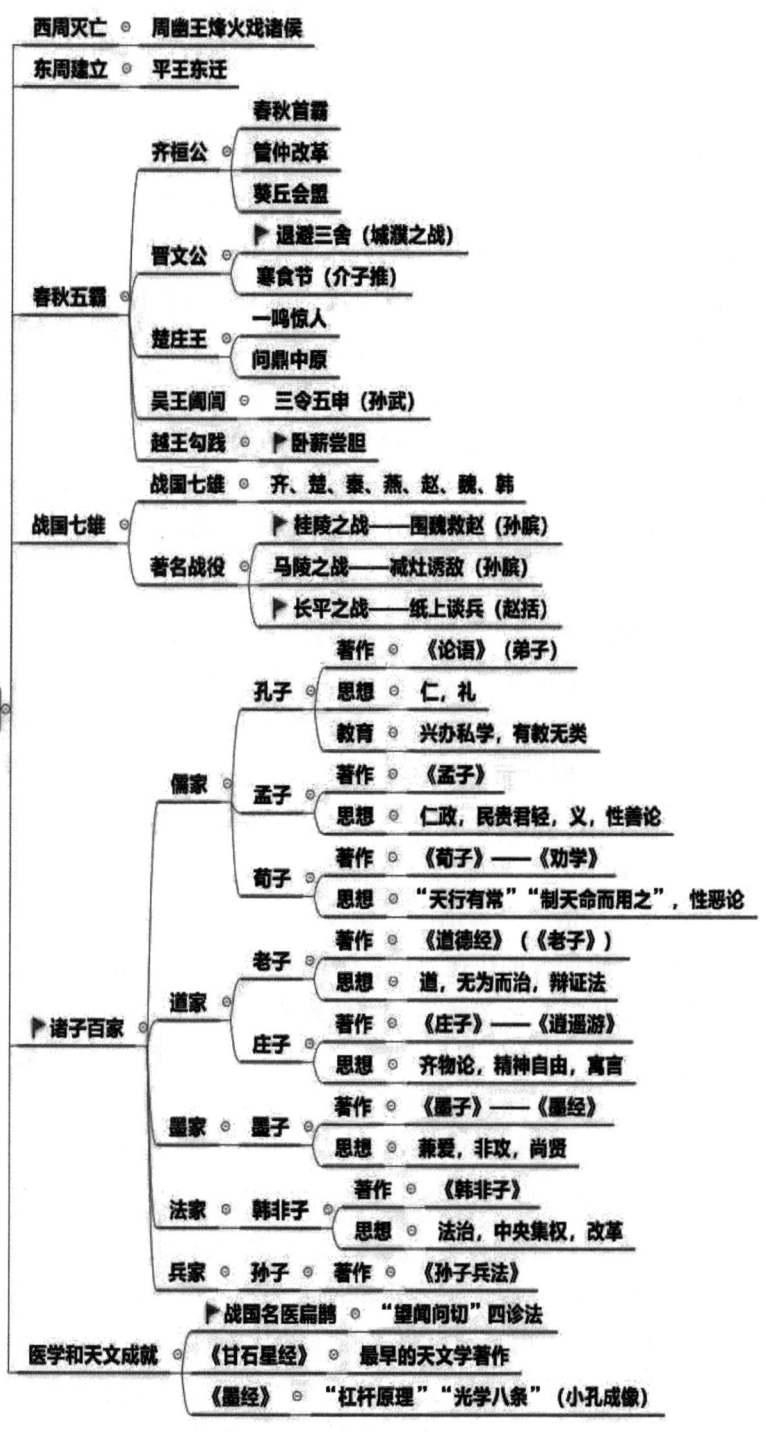

图4　春秋战国时期的历史文化

## 第二节　春秋战国时期全面发展的军事体育

春秋战国时期各诸侯国之间的兼并与霸权争夺频繁发生，整个社会形成了一种习武的风尚，服务于军事战争的军事体育得到了迅速而全面的发展。自周平王东迁之后，由于各诸侯国之间政治、经济发展的不平衡，于是便出现了持续不断的军事战争。据《春秋》中记载：在242年的时间里，各诸侯国之间发生的战争多达483次。春秋以后，自魏国独霸中原，秦齐两国互相对峙，秦赵大战，直至秦灭六国，大大小小的战争又持续了200余年。生产力的快速发展促使铁器的应用更为广泛，这便为军队提供了新的武器装备。这一时期出现的兵器主要有戈、矛、弓、弩、戟、殳（音：shū）、枪、刀、剑、盾、斧、钺、黄、铜、挝、叉、耙头、匕首等。当时生产的兵器，质地精良。据《史记·苏秦列传》的记载，诸侯国韩国制造的剑戟，能够"陆断牛马，水截鹄雁，当敌则斩，坚甲铁幕，革抉㕹（音：fá）芮"。郡县征兵制的实行，扩大了士兵来源，以步兵和骑兵为主的编制取代了以车兵为主的编制，战争中逐渐以步战取代了车战。江南各诸侯国为了适应当时的战争需要，组编水师，展开水战。在当时新的武器装备和新的作战形式面前，各诸侯国无不重视军事训练，因此历史上有以下说法："齐愍（音：mǐn）以技击强（音：qiáng），魏惠以武卒奋，秦昭以锐士胜。"（引自《汉书·刑法志》）兵家之技巧，"技巧者，习手足，便器械，积机关，以立攻守之胜。"（引自《汉书·艺文志》）重视军队的训练，习武成风，促进了这一时期军事体育的快速发展，特别是射、御、奔走、踊高、超远、游水、操舟、强钩、剑术、拓关（翘关）、举鼎等这些项目得到了空前的发展。

### 1. 射、御

射、御在春秋战国时期仍然是一项非常重要的军事技能，不但是贵族学校中的习武科目，而且是民间大众习武的重要内容。战国时期的思想家墨子就有相关奖励民间大众射、御的主张，譬如"欲众其国之善射御之士者，必将富之贵之、敬之誉之，然后国之善射御之士将可得而众也"（引自《墨子·尚贤上》），以及"不能射御之士，我将罪贱之"等（引自《墨子·尚贤下》）。又如："李悝为魏文侯上地之守，而欲人之善射也，乃下令曰：'人之有狐疑之讼者，令之射的，中之者胜，不中者负。'令下而人皆疾习射，日夜不休。及与秦人战，大败之，以人之

善战射也。"（引自《韩非子·内储说上七术》）

在习射成风的社会风尚下，对射技的要求越来越高，"百发失一，不足谓善射"（引自《孟子·劝学》）。"楚有养由基者，善射；去柳叶者百步而射之，百发百中。左右皆曰善。有一人过曰：'善射，可教射也矣。'养由基曰：'人皆曰善，子乃曰可教射，子何不代我射之也？'"（引自《战国策》）"孔子射于矍相之圃，盖观者如堵墙。"（引自《礼记·射义》）这些都反映出了当时习射成风的一种社会现象。

射技的种类除了弓射之外，还有弩射、骑射等。弩射相比弓射有了很大的进步，弩射的技术要比弓射的技术复杂很多，不仅射程远，而且还可以连发。譬如："天下之强弓劲弩，皆自韩出。溪子、少府、时力、距来，皆射六百步之外。韩卒超足百射，百发不暇止，远者达胸，近者掩心。"（引自《战国策》）据《吴越春秋》中记载，陈音对弩道的讨论，弩射不但讲究身法、步法，而且要掌握呼吸韵律配合，做到身心合一。

骑射，就是骑马射箭。骑射始于赵武灵王。赵武灵王为了抗击外患，进行了军事改革，建置骑兵，更换胡服，学习骑马射箭。譬如"变服骑射，以备燕、三胡、秦、韩之边"（引自《史记·赵世家》）。实行"胡服骑射"以后，不但振兴了赵国，而且开创了中国历史上骑兵史上的新纪元。据《日知录》中记载，春秋以前的"经典"里没有骑字，中原士兵历来就不善于骑马，在赵国的影响之下，各诸侯国相继建立了骑兵。骑射的出现，对射技提出了更高的要求。

### 2. 奔走、踰高和超远

奔走就是现代田径运动项目的跑（古代没有"跑"这个字的称谓），踰高、超远就是现代田径项目的跳高和跳远（古代没有"跳"这个字的称谓），这些运动项目在春秋战国时期主要作为训练士兵的手段，是直接为军事战争服务的军事体育项目，其也可以认为是现代田径运动项目的起源。

在春秋战国时期，由于步战逐渐取代了车战，这就对步兵的体能和作战技能提出了更高的要求。在当时的战争中，攻城、突围、追击等都要求士兵能跑善跳（主要是跨越障碍），所以，一些兵家把"踰高、超远，轻足善走者……内出可以决围，外入可以屠城"（引自《吴子》）作为评价士兵的一个主要因素。

兵贵神速，要能够"乘人之不及""攻其所不戒"（引自《孙子兵法》）。所以魏国在征召武卒的时候，特别注重挑选那些"轻足善走"的人。譬如：

"魏之武卒以度取之，衣三属之甲，操十二石之弩，负矢五十，置戈其上，冠胄（音：zhòu）带剑，赢三日之粮，日中而趋百里。中试则复其户，利其田宅。"（引自《荀子·议兵篇》）这些士兵带着各种装备，从清晨出发，到中午的时候要跑完百公里路程。吴王阖（音：hé）闾在训练他的士兵时，特别强调对"跑"的训练，要求"奔三百里而舍焉"（引自《墨子·非攻中》），也就是说在训练中要求一天跑完300里之后，才能宿营休息。

至于士兵所进行的踰高、超远等项目的训练，在不少史料都有所记载。据《左传》中记载：鲁国大夫微虎在一次对吴军进行的夜袭战斗中，用"三踊于幕庭"的方法（即让士兵在账前连续三次跳过原来设置好的标杆），挑选了300名勇士。秦楚战争中，秦将王翦（音：jiǎn）对所属60万大军，在战前屯兵练武，练武的方法之一便是"超距"（引自《史记·白起王翦列传》）。

### 3. 游水、操舟、强钩

游水、操舟，本来是一种劳动生产技能，到了春秋战国时期，由于内陆江河与海上交通的发展以及军事活动的需要，便逐渐演变为水上军事训练的基本技能。《六韬》就把"越深水渡江河"作为训练士兵"奇技"的内容之一。

古人游泳、操舟，最早有文字记载的是当时《诗经》中的《邶风·谷风》。诗中这样写道：

> 习习谷风，以阴以雨。黾勉同心，不宜有怒。采葑采菲，无以下体？德音莫违，及尔同死。
>
> 行道迟迟，中心有违。不远伊迩，薄送我畿。谁谓荼苦，其甘如荠。宴尔新婚，如兄如弟。
>
> 泾以渭浊，湜湜其沚。宴尔新婚，不我屑以。毋逝我梁，毋发我笱。我躬不阅，遑恤我后。
>
> 就其深矣，方之舟之。就其浅矣，泳之游之。何有何亡，黾勉求之。凡民有丧，匍匐救之。
>
> 不我能慉，反以我为雠。既阻我德，贾用不售。昔育恐育鞫，及尔颠覆。既生既育，比予于毒。
>
> 我有旨蓄，亦以御冬。宴尔新婚，以我御穷。有洸有溃，既诒我肆。不念昔者，伊余来墍。

同样在《管子·轻重甲》中所讲到的"能游者赐千金。未能用千金，齐民之游水，不避吴越"，充分说明在春秋战国时期，游水已经具有一定的军事目的。操舟的先决条件是必须学会游水，善于游水的人学习操舟就容易多了。吴越战争时期，越王勾践"命范蠡，舌庸率师沿海溯准"，以断吴王夫差由中原南返的道路（详见《国语》），这反映了当时游水、操舟的技术运用较为普及。敢于"沿海溯准"说明游水和操舟的技术已经相当高，可以在大海上航行。

与游水、操舟相互配合关联的另一项军事技能便是强钩。在楚越战争时期，楚国人在上游，越人在下游。"楚人顺流而进，逆流而退；见利而进，见不利则其退难。越人逆流而进，顺流而退；见利而进，见不利则其退速。"这种局面所导致的结果便是楚国人经常打败仗，后来楚国人根据公输子所提出的建议，"作为钩强之备，退者钩之，进者强之"。果然，从此以后楚国人经常打败越人（引文见《墨子》）。后来襄汉一带（春秋战国时期楚国属地）的居民把"强钩"作为一种习武的手段，长期以来慢慢演变为民间健身娱乐的大众体育项目。到了唐代，这一活动改称为"拔河"，时至今日，"拔河"运动仍然受到很多人的喜爱，被称为凝聚团队精神的大众体育项目。

### 4. 剑术

剑是产生在商代的短兵器，呈柳叶或锐三角形，最初为铜制。汉代后铜剑渐被钢铁剑所取代，并趋向于定型。剑，乃短兵之祖，近搏之器，道艺精深，因其携之轻便、佩之神采、用之迅捷，故历朝王公帝侯、文士侠客、商贾庶民，莫不以持之为荣。自古剑术常以纵横沙场，称霸武林世界，安身立国，行侠仗义，故为世人所喜爱。

剑术在春秋后期开始出现，史籍中也开始出现关于剑术家的记载。《吴越春秋》卷九和《庄子·说剑篇》都记述了古代击剑的技术和战术，明代茅元仪《武备志》中记载了剑的用法有跨左击、跨右击、翼左击、逆鳞刺、坦腹刺、双明刺、旋风格、御车格、风头洗等。

剑的击法大致有抽、带、提、格、击、刺、点、崩、搅、压、劈、截、洗、云、挂、撩、斩、挑、抹、削、扎、圈等。

剑术名目繁多，而且内容和形式不一。仅单剑就可分短穗剑、长穗剑；从剑路体势而言可分工架剑、行剑、绵剑、醉剑和双手剑等。各种剑术风格均有所不同。工架剑，形健骨道，端庄势整，一招一势，端端式式；行剑，流畅无滞，挥擢潇洒，忽往复收，行多停少；绵剑，柔和蕴籍，缓缓不断（如太极剑）；醉剑，恣意挥舞，乍徐还疾，形如醉酒，似醉非醉；双手剑，双手持剑，劈、砍、挎、挂，身法矫健，丰彩多姿。

剑由于轻便，而且可以随身佩带，因此受到春秋战国时期统治者的重视。在当时社会动荡，尚武成风的环境下，王侯将相、侠客游士都随身佩剑，就连孔子、子路这样的社会名士也是剑不离身。"子路戎服见于孔子，拔剑而舞之，曰：'古之君子，以剑自卫乎。'"（引自《孔子家语》）佩剑可以自卫，是当时的一种社会风尚，这一时期的统治阶级，供养剑士，以斗剑取乐为目的。据《庄子·说剑》中记载："昔赵文王喜剑，剑士夹门而客三千余人，日夜相击于前，死伤者岁百余人，好之不厌。如是三年，国衰，诸侯谋之。太子悝患之，募左右曰：孰能说王之意止剑士者，赐之千金。左右曰：庄子当能。"

击剑之术，故称为剑道。据《汉书·艺文志》中记载："剑道州八篇。"为剑之道，应该是"夫为剑者，示之以虚，开之以利，后之以发，先之以至。"（引自《庄子·说剑篇》）越王勾践为了提高剑术，根据相国范蠡的建议，聘请一位民间击剑高手。范蠡得悉"越有处女，出于南林，国人称善"，越王勾践便派人前往邀请。

据《吴越春秋》里说："越王乃使使聘之，问以剑戟之术。"越女教于勾践曰："其道甚微而易，其意甚幽而深。道有门户，亦有阴阳，开门闭户，阴衰阳兴。凡手战之道，内实精神，外示安仪。见之似好妇，夺之似惧虎。布形候气，与神俱往。杳之若日，偏如腾兔。追形逐影，光若仿佛。呼吸往来，不及法禁。纵横逆顺，直复不闻。"这名女子讲解的是剑术心诀，大意为"内动外静，后发先至；全神贯注，反应迅捷；变化多端，出敌不意"。

剑术除作战、防身之外，同时还作为技击舞蹈的表演形式而供人欣赏。随着时光的推移和科技水平的发展，冷兵器已退出历史舞台。作为冷兵器的剑，在军事上的实用价值已不复存在。而今，除了在特定的环境条件下剑仍可以用于防身自卫之外，剑的基本功能和作用已不再承载一种军事战斗力，而是演化成为一种用于健身修身的体育活动形式。健体强身，观赏娱乐，竞技比赛，正是今天剑术的基本功能和作用，其中，健身自然处于首要与中心地位。

### 5. 拓关、举鼎

拓关，也称作翘关，其实就是古代时期举起城门门栓。举鼎就是古时候举起烹饪食物的器物，春秋时期没有专门用于体现力量的工具，选择拓关、举鼎便成为人们训练力量的有效方法，这一方法在社会中不断传播，被很多人效仿，逐渐演变为今天的体育项目——举重。

春秋战国时期，经常把一个人的力量大小作为选择士兵的重要标准。管仲相齐时，就曾下令民间百姓推荐力量出众的人得以重用（详见《管子·小匡》）。在吴起的军事思想中，同样非常重用"有胆勇气力者"，他认为把这些人编入一队，在攻城或者突围中能起到重大作用（参见《吴子》）。

曾经做过鲁国官吏的孔子，为了适应当时的社会需求，练就了一身的力气，"能拓国门之关"，后来孔子有了名气以后，却"不肯以力闻"（引文见《列子·说符》）。战国时期的秦武王力大无比，而且喜欢与他人进行力量比赛："王与孟说举鼎，绝膑（在一次与孟说比赛举鼎时，砸坏了自己的膑骨）"（引自《史记·秦本纪》）。

# 第三节　春秋战国时期导引养生的兴起

健康、长寿是人类永恒的追求。正如《尚书·洪范》中所说的五福，即"一曰寿，二曰富，三曰康宁，四曰攸好德，五曰考终命"，其中就有三条是属于健康长寿的。人类怎样才能健康长寿，这是一个繁杂而系统的社会性问题。正因为这一话题与人类的健康息息相关，因此受到社会不同层面的广泛关注，在我国古代的春秋战国时期以前，有许多思想家、医学家就有关健康的问题进行过广泛而深入的探索和研究。而更多的民间老百姓在日常的生活中，对健康长寿进行过不断的实践和总结。人类对健康长寿的愿望，促进了人类社会在生活实践中实现健康长寿的理论与方法，这就是一代一代的先民们所凝练出来的养生思想和养生术。

人类社会在长期的社会实践与探索过程中，不断总结出有利于人类健康的思想和方法。到了春秋战国时期出现了两种相互对立的养生思想：一种主张以静养生，而另一种则主张以动养生。在具体的养生方法上，大致可以概括为以下三种类型：一是在生活中注重饮食起居；二是注重身体活动；三是较为积极的养生方法，因此一直受到社会的推崇。

重视身体活动，即以动养生的哲学思辨，在哲学思想上反映了无神论的天道观，是唯物论的主张，也符合人体成长的规律。"养备而动时，则天不能病。修道而不贰，则天不能祸。故水旱不能使之饥，寒暑不能使之疾，妖怪不能使之凶。本荒而用侈，则天不能使之富。养略而动罕，则天不能使之全。"
（引自《荀子·天论》）"流水不腐，户枢不蝼，动也。形气亦然，形不动则精不
流，精不流则气郁，郁处头则为肿为风，处耳则为挶为聋，处目则为眵为盲，
处鼻则为鼽为窒，处腹则为张为疛，处足则为痿为蹶。"（引自《吕氏春秋·尽数
篇》）这些都反映了以动养生的哲学思想。

　　导引是春秋战国时期"动以养生"的重要手段，也有很多养生的思想家在
古代著作中都有相应的记载，譬如："吾生也有涯，而知也无涯。以有涯随无
涯，殆已；已而为知者，殆而已矣！"（引自《庄子·养生主》）而在《庄子·刻
意篇》中也有关于养生的论述："吹呴呼吸，吐故纳新，熊经鸟申，为寿而已
矣；此道引之士，养形之人，彭祖寿考者之所好也。"这段论述告诉我们，早
在战国时期，民间就已有相关健康长寿的导引活动，其内容主要是"吹呴呼
吸，吐故纳新，熊经鸟申"。

　　根据唐代成玄英的解释，"吹呴呼吸，吐故纳新"就是"吹冷呼而吐故，
呴暖吸而纳新"，这其实就是有规律的呼吸运动；"熊经鸟申"是"如熊攀树
而自悬，类鸟飞空而伸脚"，这都属于一种肢体活动。

　　"吹呴呼吸，吐故纳新"在春秋战国时期也称为行气、运气、食气、服气
或者导引行气，这便是我国早期的气功。拓片《行气玉佩铭》（载自《三代吉金
文存》）是我国战国初期（公元前380年左右）的文物，刻有铭文45个字，讲述
的便是行气的整个过程，其主要内容包括后世练功家所讲的"以意领气""气
沉丹田"以及"停闭意守"。这其中也包括道家所主张的"上达泥丸，还精补
脑"等练功方法。该铭文如下：

　　"行气，深则蓄，蓄则伸，伸则下，下则定，定则固，固则萌，萌则长，
长则退，退则天。天几春在上；地几春在下。顺则生；逆则死。"（引自郭沫若
《奴隶制时代》）

　　这段铭文的大致意思是："这是深呼吸的一个回合。吸气深入则多其量，
使它往下伸，往下伸则定而固；然后呼出，如草木之萌芽，往上长，与深入时
的径路相反而退进，退到绝顶。这样天机便朝上动，地机便朝下动。顺此行之
则生，逆此行之则死。"（引自郭沫若《奴隶制时代》）

　　1973年在我国长沙马王堆二号汉墓出土的医书之一《却谷食气篇》，也记
载了春秋战国时期一种行气的方法和应该注意的事项。重视呼吸吐纳、行气食
气，这充分说明了在我国春秋战国时期人们就已经认识到"气"的作用。成书
于这一时期的《黄帝内经》是我国最早的一部医学文献巨著，其中就从理论层

面阐述了"气"和"行气"的作用。

《黄帝内经》其观点认为，"气"是构成人体的微小物质，"歧伯曰：上焦开发，宣五谷味，熏肤、充身、泽毛，若雾露之溉，是谓气。"（引自《灵枢·决气篇》）"气"还是一种无处不到、无时或息的营养物质，其中不乏这样的描述："气之不得无行也，如水之流，如日月之行不休，故阴脉荣其脏，阳脉荣其腑，如环之无端，莫知其纪，终而复始，其流溢之气，内溉脏腑，外濡腠理。"（引自《灵枢·脉度篇》）因此可以说，养生之道，贵在养"气"；医家之术，重在治"气"；"正气存内，邪不可干"（引自《素问·遗篇·刺法论》）；"恬淡虚无，真气从之，精神内守，病安从来？"（引自《素问·上古天真论》）养生家的导引行气，并非一般意义上的气体交换，而是一种有意识的、以意领气（即在人的意念主导下）的呼吸运动，对人体而言是一种有益的健身手段。在《灵枢·病传篇》《素问·遗篇·刺法论》等著作中还有诸多导引治病的记载，由此可见，导引不仅是一种健身手段，同样也是一种治病的方法。

在春秋战国时期刚开始兴起的导引养生术，为我国古代体育增添了新的内容。它简便、易行、成效显著，成为社会不同类群的人们所喜爱的健康长寿方法。因此，在两千多年的传承与流变过程中，其流传广泛，历久不衰，成为广大老百姓健身、祛病、延年益寿的重要选择。

# 第四节　春秋战国时期的民间体育发展

在我国春秋战国时期由于社会制度的变革，特别是在战国时期，由于奴隶制的瓦解，封建制度的迅速确立，极大地促进了社会生产力的发展，同时显示出封建社会制度相对于奴隶制的巨大优越性。以往受压迫、受剥削的奴隶，转变成为具有一定人身自由的社会生产者。尽管在当时的社会体制下，农民仍然要受到封建制度的压迫和剥削，以及对其人身自由的控制，但相对于奴隶制时期的奴隶而言，其社会身份得到了很大程度的解放，在一定条件下，出现了一些参加文体活动的现象，这在奴隶制时期是前所未有的。同时出现了社会各行各业的聚集性发展，形成了人口相对集中的城市化模式。齐国的临菑（音：zi）、赵国的邯郸、魏国的大梁（今天的开封）、秦国的咸阳等，都是当时闻名遐迩的商业聚集城市。城市的兴起和繁荣，也为民间体育活动的发展提供了有效的社会基础。

春秋战国时期，民间文体活动开展较为普及的有如下几种：

### 1. 蹴鞠

蹴鞠是战国时期流行的一种类似于足球的游戏，汉代时期称之为蹴鞠。据《史记·苏秦列传》中记载："临菑甚富而实，其民无不吹竽鼓瑟，弹琴击筑，斗鸡走狗，六博蹋鞠者。临菑之涂，车毂击，人肩摩，连衽成帷，举袂成幕，挥汗成雨，家殷人足，志高气扬。"唐代著名学者颜师古在《汉书注》中说："鞠，以韦为之，中实以物，蹴蹋为戏乐也。"（引自《汉书·艺文志》）

临菑是战国时期齐国的首都。当时的齐国社会制度井然有序，经济繁荣，政治稳定，人民过着安居乐业的生活。而首都临菑更是一个"车毂击，人肩摩，连衽成帷，举袂成幕，挥汗成雨"（引自《史记·苏秦列传》）的人口相对集中的大城市。老百姓在丰衣足食的社会环境里，尽情展示着自己的喜怒哀乐，参与着各种类型的文体活动，这其中就包括蹴鞠。

西汉时期的刘向在他的著作《别录》中谈到蹴鞠的起源时说："蹴鞠者，传言黄帝所作，或曰起战国之时。蹋鞠，兵埶也，所以讲武以知材也。"这充分说明早在战国时期蹴鞠就已经流行于民间。

相传刘邦的父亲就是生活在战国时期，据《西京杂记》中所记载，他生平喜好斗鸡，且以蹴鞠为欢，这同时也说明蹴鞠在战国时期就是一项广泛流行于民间的体育运动。

### 2. 棋类

这一时期流行的棋类活动主要有围棋、六博棋、象棋等。围棋相传为尧舜时期所发明，在春秋战国时期已经相当普及和流行了。据《尹文子》中所说，围棋便是智慧的化身，"以智力求者，喻如弈"。《孟子》里则说："今夫弈之为数，小数也；不专心致志。则不得也。弈秋，通国之善弈者也。"并将其列为"六艺"中的"数"。当时已经有了像弈秋这样的人，他不仅是一个"通国善弈"的棋手，也是一个精通"弈道"的理论家。

六博棋是已经失传的传统棋类技艺，大约出现在春秋时期的初期，到了战国时期已经广泛流行于民间。宋朝的洪兴祖在《楚辞·招魂》补注中引用东汉时期的《博经》说：博戏共十二棋，六黑六白，两人相博，每人六棋；局分十二道，两头当中，名为"水"，放"鱼"两枚；博时先掷采，后行棋，棋行到处，则入水食鱼，每食一鱼得两筹，以得筹多者为胜。

另据《云梦睡虎地秦墓》一书中关于对六博棋的记载：六博棋，棋盘为长方形，正面阴刻规矩纹，还用红漆绘四个圆点。棋子有两种：一种为长方形，另一种为方形；棋子十二颗，均涂黑漆。六根博筹，用半边细竹管制成，中间填金属粉。六博棋的六根博筹中，有三根的一头上安有细铜丝。

象棋的产生历史悠久，寻根探源，可以追溯到古代周朝时期。周朝又分西周和东周两个时期，其中东周包括春秋与战国两个特殊时期。象棋象征着春秋时期兵制的一种战斗游戏，因此我们看到的棋子中有将、帅、车、马、士、卒，当时并无炮和象，这两个棋子是后来加上去的。

据屈原在《楚辞·招魂篇》中记载："菎蔽象棋，有六簿些。分曹并进，遒相迫些。"菎蔽是玉制的箸，也就是骰子，此处的象棋有一种说法是指用象牙制成的棋子。据《六臣注文选·招魂》中说："象牙棋妙且好也。"另外还有一种说法，此处象乃象征之意，据周朝兵制，五人为一伍，另设伍长，共计六人。

而在《战国策·唐且见春申君》中说："夫枭棊（棋）之所以能为者，以散棋佐之也。夫一枭之不如不胜五散，亦明矣，今君何不为天下枭，而令臣等为散乎？"六簿即六博戏，所谓六者，即一枭五散，共计六枚棋子，枭是王，散为卒。分曹并进，遒相迫些，是说二人对弈，互相逼迫。相比之下，后一种说法更加可信，在20世纪70年代，湖北云梦睡虎地挖掘出的土战国后期古棋局，其棋子并非象牙所制，由此可知由象牙制棋，故名曰象棋，并非尽然。象棋实是象征古代兵法战斗的游戏，是中国古代先民所创造一脉相承的国粹。

以这些记载从不同视角说明六博象棋的制作和大体规则，这虽然与现代象棋差距较大，但今天的象棋却由其演变而来。西汉时期刘向所著的《说苑·善说》中孟尝君说："燕则斗象棋而舞郑女，激楚之切风，练色以淫目，流声以虞耳。"孟尝君是战国四公子之一，燕则斗象棋，是说退朝在家则下象棋。由此可见六博象棋流行于战国后期的上层社会，由此推断，象棋诞生之日或更可前溯。

### 3. 龙舟竞渡

龙舟竞渡是中华民族历史悠久的传统体育文化活动，在我国南方水乡之地每年五月的端午节都要举行龙舟竞渡水上体育活动，它不仅具有内涵丰富的社会文化内容，还有丰富多彩的活动形式，规模大、参与人群广是其主要突出特点。

相关龙舟竞渡的起源说法很多，相传起源于战国时期，主要为纪念屈原所兴起。据《续齐谐记》中记载："楚大夫屈原遭谗不用，是日（农历五月五日）投汨罗江死，楚人哀之，乃以舟楫拯救。端阳竞渡，乃遗俗也。"实际上龙舟竞渡的兴起与我国南方多水的自然环境有关。也可以说，其与操舟捕鱼属于一类的活动，对于在这些地区生活的居民，竞渡只不过是他们水上生活的演习而已。

最初的"竞渡"之舟只是一般的小舟而已，直到西周时期才开始出现了舟与龙神图腾崇拜相结合的"龙舟"。当时人们将龙的形象妆点在舟上，是为了娱神、祭神和祈求神的保佑而获得生活平安，而龙舟竞渡活动形成的契机自然也是出于娱神和禳灾，亦即龙神的图腾崇拜。

春秋战国时期，战事繁多，特别是吴、越、楚三国之间，均地处江南水乡之域，水战是其征战的主要选择形式，这对"竞渡"这项运动的发展起到了有效的推动作用。譬如在我国西南地区和东南亚地区发现的战国中期至东汉时期的石寨山式铜鼓，大多数上面都饰有"竞渡"的纹路。在这些具有纹饰的船首尾，大都妆点成鸟尾形象，船上所载之人都头戴羽冠，前后排成一行，摆成相同的划船动作，场面隆重而热烈。这反映出这一时期的"竞渡"活动已相当普及了。

自秦汉魏晋至隋唐以来，在民间举行的水上划船竞渡活动一直没有统一的时间。自唐朝以后，水上竞渡活动才统一于每年五月的端午节举行。在整个隋唐时期，水上竞渡活动大都是生活在江南水乡地区的人民自发组织起来所进行的。到了五代时期，竞渡之风愈加盛行，除了民间组织之外，官方也大力提倡竞渡活动。当时，每个郡、县、村、社每年都要组织龙舟竞渡活动。每年的端午节日，官府都会赐予竞渡组织青绸缎，并为水上竞渡比赛设置锦标，就是在终点竖一竹竿，竿头上悬挂锦标彩旗，竞渡优胜者夺到锦标彩旗便称为夺标。这样一来，水上竞渡活动就成了一项参与广泛、竞争激烈、赏心悦目的比赛，而这便是后来体育比赛中"锦标"的由来。

## 第五节　春秋战国时期文士阶层的投壶活动

投壶原本是春秋时期在各诸侯间兴起的一种宴会期间举行的礼仪和娱乐活

动，这一活动最初源于西周时期的"燕射"。后来由于多方面的因素，"燕射"之礼在内容上有了很大程度的演进，以壶代侯，以投代射。也就是说，以酒席间的酒壶作为"的"，用不去皮的"柘（音：zhè）"或"棘"代替箭（没有羽、镞，长2尺、2.8尺或3.6尺），以投代射。关于投壶的史料记载，在《左传》中有记录，而投壶的礼序、仪则和步骤，《礼记》中有专门的章节记述。

到了战国时期，随着文士阶层的出现，投壶游戏得到了快速的发展。文士阶层的人们之所以痴迷于投壶活动，是因为投壶活动既能够继承先王之礼，又能从这一活动中获得身心愉悦，因此投壶活动得到越来越多人的喜爱。战国时期的投壶运动，其礼节非常烦琐。在投壶开始之前和投壶结束之后，参与宾主各自有一套非常规范的辞令，要演奏乐曲、赋诗、说唱等。

自战国以后，每个朝代文士阶层的大学士们同样追逐投壶这项活动，以此获得身心愉悦和身体健康之目的。关于投壶的作用，后来不同朝代的文士阶层和学者们有过不少论述。三国时期的王粲认为投壶活动能够"注心锐念"（引自《棋赋》），意思是培养一个人的注意力。晋朝时期的傅玄认为投壶活动"可以矫懈"（引自《投壶赋》），大致意思是矫正一个人怠惰的生活习惯。宋朝时期的司马光则认为"从容安息以养志游神"（引自《投壶新格序》），意思是解除疲劳。明朝时期的汪褆（音：tí）认为"畅精神，盈血脉"（引自《投壶新格》）。这些论述和观点对投壶运动的发展起到了推波助澜的作用。

# 第六节　春秋战国时期的体育文化要点

春秋战国时期是我国先秦历史上社会经济、思想文化、教育、科学技术快速发展的时期，也是我国古代体育全面发展的关键时期，不论是体育的项目拓展、体育项目的规则设置和变革、参与群体的延伸还是体育思想的升华等，都有了极大的进步和发展。这一时期发展起来的各类体育活动项目，从内容到形式，对以后各个历史阶段的体育发展产生了巨大的影响。

我们今天追溯春秋战国时期体育大发展的原因，无一例外地涵盖了这一时期的政治、经济、思想、文化、教育等方面的因素。新兴社会阶层为了建立起封建制度，首先把体育作为他们变革社会制度的一种工具，体育最终为他们的政治路线服务，为当时的体育发展寻找到了以政治基础为基础的温床。生产关系的改变促进了生产力的发展，同时也促进了整个社会经济的繁荣发展，为体育的全面发展提供了重要的物质保障。思想领域的"百家争鸣"，出现了一大批具有辩证法思维和唯物论观点的体育思想和体育主张，更加有力地推动了这一时期体育的发展，而教育和科学技术的发展，特别是医学科学的发展，进一步促进了体育的多元化发展。

春秋战国时期的体育发展，较为全面地显示了古代体育发展在整个社会架构中的职能，这一时期的体育不仅是军事训练手段的重要选择，也为新兴社会阶层的政治目的服务，而且促进了社会生产力的发展。同时体育也增进了广大百姓的健康，丰富了人民群众的文化生活。

# 第五章　秦、汉、三国时期的体育文化

## 第一节　秦、汉、三国时期的历史概况

从公元前221年秦灭六国起，一直到公元280年东吴复灭止，共501年的时间，中国历史上称这段时间为秦、汉、三国时期。

秦朝实行的中央集权制度在我国历史上一直持续了两千多年的时间，秦朝前后历时15年（公元前221—公元前206年）。公元前209年，陈胜、吴广不满秦政苛暴，举旗发动起义。随后，项羽、刘邦起兵响应。公元前206年，秦朝统治阶级最终被农民战争所摧毁（图5-1）。

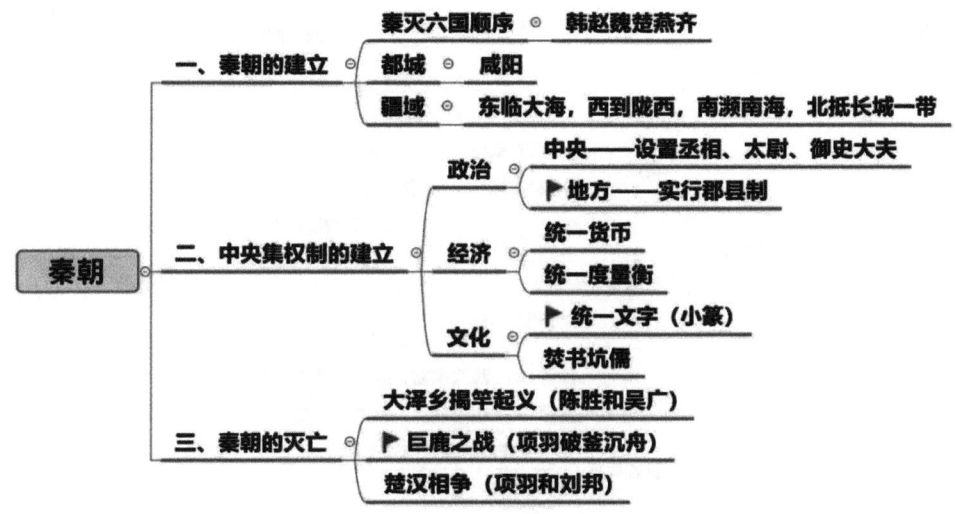

图5-1　秦朝时期的历史文化

秦朝的历史变迁可总结为："六国皆灭统华疆，赢政自骄号始皇。独揽大权分郡守，统一文字兼度量。筑城凿墓劳民力，焚书坑儒断史纲。陈胜揭竿初举义，汉刘楚项破咸阳。"（引自《人民日报》）

秦朝灭亡之后，刘邦建立汉朝，定都于长安，历史上称西汉或前汉（公元前206—公元8年）。

公元9年，外戚王莽篡汉，改国号为"新"，改长安为常安，作为新朝都城，实行"托古改制"（主要包括土地改革、币制改革、商业改革和官名、县名改革）。

公元25年，南阳刘氏宗室贵族刘秀推翻王莽政权，重建汉室，定都洛阳，历史上称东汉或后汉（图5-2）。

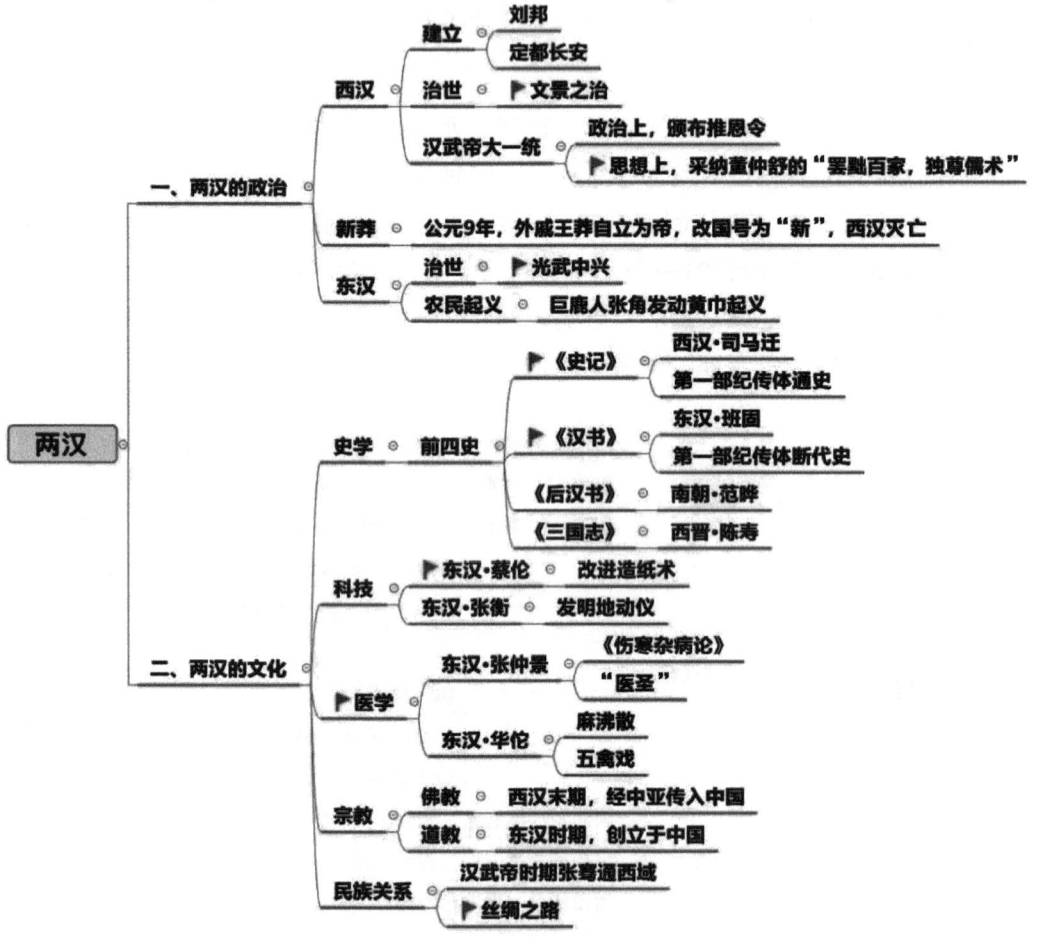

图5-2 两汉时期历史文化

东汉末年，各地豪族势力拥兵割据，经过多年的混战，形成了历史上的魏（公元220—265年）、蜀（公元221—263年）、吴（公元222—280年）三国鼎立的局面，历史上称为三国时期。

汉朝的历史变迁可总结为："除秦灭楚汉刘邦，帝后无由戮楚梁。吕雉临朝累诸吕，文景治世灭七王。武皇拓土民遭敛，王莽更新命被戕。光武中兴迁洛邑，传及献帝东汉亡。"（引自《人民日报》）

# 第二节　秦、汉、三国时期体育发展的社会背景

公元前221年秦灭六国以后，结束了诸侯割据称雄的时代，秦始皇统一中国后，除建立健全专制主义中央集权的国家体制机制以外，还采取了一系列巩固统一政权的措施（包括在全国确认土地私有、统一文字、统一度量衡等），大力地促进了初期封建社会的发展。但由于秦始皇实施了极端的文化专制主义政策，譬如焚书坑儒，收缴民间兵器，禁止民间百姓操戈习武等，极大地阻碍了体育的发展，只是由于秦始皇追求长寿的思想，"导引"受到保护，由于"讲武之礼，罢为角抵"（引自《历代兵制》），从而使角抵运动得到发展，其他体育活动，特别是民间体育，都没有得到有效的继承与发展。从秦朝中央集权制度的运行轨迹来看，其中央集权制度形成体制如图5-3所示：

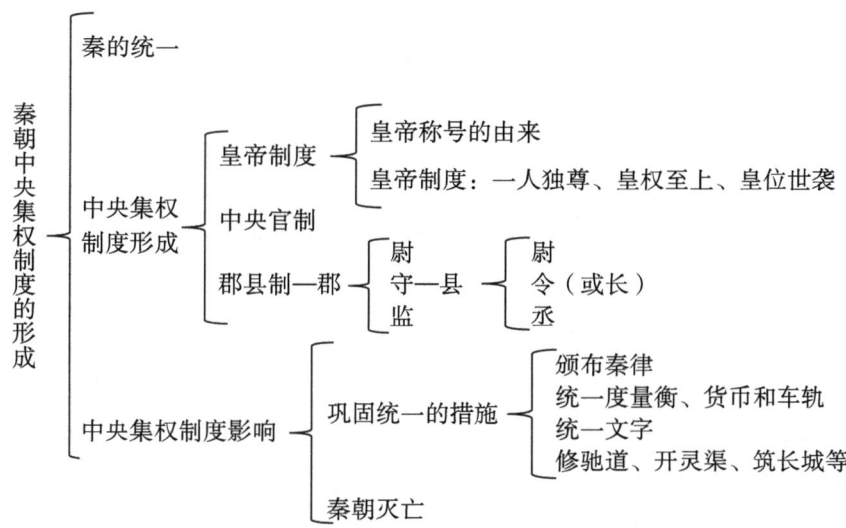

图5-3　秦朝中央集权制度形成体制

公元前202年，楚汉战争结束，刘邦称帝。这时的社会经济凋敝不堪，"接秦之弊，丈夫从军旅，老弱转粮饷，作业剧而财匮，自天子不能具钧驷，而将相或乘牛车，齐民无藏盖"（引自《史记·平准书》）。在这种情况下，汉朝统治者

推崇黄老学说，实行休养生息的政策，奖励农耕。在很长的时间内，生产力得到了恢复，并出现了历史上有名的"文景之治"。国家的统一，经济的发展，人民生活的相对安定，为西汉中叶体育的全面发展奠定了必要的政治基础和物质基础。

公元前140年，汉武帝刘彻即位（公元前140—公元前87年）。他在"文景之治"的基础上，采取了一系列加强中央集权统治的措施，使西汉王朝国力强盛、经济繁荣，在对外关系上也出现了前所未有的大好局面。这样，汉代的体育发展，从汉武帝统治时期开始，在相对优越的社会环境和基础条件下，开始得到振兴和快速发展。

东汉王朝建立后，刘秀强化了专制主义官僚机构。在一段相当长的时期内，他维护了国家的统一，实行了一系列恢复农业生产和安定社会秩序的措施，发展了生产力，促进了文化艺术的繁荣，也促进了体育的发展。20世纪50年代，考古出土的东汉画像石，有不少是反映东汉体育概貌的石刻珍品。舞乐百戏中的各种杂技艺术和舞蹈艺术，主要有飞剑、跳丸、倒立、冲狭、吐火、建鼓舞、长袖舞、踏胸舞、七盘舞等。角抵运动中人与人相搏、人与兽斗、兽与兽斗三种形式，这类画像大多刻画得形象逼真，富有动势，充分表现出了汉代人的力量、智慧和勇敢，体现了汉代先民的一代风范。

三国时期，军事斗争激烈，各国推崇武备，出现了"上以弓马为务，家以蹴鞠为学"（引自《会稽典录》）的盛况，有力地促进了军事体育的发展。

# 第三节　秦、汉、三国时期的角抵运动

角抵是我国古代产生的一项体育项目。"角抵者，使角力相抵触者也。"东汉的应劭在《汉书·武帝纪》注解中说："角者，角材也；抵者，相抵触也。"用现代术语表述角抵就是双方在直接接触中，进行力量、技艺的较量，这就是我国早期的摔跤运动。

在我国，摔跤运动历史悠久，它的名称，因时因地而异。秦朝以前，有叫角力、角抵或觳（音：hú）抵等称谓，也有叫相扑或相搏的。秦统一六国后，在统一文字、统一货币、统一车轨、统一度量衡等的同时，也统一了古代摔跤的名称——角抵。

角抵是秦朝受到重视的一项体育运动。这是因为秦始皇禁止民间操戈习武，将"讲武之礼，罢为角抵"的结果。1959年在湖北江陵凤凰山秦墓出土的文物中，就包括绘有角抵图像的木篦（音：bì）——两人对搏，左边一人旁观。这是秦代摔跤运动的真实写照（引自《古文物图象中的相扑》，载《文物》1980年第10期）。后来角抵运动传入宫廷，并与杂技、舞蹈同台表演，作为一种观赏文艺表演。秦二世曾在甘泉宫"作角抵俳（音：pái）优之观"（引自《史记·李斯列传》）。

汉朝初期，由于经济凋敝，角抵活动一度处于发展的低潮期，"然犹不都绝"（引自《汉武故事》）。"文景之治"之后，汉代经济得到很大的发展，"王武帝乏初，京师之钱累百巨万，贯朽而不校。太仓之粟陈陈相因，充溢露积于外，至腐败不可食"（引自《汉书·食货志》），这为复兴角抵运动提供了物质基础。汉武帝喜好角抵，在他的倡导下，角抵运动重新得到发展，"并四夷之乐，杂以幼童，有若鬼神"（引自《汉武故事》），同时给角抵运动表演配上音乐，并增加了有幼童参加的游戏性表演。显然，角抵运动的观赏成份增多了，角抵的名称，也被"角抵戏"三字所取代。包括角抵、杂技等内容的角抵戏，赢得了不少观众。《汉书·武帝纪》中记载："元封三年春（公元前108年）作角抵戏，三百里内皆（来）观"；"元封六年夏（公元前105年），京师民观角抵戏于工林平乐馆。"

汉代角抵戏的内容，据东汉张衡的《西京赋》之记载，它包括角抵（摔跤）、杂技、歌舞、魔术、马戏、斗兽、赛车、射箭等诸多内容。在国际交流日益频繁的情况下，汉武帝常用角抵戏招待邻邦使者（引自《汉书·西域传·赞》），开创了我国用杂技、角抵接待外宾的先河。从此，角抵戏也不胫而走，传至一些友好邻国。有学者分析，日本的角抵（即后来的相扑），可能是在公元前108—公元前109年汉武帝征伐朝鲜以后，是从朝鲜传入日本的。

1955—1957年，中国科学院考古研究所在陕西长安沣西人民公社客省庄发掘了一座编号为140号的特殊墓葬，里面有两块透雕人饰铜牌。透雕的花纹是两个高鼻长发的人，上身赤裸，下穿长裤，在树下互相弯腰扭抱，作角抵活动。有学者考证这是古匈奴族的摔跤形象（引自1980年5月12日《体育报》）。不管它源于哪个民族的文化遗产，它出现在汉族墓葬的随葬品，真实反映了汉代角抵盛行这一事实。

1974年外文出版社出版的《汉唐壁画》，载有河南密县打虎亭2号东汉墓中出土的角抵图，双方都是面带胡须的壮士，赤膊光腿，束短裤，不带冠，足登翘头黑履，反映了东汉角抵流传的情况。

# 第四节　秦、汉、三国时期的蹴鞠运动

早在战国时期，蹴鞠（当时的蹴鞠称作蹋鞠）就是流行于民间的一项体育活动。秦灭六国的过程中，这项活动一度似曾消失。汉朝的兴起，随着经济文化发展，特别是军队训练的需要，蹴鞠作为体育娱乐和军队训练手段又逐渐兴盛起来，并成为汉代一项较为盛行的体育项目。

首先，蹴鞠作为一项体育娱乐活动，不论在民间还是在宫廷均有广泛的开展。《盐铁论·国疾》中记载："里有俗，党有场，康庄驰逐，穷巷蹋鞠"，反映了汉代一般庶民对蹴鞠的爱好。又如"贵人之家""降豹鼎力，蹴鞠斗鸡"（引自《盐铁论·权刺》）的盛况，也很普遍，甚至有私建球场的。譬如东汉伏波将军马援的儿子马防的宅第中，就有"鞠域弥于街路"的情况（引自陆机《鞠歌行序》），即四周有墙的蹴鞠场地，比邻近的街边还长。

汉代宫廷里也盛行蹴鞠，汉高祖时期把民间蹴鞠引入宫庭之中。汉高祖刘邦为满足他的父亲斗鸡、蹴鞠的需要，"乃作新丰""以此为欢"（引自《西京杂记》）。在汉代皇帝中，汉武帝、汉成帝酷爱踢球。《弹棋经序》（见《古今函书集成801卷》）中记载："昔汉武帝平西域，得胡人善跳鞠者，尽衒（音：xuàn）其便捷跳跃，帝好而为之。"《西京杂说》中记载："汉成帝好蹴鞠，群臣以蹴鞠为劳体，非至尊所宜"因此劝他改作别的娱乐。东汉末年的曹操，也非常喜欢蹴鞠，对当时一个叫孔桂的蹴鞠能手"每在左右"（《太平御览》引自《魏略》）。

其次，蹴鞠作为军队训练的重要手段之一，在军队中广泛流传。战国以后，车骑兼用的战斗形式，逐渐让位于以步兵为主的步骑联合的作战形式。军制的变化，对士兵体质提出了更高的要求。因此，自汉代起，蹴鞠作为训练军队兵士的手段，受到前所未有的重视。刘向《别录》中记载："蹋鞠（即蹴鞠），兵势也，所以练武士，知有材也，皆因嬉戏而讲练之。"亦即寓军事训练于竞技娱乐之中的意思。因此，《汉书·艺文志》将"蹴鞠二十五篇"附于"兵技巧十三家"类也就不足为奇了。

《汉书·霍去病传》中记载："去病在塞外，卒乏粮，或不能自振；而去病尚穿域蹋鞠也。"这记录的是在战争期间，作为军事统帅的霍去病。在艰难环境下仍然带头蹴鞠，以此振奋士气。而在和平时期，"今军无事，得使蹴鞠"（引自刘向《别录》），军中也照样踢球。

"汉朝末年，三国鼎峙，年兴金革，上以弓马为务，家以蹴鞠为学"（《太平御览》引自《魏略》），则说明三国时期也同样崇尚蹴鞠运动，以适应应征从军的需要。

这一时期蹴鞠的活动方法，现在已无从考证，唯有东汉李尤的《鞠城铭》中，较为详细的记载了有关蹴鞠竞赛的细节。铭文中记载的内容是：

"园鞠方墙，做（音：fǎng）象阴阳；法月衡对，二六相当，建长立平，有例有常。不以亲疏，不有阿（音：ē）私。端心平意，莫怨其非。鞠政犹然，况乎执机？"

铭文告诉我们，汉代的足球场四周有围墙，球场两端各有六个球门；比赛双方各有一个队长，双方共同推举裁判员，按规则进行比赛；比赛中，裁判员要执法公正，运动员要心平气和，输了球，不要责怪旁人。其中对裁判员、运动员的要求，直到今天，还是值得我们继承和学习的。

# 第五节　秦、汉、三国时期的导引养生术

## 一、导引术的发展

导引，作为一种养生手段，始于春秋战国时期，到了秦汉三国时期，已经有了很大的发展。"诸筋者，皆属于节""胸腹者，藏腹之郭也"（引自《黄帝内经》）。

首先，一些推崇老庄思想的养生家和方士（古时称神仙家），广泛利用导引作为养生手段（以行气为主，常同"辟谷"相配合）。汉代初期的张良，"愿弃人间事，欲从赤松子游耳，乃学辟谷导引随轻身"（引自《史记·留侯世家》）；汉武帝时期的李少君、东方朔等人鼓吹"导气养性"（引自《论·边虚》）；后汉时期，矫慎"仰慕松、乔导引之术"（引自《后汉书·逸民传》）。这些方士或养生家，把导引当作"度百世而不死"的妙方，因而掺入了许多神秘虚玄的糟粕。东汉唯物主义哲学家王充对当时出现的"以导气养性不死""食气者寿而不死"等荒诞言论，进行了驳斥和批判。

其次，不少医家利用导引健身治病。利用导气健身治病，在《黄帝内经》

中就有记载。到了汉代，不少医家继续利用导引防病治病。东汉名医张仲景在他的《金匮要略》中谈道："四肢才觉重滞，即导引吐纳，针灸膏摩，勿令九窍闭塞。更能无犯王法，禽兽灾伤，房室勿令竭乏，服食节其冷热苦酸辛甘，不遗形体有衰，病则无由入其腠理。"《中藏经》（旧题华佗著）也有"导引可逐客邪于关节"的记载。医家导引治病，往往同按摩、针灸相结合，以肢体动摇、屈伸为主，以行气为辅。

用导引术的方法健身祛病，我们可以从《导引图》和《五禽戏》中得到进一步的了解。《导引图》是1973年在长沙马王堆三号汉墓中出土的一批医书中的一种，绘制在宽约50厘米，长约1米的缯（音：zēng）帛上，绘有各种姿势的导引图片40余个，旁边附有简单的文字说明，这是迄今为止见到的最早、最完整的古代导引图。它的出土，充分说明了秦汉时期有关导引治病的历史。图片以朴素的唯物主义作为理论基础，它和当时方士、道家所宣扬的唯心主义养生哲学，毫无共同之处。

《导引图》上的每个图片为独立的导引术式，上下4排，每排11个。它的内容，有呼吸运动、肢体运动和器械运动，图片形象地再现了2000多年前我国汉代人民锻炼身体与疾病作斗争的景象，图中的文字说明直接提到导引治病的项目共有12处，如"烦""痛明""引聋""引膝痛""引湿病""引痹病""引頽（音：túi）（疝）""引胠（音：qū）责（积）"等，说明导引治病的范围已相当广泛。

东汉末年的名医华佗，在总结前人利用导引健身治病的基础上，模仿五种禽兽的动作，创编了"五禽戏"。

华佗，三国沛国谯郡（今安徽亳州）人，约生于2世纪中叶，是一位治学勤奋、热心为群众治病的伟大医学家。他在长期医疗实践中，认识到经常从事身体活动对保持和促进身体健康的重要作用。他对其弟子吴普说："人体欲得劳动，但不当使极耳，动摇则谷气得消，血脉流通，病不得生，譬如户枢，终不朽也"（引自《三国志·华佗传》），因此他积极提倡身体活动。他从春秋战国时期的"熊经鸟申"和西汉时期流行的"熊经""鸟申""凫（音：fú）浴""猿躟""鸱（音：chī）视""虎顾"等模仿动物形象的术式中，创编了以模仿虎、鹿、熊、猿、鸟活动形态的"五禽戏"，来活动周身关节，畅通血脉。

"五禽戏"是世界上最早的健身体操之一，具有很好的保健作用。华佗的弟子吴普由于常做"五禽之戏"，"年九十余，耳目聪明，齿牙完坚"（引自《三国志·华佗传》）。"五禽戏"的出现，为后世成套导引术的产生树立了先例，对武术的发展特别是某些象形拳的创编，提供了有益的启示。

## 二、养生思想的发展

秦汉三国时期导引术的发展，是与这一时期养生思想的发展有密切关系。这一时期的养生思想，尽管受着老庄思想的影响，出现了主张"内修"为主（内修主要是养性、养神、养心），以达到"形若槁（音：gǎo）木，心若死灰，忘其五脏，损其形骸"（引自《淮南子·精神训》）为目的之养生观（这种神秘主义的东西，为当时方士们多热心鼓吹）。但随着医学科学的发展（能以阴阳五行来解释人的生理现象、病理现象，并用这种理论进行辨证治疗），以及随着唯物主义哲学思想的传播，出现了符合人体生长规律的养生思想。这种思想，在桓谭的《新论·形神》中论述得最为系统和突出。

桓谭是东汉著名的无神论者和唯物主义思想家，在他的《新论·形神》中有不少关于养生问题的卓越见解。他用唯物主义观点，阐明了形与神的关系，在他看来，人的精神是寓于形体之中的，神形之间的关系，犹如火光与烛体之间的关系，从而得出了形体（物质）是第一性，精神是第二性的唯物主义结论，正确解决了养生学中形与神的关系问题。"人既禀形体而立""其筋骨血气充强，则形神枝（支）而久生，恶（否）则绝伤"，强调了人体健康的重要性；而人体的健康，在于自身的保养，"譬犹衣履器物，爱之则完全乃久。"在桓谭看来，人的生、老、病、死是一种无法改变的自然现象，"生之有长，长之有老，老之有死，若四时之代谢矣。"因此，他认为长生不死是不可能的——养生有效，然而有限，这是他对养生与长寿两者之间关系的正确认识。

桓谭的养生观对东汉初期的方士妖术和道家神秘虚妄的养生主张，是一个致命的冲击，从而为后来导引术和养生术的健康发展起到了积极作用。

## 第六节　秦、汉、三国时期剑术与刀术的发展

剑是战国时期军队中步兵的标准装备之一，也是步战中的重要武器。秦朝和汉朝初期，剑在战争中仍然具有重要作用。晁错在上书汉文帝言兵事之时，

列举当时西汉王朝军队中的主要武器，就提到了剑，"下马地斗，剑戟相接"（引自《汉书·晁错传》）。不过这一时期的剑，比起春秋和战国初期的剑已经有了很大改进：不但剑身加长了，而且质地也坚韧、锋利了。陕西临潼秦始皇兵马俑坑出土的青铜剑，长达81～91.3厘米（春秋战国时期，剑的总长度一般只有50厘米），剑身乌黑发亮，不见锈蚀。后来由于骑兵的发展，虽然出现了适于劈砍的环柄长刀，剑在战争中的地位日见降低，但它在防身、健身和娱乐方面的作用却逐渐增大。因此，剑和剑术，仍然受到重视，连文人学士也把学剑与读书并重。如"东方朔十五学剑"（引自《汉书·东方朔传》），司马相如"少时的读书击剑"（引自《汉书·司马相如传》）。汉代佩剑，已作为一种制度，"自天下至百官，无不佩剑"（引自《晋书·舆服志》）。

在习剑、佩剑成风的社会风尚影响下，剑术有了很大发展，与此同时，也形成了各种流派，并出现了专门教练剑术的剑师。魏文帝在《典论·自序》中谈到："予幼时学击剑，阅师多矣，四方之法，惟京师（指洛阳）为善。"

剑，不但作为一种防身、健身的器械，也可以用于表演娱乐。项庄在鸿门宴上的舞剑，目的在于击刺刘邦，但他却借口说："军中无以为乐，请以剑舞"（引自《史记·项羽本纪》），则多少说明早在楚汉战争时期，就已经有在酒宴中舞剑助兴的习惯了。随着汉代"百戏"的兴盛，出现了双人击剑对练这样的纯属娱乐性的剑术活动。陕西省博物馆内展出的东汉画像石刻中，就有"剑戟对练"的图像：左一人举剑直刺，右一人持戟迎来，旁有一人吹奏助兴，这个石刻画像告诉我们，汉代剑术已经有了一定套路动作。

随着骑兵的发展，在战场上适用于劈砍的环柄长刀逐渐取代了长剑。到了三国时期，刀已经成了军队中大量装备的实战武器（即使火器发明以后，钢刀还是继续留在武器的行列中，直到近代，骑兵还离不开马刀）。陶弘景在《刀剑录》中记载，孙权在黄武五年开采武昌山铜铁制刀万口，用来装备和提升部队作战的能力，东吴自孙权到将领再到一般官吏，平时都佩刀。这一时期，刀术同样已经有了一定套路，这可以从凌统舞刀得到佐证。东吴将领凌统与东吴另一将领甘宁有杀父之仇。有一次，两人正好在吕蒙家里举行的一次宴会上相遇，凌统复仇心切，想用"项庄舞剑"的办法，在席上刺杀甘宁，"酒酣，凌统乃以刀舞，甘宁早有防备，"宁起曰：宁能双戟舞"。顿时，酒宴中出现了刀、戟对抗的场面。吕蒙"操刀持盾，以身分之"，平息了这场风波，凌统舞刀，充分说明三国时期已经有了相对成熟的刀术。

# 第七节　秦、汉、三国时期的民间体育发展

## 一、杂技

杂技是古代娱乐的主要形式之一，包括百戏、杂乐、歌舞戏、傀儡戏等。又称"杂戏"。据《汉书·武帝纪》中记载："三年春，作角抵戏"，颜师古注引汉文颖曰："名此乐为角抵者，两两相当角力，角技艺射御，故名角抵，盖杂技乐也。"又据《魏志·乐志》中记载："六年冬，诏太乐、总章、鼓吹增修杂伎，造五兵、角觝、麒麟、凤凰、仙人、长蛇、白象、白虎及诸畏兽、鱼龙、辟邪、鹿马仙车、高絙百尺、长趫、缘橦、跳丸、五案以备百戏。"另据《隋书·音乐志》中记载："且西凉、龟兹杂伎等，曲数既多，故得隶于众调，调各别曲。"宋代苏轼在《集英殿春宴教坊词·小儿致语》中写道："广场千步，方山立于众工；大乐九成，固海涵于杂技。"

杂技作为一种民间体育娱乐活动，在中国已有2000多年的发展历史，《庄子》中有宜僚弄丸而使两家之难解的故事（该书注解说：楚与宋战，宜僚弄丸军前，两军仃战观之）。《列子·说符》中也有记录弄剑的内容（踩着高跷，舞弄七剑，五剑常于空中），这种与体育关系密切的杂技，到了汉代有了很大发展，是汉代"百戏"中的重要组成部分。杂技的发展，显然与当时社会经济、文化的发展和中外文化交流日益频繁紧密相关，也得益于汉代统治阶级的倡导（他们以此寻欢作乐）。

汉代的杂技，主要有以下几种类型：

履索（高絙，绳技），类似现代的"走钢丝"，表演者在绳上"踊跃旋舞"（引自《平乐观赋》）或"走索工而相逢"（引自《西京赋》）。

缘竿，又名都卢寻橦（音：tóng），一些男女小演员在竖立的长橦上表演各种技艺。

冲狭，类似近现代少数民族的钻刀圈。

燕濯，据《西京赋》"注"说："以盘水置前，坐其后，踊身张手跳前，以足偶节踰水，复却坐，如燕之浴也。"这实际上是从坐式开始的反复进行多

次的跳跃动作。因身体踊越水面，如燕浴一般，所以叫"燕濯"。

汉代是中国杂技的形成和成长期，汉代角抵戏迅速充实内容，增加种类，提高技艺，终于在东汉时代形成了一种以杂技艺术为中心汇集各种表演艺术于一体的新文体活动——"百戏"体系。汉代杂技的卓越成就，首先表现在它的各种节目已成系列，具备了后世杂技体系的主要内容，汉代的杂技对后世的影响很大，为后来的杂技发展奠定了基础，同时为体操、武术的发展提供了新思路。

## 二、秋千

秋千，本是北方山戎（山戎，一名北戎，现河北迁安一带）之戏，是一项简便易行的体育活动。春秋时，齐桓公北伐山戎时传入中国（参见《古今艺术图》）。到了汉代，秋千之戏，由民间传入宫廷；南北朝以后，秋千之戏，盛行全国，成为儿童、妇女喜好的体育项目。

"秋千者，千秋也，汉武祈千秋之寿，故后宫多秋千之乐"（引自：唐高无际《汉武帝后庭秋千赋·序》）。这段话告诉我们，汉武帝喜好秋千，因此能在后宫盛行；而后宫嫔妃，大多来自民间，因而秋千得以从民间传入宫廷。

## 三、登高

登高也是一种有益的身体活动，登高的由来历史久远。据南朝人吴均在《续齐谐记》中记载：东汉年间，汝南桓景随边士费长房出游。长房予卜九月九日桓景家乡有灾厄，要桓景急速回家，让家人在重九那天，佩戴茱萸（音：yú），饮菊花酒，上山避祸。桓景照此行事，全家人平安无事，而家里的"鸡牛犬羊，一时暴死"。从此，九月九日登高避灾，就相沿成习。这是一个传说，而且掺入了不少迷信色彩。又据《长安志》中说，汉都长安近郊有一个小高台，每逢节日（主要是春节、重九节），有人喜欢登"高台"游玩，因为登的是"高台"，所以被称为"登高"。

从《续齐谐记》《长安志》反映的情况来看，汉代已经有郊游风俗。人们利用节日休闲时间，采取一定方式，活动全身筋骨，总是有益于身心健康的。这里我们从杜甫的《登高》可以看出，登高运动深受大众青睐。

风急天高猿啸哀，渚清沙白鸟飞回。

无边落木萧萧下，不尽长江滚滚来。

万里悲秋常作客，百年多病独登台。

艰难苦恨繁霜鬓，潦倒新停浊酒杯。

# 第八节　秦、汉、三国时期的体育文化要点

这一时期的体育，特别是汉代体育的发展，十分引人注目。这同当时社会的政治、经济、军事和文化的发展与繁荣密切相关。但我们也应该看到，自从汉武帝"罢黜百家，独尊儒术"之后，在官学中，以传授儒家经典为主，几乎排除了武艺教育，"公卿大夫士吏，彬彬多文学之士矣"（引自《汉书·儒林传·序》），在社会上开始出现了重文轻武的思想倾向，在这一思想倾向的引导下，体育发展受到了一定的制约。道家的思想认为："以为血脉在形体之中，不动摇屈伸，则闭塞不通。不通积聚，则为病而死"的积极说法，东汉王充这样的唯物主义思想家也曾一度认为："血脉之动，亦就不安。不安，则犹人勤苦无聊也，安能得久生乎？"由于受到当时整体社会思潮的影响，社会上一些文人志士对体育的健身作用都表示过怀疑。

这一时期的体育发展出现了一些新特点，特别是汉代的体育发展呈现出一些主要标志，不但表现在体育项目多，而且表现在一些运动场地设施的建设，以及竞赛制度和练习套路方面的规范化。体育既是一种健身、练习手段，也是一种具有竞技性，娱乐性的活动内容，体育的社会效能在不断地扩大。

随着国家与国家之间、民族与民族之间的文化交流活动日益频繁，从汉代开始，已经把体育文化纳入文化交流活动的一项重要内容，互相交往、共同繁荣，这样的交往与互鉴活动，既促进了其他国家和民族之间体育的发展，也为汉代体育（如杂技、舞蹈等）增添了新的内容。

# 第六章 两晋、南北朝时期的体育文化

## 第一节 两晋、南北朝时期的历史概况

从公元265年司马炎代魏称帝建立晋朝开始，到公元581年杨坚夺取北周政权建立隋朝后结束，中国历史上把这段时间称为两晋南北朝时期，前后历时316年。这一时期共包括了以下几个朝代（图6）。

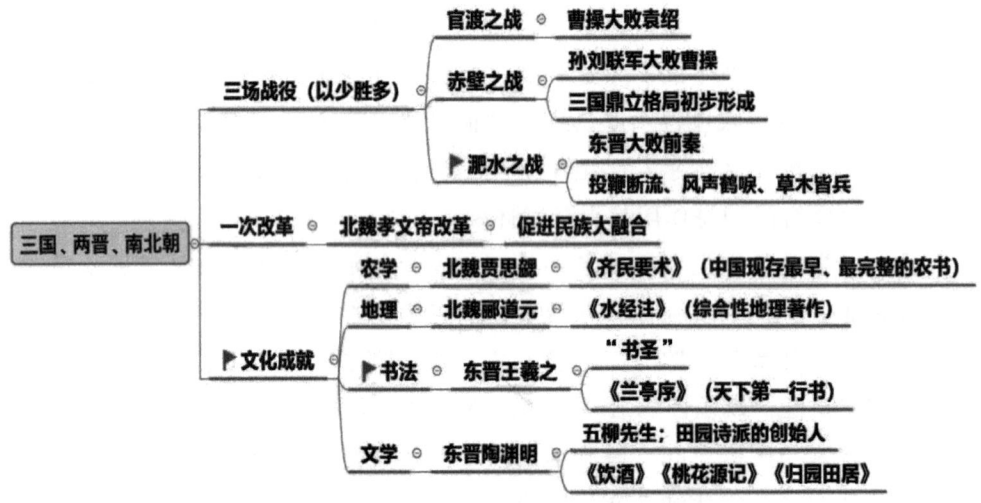

图6 三国、两晋、南北朝时期的历史文化

## 一、西晋（公元265—316年）

公元265年，魏帝曹奂被迫"禅（音：shàn）位" 司马炎称帝，是为西晋。公元316年，匈奴贵族刘聪率兵反晋，攻陷长安，晋愍（音：mǐn）帝出降，西晋灭亡。

## 二、东晋（公元317—420年）

西晋灭亡以后，司马睿（音：ruì）在建康（今南京），重建晋室，历史上称东晋。公元420年刘裕废君帝，建立宋朝（通称刘宋），东晋灭亡。

两晋时期的历史变迁总结："东吴西蜀属孙刘，北魏曹丕把汉谋。司马迁曹成一统，八王乱政五胡蹂。两都率陷建康继，江左偏安丧北州。肥水破秦得暂保，宋刘逼禅东晋休。"（引自《人民日报》）

## 三、南朝（公元420—589年）

东晋灭亡以后，在江南地区先后出现了4个封建王朝，它们分别是：

宋（公元420—479年）；

齐（公元479—502年）；

梁（公元502—557年）；

陈（公元557—589年）。

这些王朝都以建康为国都，地处长江以南，所以中国历史上把这一时期合而称为南朝。

## 四、十六国（公元304—439年）

西晋灭亡以后，居住在我国北方的一些少数民族（匈奴、羯、鲜卑、氐、羌）和汉贵族，先后建立了成汉政权、二赵（前赵、后赵）、三秦（前秦、后秦、西秦）、四燕（前燕、后燕、南燕、北燕）、五凉（前凉、后凉、南凉、北凉、西凉）和夏共16国政权，它们先后在长达100年的时间里进行了各种混战，直到公元439年北魏统一北方，这种混战局面才逐渐结束。

## 五、北朝（公元439—581年）

公元439年北魏统一北方以后，北方地区先后出现了以下5个不同政权，历史上把这一时期称作北朝。

北魏（公元386—534年），后分裂成东魏、西魏。

东魏（公元534—550年），后被北齐所取代。

西魏（公元535—557年），后被北周所取代。

北齐（公元550—577年）。

北周（公元557—581年）。

南北朝时期的历史演变："朝分南北划长江，宋齐梁陈据建康。北魏东西分两魏，北齐废主东魏亡。周承西魏收齐土，隋篡北周并陈疆。筑苑凿河天下乱，三十九载覆朝堂。"（引自《人民日报》）

# 第二节　两晋、南北朝时期体育发展的社会背景

## 一、社会动荡造成了无法愈合的社会悲剧

两晋、南北朝时期是我国历史上一个混战、分裂的黑暗时期，社会动荡也严重地扼杀和阻碍了体育的发展。西晋建立不久，由于统治集团内部争权夺利，爆发了"八王之乱"。"八王之乱"犹如一幅群兽狂斗图。从公元291—306年，掠夺、屠杀，整整进行了16年。司马氏集团的全部残忍性和腐朽性，在这次狂斗中表现得淋漓尽致。

"八王之乱"之后，一些少数民族的贵族集团，先后率兵入侵中原。各部族之间的大混战，又持续了100多年，人民生命财产，受到了比东汉末年更为严重的破坏，黄河流域成了现实社会中的"地狱之门"。公元439年，鲜卑石跋氏统一北方后，才结束了这种分裂和混战的局面。

公元317年司马睿在建康重建晋朝以后，整个社会局势和以前相比较为安定，但时而也有战争出现；在南方地区，除一些局部战争外，公元548年，梁朝有"侯景之乱"，扰害3年，导致建康一带遭受空前浩劫；在北方地区，从公元423年开始，北魏南侵刘宋，兵连祸结，持续近30年的时间，整个中国的大江南北经济又一次遭到空前大破坏。

在这样一个分裂，动乱的社会局势下，使两汉时期振兴和发展起来的体育文化活动，又一次遭到扼杀和破坏，通常在战争中得以发展的军事武艺，也因

为朝代更迭（音：dié）频繁，而无法找到进一步发展的途径。

## 二、宗教思想分化了民众的社会认知

这一时期，佛教、道教思想广泛流行，宗教思想弥漫在黄河两岸和大江南北，这便给体育发展带来了极大的消极因素。佛教是在西汉末年从西域传入中国的。它宣传人死而精神不死（神不灭），宣传因果报应（善人善报，恶人恶报），宣传生死轮回（身体死了，精神不死，可以再生入世）。在政治上无边黑暗，到处充满灾祸，死亡的岁月里，无论是强势者或弱势者，统治者或被统治者，都处于忽兴忽败，忽生忽死的境地。这样就给宣扬天堂乐趣，宣扬因果报应的佛教得到了滋长、蔓延的土壤。各个统治阶层为了巩固统治地位和获得精神慰籍，大力提倡传播佛教思想，南朝时期梁武帝还定佛教为国教。因此佛教大兴，立寺成风，诚如唐代诗人杜牧所写的诗句："南朝四百八十寺，多少楼台烟雨中"。北魏时，寺院有30000所，僧民多达200多万人。

唯心主义的佛教思想，给人们虚构出一个虚幻的世界同现实世界相互对立起来的场域，又浮现出人死后的灵魂再现生活，同人世间的现实生活对立起来，把人们的思维从痛苦的现实生活，引到无法验证的来世幸福虚幻空间。这与体育的目的、作用格格不入。它让人从思想上忽视今生的身体锻炼与健身，寄希望于来世超升天堂；而佛教徒坐禅（音：chán）入定，面壁修养的做法本身，显然是对体育的反动和亵渎。

在佛教流行的同时，中国土生土长的道教，也在广泛流行。道教是一些神仙方士受到佛教启示以后，把神仙术同老子的一些带有神秘色彩的论述相结合，所创造出的一种宗教。它尊奉黄帝、老子为教主，故又称黄老道。道教创立于东汉后期，最初主要在被压迫的劳苦大众中流行。东汉末年黄巾起义时，就曾利用这种原始道教宣传、组织群众。晋朝以后，统治阶级为了防止农民反抗，在严禁民间道教活动的同时，从理论上对道教加以改造和利用，使之作为统治阶级奴役人民的精神工具。晋朝的葛洪把道教与儒家揉合一起，著《抱朴子》内、外篇（以神仙养生为"内"，儒术应世为"外"）。他在"内篇"中，去掉原始道教的扣头、悔过、符水、咒语等内容，而注重于采药、炼丹、养生延年益寿，为贵族阶级服务（其中也有不少导引术，为后世所借鉴）。南朝道士陶弘景，也是把原始道教引向金丹的人物之一。道教的盛行，影响了养生学的正常发展，不少人为了追求长生不死，永远过着荣华富贵的生活，于是整天沉迷于炼丹、服药环境氛围之中。

## 三、玄学的厌世思想形成无为的社会思潮

这一时期玄学的发展，同样给体育带来消极影响。所谓玄学，就是玄虚之学，是风行于魏晋时期的一种唯心主义哲学（开始于曹魏，发展于西晋）。它以精神的"无"作为思想体系的核心，强调"以无为体"。体现在政治上，玄学家们主张"无为"——统治者都要无为而治，百姓也要无为而处，即一切都要保持门阀士族的现成统治秩序。玄学家们（不少是世家大族）为了明哲保身、逃避现实，整日谈玄说理，坐而论道，高唱"无为"，标榜"清交"，以参与俗务为耻，以无所事事为荣。有的更以"旷达"为名，生活上放荡不羁，纵酒行乐，残害身体。他们所主张的思想以为，"十年亦死，百年亦死，仁圣亦死，凶愚亦死。生则尧舜，死则腐骨；生则桀纣，死则腐骨。腐骨一矣，熟知其异？且趣当生，奚遑死后？"（引自《列子·杨朱篇》），消极悲观，否定人生价值，也有一些政治上失势者，则转而为"修性以保神，安心以全身"，提倡"呼吸吐纳，服食养身"（引文见嵇康《养生论》），与葛洪的修心养性，绝谷服食，形成一股"养生"热潮，幻想长生不死。

## 四、人口迁徙促进了南方的经济发展

这一时期的东晋及后来的南朝统治政权，由于有大量汉人南迁——他们带着北方比较进步的农业生产技术，极大地促进了南方生产力的发展。统治阶级依靠剥削、掠夺，花天酒地，出现了一片歌舞升平的景象。在梁朝全盛时期，贵游子弟，"无不熏衣剃面，傅粉施朱，驾长檐车，跟高齿屐，坐棋子方褥，凭斑丝隐囊，列器玩于左右，从容出入，望若神仙"（引自《颜氏家训·勉学》）。这种现象反映在文体方面，就是为统治阶级享乐生活服务的歌舞、百戏得到发展，与文弱风相适应的投壶、弈棋找到了滋生繁殖的土壤。

# 第三节　两晋、南北朝时期的体育发展

## 一、导引术养生术的发展

这一时期的导引术和养生术，总体来讲比起秦、汉、三国时期有一定发展，主要表现在导引内容的多样化，并出现了像《抱朴子》《养性延命录》《导引养生图》等这样一些记录有关导引养生的著作。

《抱朴子》是东晋医家、药物学家、道教理论家葛洪（公元284—264年）于公元317—318年写成的一部著作，分内、外两篇，"其《内篇》言神仙方药、鬼怪变化，养生延年、攘邪却祸之事，属道家；其《外篇》言人间得失，世事臧否（音：zāng pǐ），属儒家"（引自《抱朴子·自序》）。《内篇》二十卷，尽管有不少荒诞怪异之说，但对养生延年益寿方面的理论和方法，也有一些值得肯定的地方。

葛洪对导引在养生中的应用，有比较清晰和正确的认识。他认为导引可以"疗未患之患，通不和之气"，因此记录了不少导引养生的方法，包括叩齿、按摩（摩目、按面）、导引、行气等。他对导引术的应用，比较注重实效。书中记录："夫导引不在于立名、象物、粉绘、表形、著图，但无名状也。或伸屈，或俯仰，或行卧，或倚立，或踯躅（音：zhí zhú），或徐步，或吟，或息，皆导引也"（引自《抱朴子·别旨篇》）。这就是说，导引的方法，不必讲究形式，不必拘泥于图谱、术式，无论坐、卧、立、走，都可导引行动。在同一篇著述中，葛洪还谈到了导引的时间："不必每晨为之，但觉身有不理，则行之"。这些注重实效的论述，有助于导引术的普及和推广。

葛洪在导引养生中，非常重视行气。他在著述中这样说："服药虽为长生之本，若能兼行气者，其益甚速。若不能得药，但行气而尽其理者，亦得数百岁"（引自《抱朴子·至理篇》）。行气的方法有如："其大要者，胎息而已"（引自《抱朴子·释滞篇》）。所谓胎息，就是模拟胎儿呼吸的一种方法，根据葛洪的介绍，胎息的主要方法是："鼻中引气而闭之，阴以心数至一百二十，乃以口微吐之及吸之，皆不欲令自耳闻其气出入之声，常令出多入少；以鸿毛着鼻口之上，吐气而鸿毛不动为候也，渐习转增其心数，久久可以至千。至千则老者更少，日还一日矣"（引自《抱朴子·内篇·解滞》）。这实际是一种"养气法"，忌即"吸之绵绵，呼之微微"，以达到心体平和，精神专一，从而达到强身健体、却病除疾、延年益寿之目的。

在继葛洪所著的《抱朴子》之后，南朝的陶弘景（公元456—536年）撰写有《养性延命录》和《导引养生图》。《养性延命录》是我国历史上第一部导引资料汇编本，它编辑记录了"上自农黄以来，下及魏晋之际"有关的养生理论和养生方法，其中列述了前人12种调气方法，提出了"吹、呼、嘘、呵、唏、咽、吐"等运气之方法，介绍了《导引经》之七势，按摩之八法，躯体运动之八势和《五禽戏》等导引术。一些专家认为他所编撰的《五禽戏诀》，未必就是华佗的原作，但它是目前所能见到的最早的一部《五禽戏诀》，可能与华佗的原作相去不远（参见《古导引初探·上》）。

《导引养生图》一卷，是陶弘景的著述。据《郡斋读书志》中记载，"图兮三十六势"，反映了这一时期导引术的发展盛况。这一时期的导引养生术，虽然有所发展，但由于受到崇尚老庄思想的玄学家和执迷于神化的金丹道教徒的影响，上述各种导引术势，在当时养生术中，没有占据主导地位。两晋的玄学家们，主要提倡"修性以保神，安心以全身"和"服食养生"（见嵇康《养生论》）。其中"服食养生"，正好迎合了一些追求贪图享乐、尚嫌不足而向往长生不死的那些世家大族的需要，"服食"（吃名贵药物）是当时养生术的主流，以葛洪为首的金丹道教派的养生术，也是修心养性密服金丹大药，导引、行气只是养生中的一种"小术"。这可以从下面一些论述中得到证实，葛洪论述道："虽呼吸导引及服草木之药，可得延年，不免于死也。服神丹，令人寿无穷已，与天地相毕"（引自《抱朴子·金丹篇》）。"不得金丹，但服草木之药及修小术者（指导引气），可以延年迟死耳，不得仙也"（引自《抱朴子·极言篇》）。葛洪的养生目的，不限于延年益寿，而在于羽化成仙；这也适应了东晋以后一些幻想永远享受人世乐趣的上层统治阶级思想的要求。以炼丹服药成风的社会现象所形成的结果便是，"华山之下，白骨如莽"（引自《颜氏家训·养生》），不少人为服金丹大药而丧生毙命于黄泉之下。因此颜之推语重心长地告诫他的子孙，"不愿汝曹于此"（引自《颜氏家训·养生》），并提出了一些比较实际的养生方法，诸如"调护气息，慎节卧起，均适寒暄，禁忌饮食"等良方。

## 二、围棋的兴盛与发展

两晋、南北朝时期，特别是南朝以来，围棋有了很大发展，这也是我国围棋发展史上的一个重要时期。这一时期围棋发展的原因，大致有以下三点。

### 1. 受三国时期棋风的影响

围棋作为一种战斗的游戏，是智慧的化身，在春秋战国时期，就已普遍流行于社会。到了东汉时，围棋常与兵法并提。桓谭在《新论》中这样论述道："世有围棋之战，或言是兵法之类"。经学大师马融也把棋局认为是战场，用军事的观点来描述棋战。他所著《围棋赋》全文如下：

略观围棋兮，法于用兵，三尺之局兮，为战斗场。
陈聚士卒兮，两敌相当，拙者无功兮，弱者先亡。
自有中和兮，请说其方，先据四道兮，保角依旁。
缘边遮列兮，往往相望，离离马首兮，连连雁行。
踔度间置兮，徘徊中央，违阁奋翼兮，左右翱翔。
道狭敌众兮，情无远行，棋多无策兮，如聚群羊。
骆驿自保兮，先后来迎，攻宽击虚兮，跄绛内房。
利则为时兮，便则为强，无厌于食兮，坏决垣墙。
迫兼棋岳兮，颇弃其装，已下险口兮，凿置清坑。
穷其中画兮，如鼠入囊。收取死卒兮，无使相迎，
当食不食兮，反受其殃。胜负之扶兮，于言如发。
乍缓乍急兮，上且未别，白黑纷乱兮，于约如葛。
杂乱交错兮，更相度越。守规不固兮，为所唐突，
深入贪地兮，杀亡士卒，狂攘相救兮，先后并没。
上下离遮兮，四面隔闭，围合罕散兮，所对哽咽。
韩信将兵兮，难通易绝，身陷死地兮，设见权谲。
诱敌先行兮，往往一室，损棋委食兮，遗三将七。
驰逐爽问兮，转相伺密，商度道地兮，棋相盘结。
蔓延连阁兮，如火不灭，扶疏布散兮，左右流溢。
浸淫不振兮，敌人惧栗。迫役跤踏兮，惆怅自失。

计功相除兮，以时各讫，事留变生兮，拾棋欲疾。

营惑窘乏兮，无令诈出，深念远虑兮，胜乃可必。

到了三国时期，以兵法类比的围棋，受到了当时军事家、政治家们的高度重视。据《三国志》中记载，曹操、孙策、费祎（音：yī）、陆逊、诸葛瑾等都酷好围棋，其中尤以吴国的水平最高，出现了像严子卿这样的"棋圣"，同样吴国的棋风也最盛，不少人"废事弃业，忘寝与食，穷日尽明，继以脂烛"况缅弈棋（引文见韦曜《博弈论》）。这对后来南朝围棋的发展有着直接影响。

### 2. 得助于统治阶级的倡导

这一时期的统治阶级，特别是南朝的一些帝王，大多非常喜好下棋，这些均有文字记载，就有宋文帝刘义隆、宋明帝刘彧（音：yù）、齐高帝萧道成、齐武帝萧赜（音：zé），梁武帝萧衍、梁简文帝萧纲等。据《角史·王湛传》中记载："明帝好围棋，置围棋州邑。"即为棋家设置官署，授以俸禄，这就为以后帝王在翰林院设置"棋待诏"的官职开了先例。梁武帝为了推动围棋的发展，第一次建立了评定棋士技术等级的制度。南朝的围棋，就是在这些统治阶级的倡导下，得以飞跃和全面发展起来的。

### 3. 得益于玄学的兴起和发展

自魏晋兴起玄学以后，儒家经学虽仍为官方学术主流，然而玄学风气则随名士清谈逐渐流行，以《老子》《庄子》《易经》为讨论张本，喜好讨论有无、本末等玄理，论辨深具理致。一些士大夫以礼法为统俗，以纵诞为清高，整日坐而论道，谈说玄理，精神世界，十分空虚。在这种情况下，围棋成了他们娱乐消遣的工具，博弈棋为"坐稳"或"手谈"。据《晋书》中记载：王戎母亲死后，不拘礼制，以弈遣怀，阮籍得知母亲病死之后，仍继续下棋，直到终局，这就足以见得当时的棋风与中国传统礼节相悖离。然而，这一时期的围棋成就主要体现在以下几方面。

一是著棋谱。

宋文帝刘义隆曾派围棋名手褚（音：chǔ）思庄和羊元保下棋制谱，这是中国历史上著作棋谱最早的历史记录。梁武帝也组织柳恽（音：yùn）、陆元公、韦黔等棋手校定棋谱。据《隋书·经籍志》中记载：有许多南北朝时期的棋书目录，譬如梁武帝所著的《围棋赋》和《棋评》，梁简文帝所著的《棋品》，齐高帝所著的《齐高棋图》等。这些著作虽然早就已经失传，但从另一个层面反映出当时围棋发展的一个盛况。

二是评定棋品。

据《齐书》《南史》中记载：齐武帝和梁武帝都曾指定专人"校定棋士之品格"，分为九品，以一品为最高。据《南史·柳元景传》中记载：梁武帝叫柳恽评定的一次棋品会中，登格者二百七十八人。得过"品"的人，死后，别人给他著书立传的时候，还要把棋品的品级写入传记之中，当作一种荣誉，皇帝也不例外。据《南史·高帝纪》中记载："上少沈深有大量，宽严清俭，喜怒无色。博涉经史，善属文，工草隶书，弈棋第二品。"据推测，日本棋手的"段位"，大致是隋朝时围棋和围棋品一同传入日本后，逐渐演变而成的。

三是改棋制。

在晋朝以前，围棋只有17道，共289路（参见曹魏邯郸淳《艺经》）。到了南北朝时期，围棋改为19道，共361路，这不仅提高了围棋的理论水平，而且丰富了围棋的技术内容，增加了围棋的趣味性。

## 三、投壶活动

投壶是春秋战国时期士大夫阶层中兴起的一种体育文化娱乐活动，这一活动是自西周时期的燕射演变而来。到了西汉三国时期，投壶运动已经不为古代礼仪所约束，逐渐向着游戏的方向进一步发展。汉武帝时期，投壶改用竹箭，投壶发生了突破性改进，省去了繁缛（音：rù）的礼节，注重投掷的技巧，使这种游艺具备了更强的娱乐功能，且增加了趣味性。壶中不再实小豆；投中后，箭从壶中激还，按在手中再投；一投一激，连续百余次不断，称为"骁"（音：xiāo）。到了两晋和南北朝时期，投壶游戏是当时文人家士，贵游子弟用以消愁释怀的主要途径，在社会上流行广泛。

这一时期的投壶运动和方法，比起两汉、三国时期略有改进。壶有两耳，每人各投12支箭；投壶时"击鼓为节"。据《晋书》中记载，石崇的家妓"善投壶，隔屏风投之"，另据《颜氏家训·杂艺》中记载：会稽贺革之子贺徽，"尝为小障，置壶其外，隔障投之，无所失也。"说明当时的体系已经相对完善，投壶技巧也已经相当娴熟。

## 四、其他

东晋偏安江南后，一些有识之士通过各种方式，锻炼身体，增强体质。如"陶侃（音：kǎn）运甓（音：pì）"用以励志练身，图兴国家，书圣王羲之自编"鹅掌戏"（根据鹅掌划水动作自编的一种身体练习方法），借以锻练腕力，这些均为当时的体育发展起到了积极作用。

周处"投水搏蛟，蛟或沉或浮，行数十里，而处与之俱。经三日三夜，处杀蛟而反"（引自《晋书·周处传》）；邓岳之子邓遐，为民除害，"襄阳城北沔水中有蛟，数出害人，遐拔剑入水，蛟绕其足，遐挥剑截蛟数段而出，自是患息。"（引自《晋书·邓岳传》）反映了这一时期的游水技术，已有很高造诣。

南北两朝，既有刀枪相见的年月，也有和平往来的日子。南北两个朝代"交聘"（互相派遣使者进行访问），南化"互市"（互相进行贸易往来），就是和平往来的重要内容，在一次南方梁朝使者对北齐进行访向时，"元象五年，梁使来聘，云有武艺，求访北人，欲与相角。世宗遣猛就馆接之，双带两鞬，左右驰射。兼共试力，挽强，梁人引弓两张，力皆三石；猛遂并取四张，叠而挽之，过度。梁人嗟服之"（引自《北齐书·綦连猛传》）——梁朝使者要求与北齐比武，结果梁朝失败，这次比武是人民群众之间的一次友谊竞赛，比赛结果表明，北朝比较重视军事武功的训练。

这一时期的角抵运动南北两地发展不平衡。在南方，由于受玄学思想影响，士大夫崇尚清谈，把角抵运动视为下技，只是在民间开展较普遍。据《荆楚发时记》中记载："荆楚之人，五月间，相结伴为相攒（音：fèi）之戏，即扑也。"在北方，由于武风较为盛行，相对南方而言，开展较为广泛。据《洛阳伽蓝记》中记载："禅虚寺在大夏门御道西，寺前有阅武场。岁终农隙，甲士习战，千乘万骑，长在于此。羽林马僧相善角抵戏，戏掷戟与百尺树齐等。虎贲张车渠掷刀出楼一丈，帝亦观戏在楼，恒令二人对为角戏。"从这里我们看到了北魏时期的羽林军也开展角抵活动，并得到到统治阶级的重视。

## 第四节　两晋、南北朝时期的体育文化要点

这一时期的体育发展状况，与两汉、三国时期相比，在很多领域是退步

的，受统治阶级的崇尚，只有一些娱乐性体育项目发展相对较好。这与当时动乱的社会局势有关，也与玄学思想、宗教思想的泛滥有关；而腐败的政治制度，同样是导致这一时期体育畸形发展的根源。

体育作为一种特殊的社会文化现象，是人民群众在社会实践过程中所创造的，是受社会的政治、经济制约的，但我们应该看到，统治阶级的意志、思想和爱好从根本上影响着体育的发展。譬如，南朝弈棋成风的原因有很多，但统治阶级的倡导，是一种不可低估的原因，对弈棋成风有推波助澜的作用。同样，南朝士大夫阶层把角抵视为下技，也与统治阶级思想有关。从这个层面上看，对探讨古代体育盛衰的原因将是有益的。

# 第七章 隋、唐、五代时期的体育文化

## 第一节 隋、唐、五代的历史概述

从公元581年隋朝建立开始，到公元960年赵匡胤发动"陈桥兵变"夺取后周政权为止，在我国封建社会的发展历史上，经历了隋、唐、五代以及10个割据政权（中国历史上称"十国"），共经历380年的历史（图7）。

### 一、隋朝（公元581—618年）

隋朝是隋文帝杨坚于公元581年夺取北周政权建立起来的一个朝代。公元589年，隋朝灭掉南方的陈朝，结束了270多年南北分裂对峙的局面，开创了全国的再统一。隋朝虽然是一个短暂的王朝（传二帝，37年），但由于隋文帝所创立的一些制度（譬如均田制、府兵制、科举制等），受到唐朝以后各个朝代的重视，因此，隋朝是中国历史上一个承前启后的重要朝代。

隋朝的历史变迁总结："朝分南北划长江，宋齐梁陈据建康。北魏东西分两魏，北齐废主东魏亡。周承西魏收齐土，隋篡北周并陈疆。筑苑凿河天下乱，三十九载覆朝堂。"（引自《人民日报》）

### 二、唐朝（公元618—907年）

公元618年，隋朝李渊父子夺取隋末农民起义的成果，灭隋朝并建立唐朝。唐朝在中国历史上是一个比西汉、东汉还要繁荣强大的封建王朝。唐朝时期国家统一，疆域辽阔，经济繁荣，中外文化交流频繁。但唐朝最后由于腐败势力掌控政权，国内社会矛盾突出，整个国家多地爆发农民大起义，唐朝统治阶级随之瓦解。

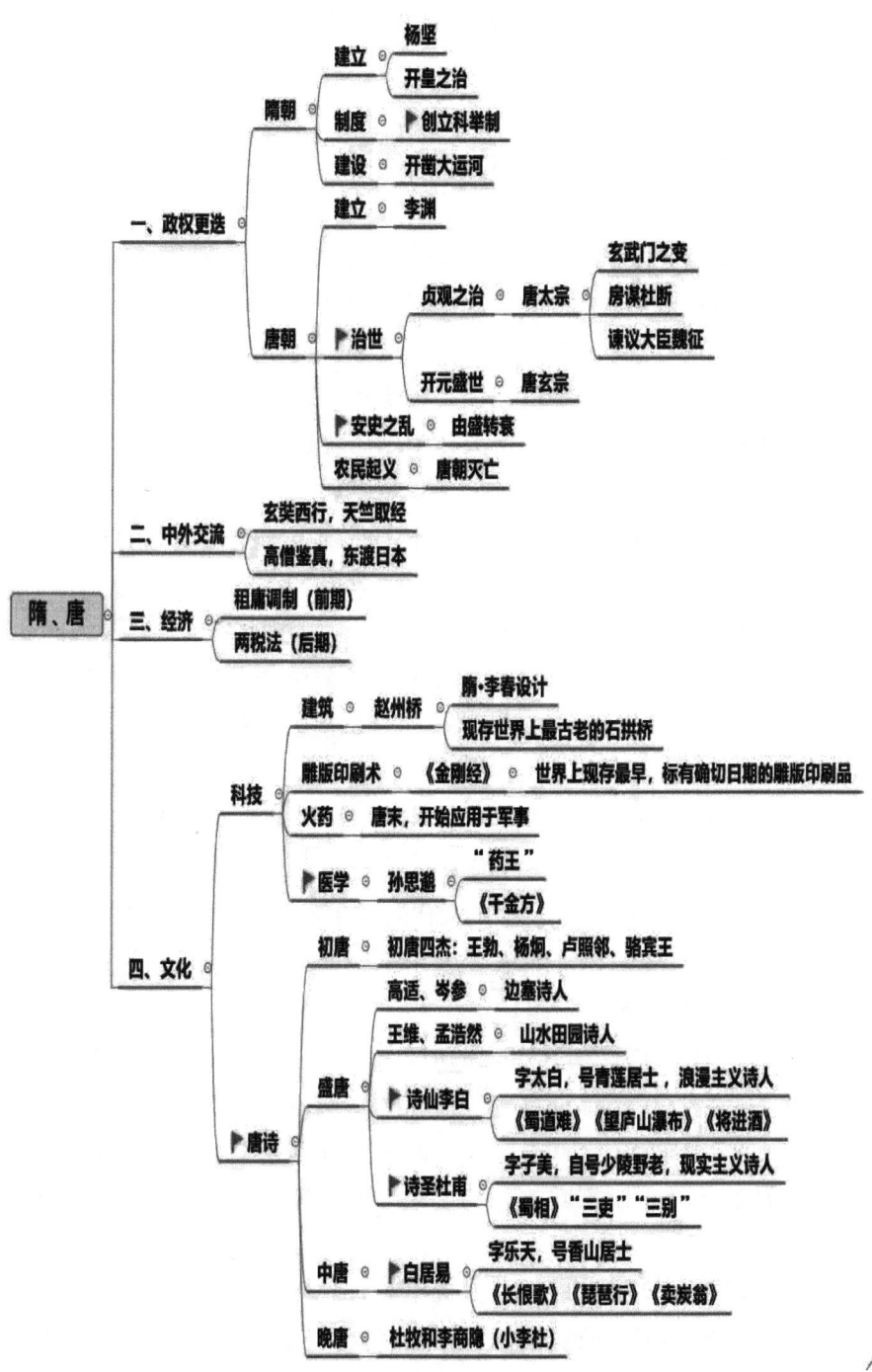

图7　隋、唐时期的历史文化

唐朝的历史变迁总结："高祖昏庸屡信谗变生玄武手足残。太宗纳谏贞观治，武后改周李氏残。神勇玄宗清女祸，繁荣盛世号开元。乱由安史都迭陷，惧祸昭宣让逆藩。"（引自《人民日报》）

# 三、五代（公元907—960年）

唐朝灭亡之后，在我国中原地区相继建立了五个朝代（共历时53年之久），历史上把这段时期称为五代，它们分别是后梁（公元907—923年），是五代的第一个朝代。唐天祐四年（公元907年）四月，梁王朱晃（本名朱温，唐帝赐名朱全忠）受唐哀帝李柷禅让，称帝建国，国号大梁，为与南朝梁（萧梁）相区别史称后梁，唐朝正式覆灭，中国历史进入五代十国时期。后梁定都开封（今河南开封），后迁都洛阳。

后唐（公元923—936年），是五代十国时期由沙陀族建立的封建王朝，定都洛阳（今河南洛阳），传二世四帝，历时14年。

后晋（公元936—947年），是五代第三个政权，从后唐清泰三年（公元936年，契丹天显十一年）11月石敬瑭受契丹册封为帝，到契丹于后晋开运四年（公元947年，契丹会同十年）灭后晋，一共经历了两帝，共12年，初定都洛阳，后迁都开封。

后汉（公元947—951年），五代十国时期由刘暠（音：hào，本名刘知远）建立的王朝，都城东京开封府（今河南省开封市）。

后周（公元951—960年），中国五代时期中原最后一个王朝，从公元951年后周太祖郭威灭后汉建国，定都东京开封府（今河南省开封市），至公元960年北宋建立，共计历经三帝，享国10年。

北方的"五代"政权相继出现的时候，在我国南方地区分别建立了前蜀（定都成都）、后蜀（定都成都）、吴（定都扬州）、南唐（定都金陵）、吴越（定都杭州）、南楚（定都长沙）、闽（定都福州）、南汉（定都广州）、南平（定都江陵）九个割据政权，加上北方的北汉（定都太原），在中国历史上称为十国。

五代十国的历史变迁顺序："五代梁唐晋汉周，北方更替五十秋。十国割据南天下，南唐篡吴闽楚收。前蜀早亡接后蜀，依辽北汉晋阳愁。南平南汉兼吴越，后蜀南唐作宋囚。"（引自《人民日报》）

# 第二节 隋、唐、五代时期体育发展的社会背景

这一时期，特别是李氏主政时期的唐朝，体育得到了空前发展，这一时期是我国古代体育史上一个辉煌而灿烂的繁荣时期。体育繁荣发展的主要标志是：体育项目多（除传统性体育项目，如蹴鞠、击鞠、角抵、秋千、竞度、弈棋、导引、各种武术等有很大发展外，还出现了不少女子体育项目，如女子蹴鞠、女子击鞠等）；参加人员广泛（从帝王到军民、从朝廷官员到民间百姓、从男子到女子、从年长者到年幼者）。这种繁荣景象的出现，其社会原因便是体育发展融入社会进步的每个层面。

## 一、国家的统一、政治的改良促进了社会的安定团结和经济的繁荣发展

隋文帝统一中国，结束了我国长期社会动荡、分裂割据的局面。隋朝建立以后，随之采取了一系列整顿和改革措施（包括改革官制、兵制、刑律和创立科举制度等）。在经济制度上，继续推行均田制，整顿赋役，统一钱币和度量衡。这些改革适应了当时社会发展的要求，使农业、手工业、商业都得到了很大程度的发展，出现了"人多殷富"的短暂繁荣景象。公元592年，"有司上言：府藏皆满，无所容，积于廊庑（音：wǔ）（引自《资治通鉴》卷一七七）。到隋文帝末年，"天下储积得供五六十年。"（引自《贞观政要·贡赋篇》）。隋朝官仓这样富实，反映了当时农业的全面发展和社会财富的增加。因此，在隋文帝时期，就有"都邑百姓，每至正月十五日，作角抵之戏"这样的民间文体活动。届时，"高棚跨路，广幕凌云，服靓（音：liàng）妆，车马填噎"，真是盛况空前；"尽室并孥，无问贵贱，男女混杂，缁（音：zī）素不分"，更是亘（音：gèn）古少见（以上引文见《隋书·柳彧传》）。

唐朝建立以后，唐太宗李世民进一步推行均田制、租庸调制、府兵制和科举制，注意用人和纳谏，这样使唐朝前期社会安定，经济繁荣发展，出现了历史上前所未有的"贞观之治"，以及后来玄宗时期的"开元之治"。据《新唐书·食货志》中记载：太宗时"绢一匹易米一斗，至（贞观）四年，米斗四五

钱，外户不闭者数月，马牛被野，人行数千里不赍（音：jī）粮，民物番息，四夷降附者百二十万人"；玄宗时"海内富实，米斗之价钱十三。齐青间斗才三钱，绢一匹，钱二百。道路列肆，具酒食以待行人。店有驿驴，行千里不持尺兵。"唐玄宗以后，虽然藩镇叛乱，战争连年不息，唐后期腐朽势力主宰占据朝政，但南方经济，在免于战乱的情况下，仍然持续繁荣发展。这为唐代体育文化的繁荣发展，提供了相应的物质基础。唐代端阳竞渡、元宵观灯、重九登高以及拔河、秋千等民间体育娱乐活动的广泛开展，正是依靠着当时"公私仓廪（音：lǐn）俱丰实"（杜甫诗句）这样的经济状况。

## 二、尚武之风，促进了体育的进一步发展

唐太宗不仅是一个伟大的政治家，还是一个伟大的军事家。他在灭隋的战争中，曾任右领军大都督，表现出了非凡的军事才能。唐朝建立以后，为抵御突厥入侵，唐王朝在致力于内政改革的同时，仍重视军队建设。唐太宗还未登基称帝时，就已经每天引十二卫小将数百人，"习射于显德殿"，还亲自考核他们的技艺，"射中者随赏弓刀布帛。"有一次，他对练兵场上的将士们说，隋代"不使兵士素习干戈，突厥来侵，莫能抗御，致遗中国生民涂炭于寇手，我今不使汝等穿池筑苑，造诸淫费，农民恣令逸乐，兵士唯习弓马，庶使汝斗战，亦望汝前无横敌"（引自《旧唐书·太宗本纪》）。

唐代自高祖末年起，还针对当时战争需要，设立专门主管养马事业的组织机构，发展养马事业，用以组建和扩建当时的骑兵部队。自唐太宗贞观年间到高宗麟德年间（前后约40年时间），唐代马匹由几千匹发展到70多万匹（参见《陇石群牧使颂》）。这不但为打败突厥创造了军事保障条件，而且成了唐代发展马球运动的重要物质力量。后来唐玄宗以马球为用兵之技，于天宝六年十月（公元747年），下诏在军队中推行马球运动，把马球运动作为训练兵士的一种重要手段，极大地促进了唐代马球的发展。

武则天时期建立的科举制度，对当时体育的发展，也起到了一定的促进作用。科举制度始于隋文帝，隋文帝为了实行以才选人，废弃了魏晋以来按照门第高低选用官吏的九品中正制。唐代沿袭了隋朝选人制度，仍用科举选材。武则天进一步发展了科举制。公元690年，武则天亲自策问举人，从此开设了"殿试"先河。公元702年，又开设武举制，开创了以武取才的先例。据《文献通

考》卷三十四记载：武举制的内容，包括骑射、步射、马枪、翘关、负重和身材之选等。武举制所规定的考试内容，成为广大应试者的习武内容；武举的考核标准，也成了他们平时练武的要求。唐代初期武举制的推行，对当时的体育发展起到极大的促进作用。

## 三、统治阶级的作用

统治阶级为了追求自身利益，经常组织或参与体育娱乐活动，也对体育的发展起到一定的作用。

上有所好，下必甚焉，在封建君主制的社会环境里，是一个非常普遍的现象。反映在体育活动上，一些统治阶级，往往把体育活动当作他们自身获得利益的工具，上行下效，从而在客观上推动了体育的发展。

譬如隋朝的角抵戏。隋文帝时期，一度风行全国，侍郎柳彧认为这样的活动，既伤风化，又浪费财力，上疏文帝"请颁行天下，并即禁断。"文帝"诏可其奏"下令遣散宫廷乐工、伎人、禁演百戏。角抵之戏，一时销声匿迹。后来由于隋炀帝把角抵戏当作他消遣娱乐的工具，并用以向邻国使者显示淫威，角抵戏重新复活，"每岁正月，万国来朝，留至十五日，于端门外，建国门内，绵亘八里，列为戏场"（引自《隋书·音乐志》）。

再如唐代，由唐中宗以后，几乎所有唐代帝王都非常喜爱马球运动，形象所及，皇亲贵戚、达官贵人，都竞相参加马球运动。

## 四、女子体育活动的开展

隋唐时期的妇女继承鲜卑族遗风，妇女受礼法束缚较小，因而促进了女子体育的广泛开展。

鲜卑族是我国历史上第一个入主中原，统一我国北方广大地区的少数民族。从公元386年拓跋珪建立北魏政权以来，到公元581年宇文氏主政的北周政权灭亡，前后近200年的时间。鲜卑族原是一个游牧部落，公元3世纪时，还处在原始氏族社会阶段，礼俗纯朴（引自《魏书·刑罚志》）。在拓跋氏建立北魏政权以后，游牧经济很快转为农业经济，由氏族制经奴隶制而跨入封建制。鲜卑族入主中原后，尽管在其民族内部强制推行汉代社会治理政策（包括改官制、禁胡制、改姓氏、断北语、定族姓等），但儒家的封建礼教还没有成为鲜卑人的精神桎梏（音：zhì gù）；反映在男女关系上，就是男女平等。据《颜氏家训·治家》中记载："邺下风俗，专以妇持门户，争讼曲直，造请逢迎。车乘填街衢，绮罗盈府寺，代子求官，为夫诉屈。""唱和之礼，或尔汝之"（夫妇之间，你我相呼），这种社会习俗，就为妇女参加社会活动（包括体育活动），扫清了阻力，提供了极大的便利条件。

公元690年，出身低微的武则天，打破太后临朝称制的惯例，经过36年的苦心经营，正式登上了皇帝的位置，成为我国历史上的第一位女性皇帝。武则天称帝，除了她本人的聪明才干之外，一些史家学者认为，也与当时男女平等的社会风尚有很大的关系。妇女当皇帝，也有助于提高妇女的社会地位。正是在这种情况下，唐代的女子体育得到了空前发展，开创了女子参加各类体育活动的新局面。

# 第三节  隋、唐、五代时期击鞠运动的兴起与发展

击鞠（马球）是一项骑在马背上挥杖击毬的体育活动，唐代时期叫打毬或击毬，也有沿用旧称，仍叫击鞠的，据唐豪先生考证，马球运动可能始于东汉。三国时期曹植所撰写的《名都篇》，就曾叙述过当时济阳少年在斗鸡、打猎之后，又骑马打毬的场景："连翩击鞠壤，巧捷惟万端。"到了唐代，由于养马事业的发展，军事训练的需要和唐代帝王的倡导，马球运动，盛极一时，成为唐代一项重要的体育运动项目。

第一，它作为一项宫廷体育娱乐项目，在上层统治阶级中广泛开展；其风气之盛，为历代所罕见。早在唐太宗和唐高宗时期，长安街头就曾出现过马球运动。后来传入宫廷，为皇室所喜爱。

唐中宗李显是一个马球爱好者，也是唐代马球活动的倡导者。据《封氏闻见记》中记载：他曾亲自去西苑（音：yuàn）梨园亭毬场，观看唐王朝为金城公主入藏和亲而举行的一次马球比赛。看完马球比赛以后，还给吐蕃（音：bō）队赐强明绢数百段，并让学士沉佺期、武平一等献诗。"上（中宗）好击毬，由此风俗相尚"这是《资治通鉴》中的一句评语，说明唐中宗以后，在唐代统治阶层中间，骑马打毬已逐渐成为一种风尚。

唐玄宗李隆基也十分爱好马球运动，在唐代帝王参加的马球运动中，起到

"继往开来"的作用，且是唐代军队中普及推广马球的首位倡导者。在他为临淄王时，就曾经按照中宗的指令，和嗣虢（音：guó）王邕（音：yōng），驸马杨慎交、武延秀一起在梨园亭毬场与吐蕃队进行过较量。其毬艺之高，使吐蕃队"攻不获施"（引自《封氏闻见记》）。做了皇帝之后，他"尝三殿打毬"，并嫌"内厩所养马，犹未甚适"，想找一个通晓"马经"的人，帮他找好马（引自《唐语林》）。

唐玄宗以后，一些唐代帝王更加沉迷于马球运动，如唐穆宗因打毬而得了急病，"不见群臣者三日"（引自《新唐书》）；唐敬宗奢侈放纵，昼夜毬猎，因而死于刺客之手，年仅十八岁（引自《旧唐书》）；还有竟使"两军老手，咸服共能"的击毬名手唐宣宗（引自《唐语林》）；有自垮毬艺超人，"若应击毬进士举，须为状元"的唐僖宗（引自《资治通鉴》）；有被朱温所逼，出走长安时仍要带上"打毬供奉"的唐昭宗（引自《资治通鉴》）。这一时期的马球之盛，已超出了其他任何一项体育运动。

唐代帝王迷恋马球运动，其原因有很多，除了马球运动本身富于竞技性和娱乐性之外，且具有一定的实用价值；同时官宦们纵勇打毬，是一个极为重要的原因所在，唐文宗、唐武宗时期的宦官仇士良说过："天子不可令闲暇，暇必观书，见儒臣，则又纳谏，智深虑远，减玩好，省游幸，吾属恩且薄而权轻矣。"应该"日以毬猎声蛊（音：gǔ）其心，极奢靡使悦不知息。"这样"万机在我，恩泽权力，欲焉往哉"（引自《新唐书·宦官传》）。唐代皇帝就在这样一种权欲熏心的宦官们的策划、纵勇之下，沉迷于花天酒地，迷恋毬猎，从而使马球运动在唐代宫廷中经久不衰。

在唐代宫廷之中，有许多供帝王打毬的场所。据有关史料记载，麟德殿、清思殿、中和殿、雍和殿、西内苑、飞龙院和神策军驻地都有毬场。1956年冬季，在大明宫含光殿遗址还出土了一个刻有"含光殿及毬场等，大唐大和辛亥发乙未月建"18个字的石志，表明唐文宗时期，曾在修建含光殿的同时修建了一个马毬场。一些权贵人士，明中宗驸马杨慎交、德宗时的司徒兼中书令李晟（音：shèng）、文宗时的户部尚书王源中等，也分别在他们住宅的靖恭坊、永崇坊、太平坊自筑毬场。

第二，马球作为军事训练的一种手段，在唐代军队中广泛流行。"不能无事习蛇矛，闲就平场学使马"（引自张建封《打毬歌》），就是当时军中将士们的生活写照，打毬成了"军州常戏"（引自《唐语林》）。

有历史文献记载：唐代宣武节度使，汴州刺史李绅在马球场犒劳镇海军派来的"健卒"；唐代徐州军队三千人路过许昌时，陈许节度使薛能在毬场招待他们住宿。军队有毬场，而且场地大而开阔，反映出当时军队开展马球的盛况。徐泗豪节度使张建封年过半百，仍亲自率领士卒击毬习战的事迹，常为后人所称道。当时担任张建封幕仔的韩愈曾写信给他，劝他不要打马球。韩愈认为打马球有"危堕之忧，有激射之虞，小则伤面目，大则残形躯"，同时，对马匹也不利，"驰毬于场，荡摇其心腑，振挠其骨筋，气不及出入，走不及回旋，远者三四年，近者一二年，无全马矣"（引自韩愈《上张仆射第二书》）。但张建封没有因为韩愈的危言耸听而中止打马球，反而写了一首《酬韩校书愈打毬歌》回书，驳回了韩愈反对打毬的主张，并以愉悦自豪的心情，描述了"杖移鬃底拂尾后，星从月下流中场。人不约，心自一。马不鞭，蹄自疾"的击毬场面。

唐代的军队，由于普遍开展马球的训练，因此击毬技艺均有很高的造诣；"侧身转臂着马腹，霹雳应手神珠驰"（引自《汴泗交流赠张仆射》），"俯身仰击复旁击，难于古人左右射"（引自《打毬歌》），都反映了当时毬技的娴熟程度。曾任神策军打球军将的泾原节度使周宝，在润州为李相国公即席表演马球时，"不换公服，驰骤于綵场中""挥击应手"（引自《中国体育史参考资料》第七、八辑），博得在场观众的喝采。

第三，唐代马球盛行，不但见于文字记载，还沉浸于出土文物。北京故宫博物院收藏的《唐镜妇女打球图》，刻有四个妇女骑马打毬的形象；在陈万里编选的《陶俑》里，收集了从唐代墓藏出土的《打毬女佣》和《打毬男佣》；1956年冬，在西安北郊含光殿遗址出土了唐文宗时期修建马球场的奠基石碑；1972年在陕西乾县乾陵地区发掘的唐章怀太子李贤的墓葬中，便有壁画《马球图》出土，这些鲜活的历史记忆栩栩如生地再现了唐代马球竞赛的激烈场面。

另有用艺术形象记录唐代马球活动的场景，曾经有过唐代画马名宿韩干画的《宁王调马打球图》和宋代著名画家李公麟的作品《明皇打球图》，这些现在都已失传，无法再现当时打球的盛况。怀太子墓葬中的《马球图》是目前唯一能够记录唐代马球活动的形象标志。在此画面上，有29匹骏马，体态丰实，细尾结扎，二十几个骑马选手，戴幞中，穿黑靴，手持毬杖，策马争夺。从《马球图》所展示的景象可以推断，唐代用的球，呈红色、圆形，与《宋史·礼志》和《金史·礼志》所记载毬的形状、颜色，大体相同。唐代诗人把毬比作"星""珠"的形象十分贴切。画中骑马的人手执的毬杖，顶端部分都弯如弦月，这就为唐代诗中的"月杖"找到了依据。球赛分两队进行，一部分穿白色窄袖袍，另一部分穿褐色窄袖袍，每队十余人。关于唐代马球赛两队的人数，据《封氏闻见记》所记载的景龙三年（公元709年）在梨园亭毬场举行的一场马球赛，吐蕃队是10人，而玄宗一方只有4人；据《唐摭言》中记载：乾符四年，新进士刘覃在月灯阁击毬会上，与神策军将的比赛，似乎是单人对抗赛；"据《安禄山事迹》（卷上）所记载：天宝七年安禄山曾献李隆基'打毬士生马三十匹'，或许一方为15人"（引自《文物》1972年第7期）。可以看出唐代马球比赛每队人数，不作具体规定。

1971年出土于陕西省乾县章怀太子李贤墓藏中的唐代文物《马球图》，该图绘置于墓道西壁。有二十余骑马人物，均着装深浅两色窄袖长袍，戴幞头，穿黑靴。壁画突出5个手持偃月球杖的骑者驱马抢球。前面1名骑手做反身击球状，其余人纵马迎击。后十余人骑马，行者骑枣红马，或山间奔行，或驰骋腾空。止者着绿色长袍，红翻领，伫目凝神，无球杖。

壁画《马球图》用艺术形象记录了唐章怀太子观摩马球广泛开展的情况，生动形象地再现了唐代马球运动的雄姿风采。全图布局严谨，重点突出，气韵生动，画工以洒脱自如的画风，通过线条色彩，把人物活动的姿势和马奔驰的体态描摹得栩栩如生。画面上骏马娇肥健壮，腾跃追逐，骑者神情勇猛，奋力拼争；观者蠹足静立，凝神聚目，使球场上紧张激烈的气氛流溢于画面，给人以强烈的艺术感染力。《马球图》填补了唐高宗、武则天时期马球运动不见史籍的空白，它既是壁画艺术的宝贵财富，也是研究唐代马球运动的一份珍贵史料。

唐朝灭亡以后，中原地区的沙陀族人，先后建立后唐、后晋、后汉、后周4个政权。沙陀族人是适居到内地的半开化的游牧民族。他们连年混战，使马球运动无法得到很好的发展。而南方9国相对于北方地区，局势较为稳定，经济情况也相对较好，因此马球运动得以继续流行。

据《五国故事》中记载：建都扬州的吴王杨行密，就经常"会鞠于广场，知训与瑾立马观之"。据《通鉴（音：jiàn）记事本末·徐氏篡吴》中记载：杨行密的儿子杨渥（音：wò）是一个非常喜欢打马球的人，在他父亲杨行密去世以后，即便在居丧期间，仍旧"尽夜酣饮作乐，燃十围之烛以击毬，一烛费钱数万"。燃烛打毬，这在古代体育史上是极为少见的。

建都于成都的前蜀和后蜀，也同样流行马球运动。《洛中记异录》中就提到"蜀人打球"之事。在南京建都的南唐，也有马球活动。"元宗（李璟）嗣位之初，春秋鼎盛，留心内宠，宴私击鞠"（引自《南唐近事》）。

这一时期，还有用驴代替马打球的驴鞠。郭英乂（音：yì）为剑南节度使时，"教女伎乘驴击毬"（引自《旧唐书·郭知运传》）。唐敬宗宝历二年六月，也曾"甲子，观驴鞠、角觝于三殿"（引自《新唐书·敬宗纪》）。

# 第四节　隋、唐、五代时期的蹴鞠运动发展

蹴鞠，又名"蹋鞠""蹴球""蹴圆""筑球""踢圆"等，"蹴"其意有用脚蹴、蹋、踢之含义，"鞠"最早系外包皮革、内实米糠之球。因而"蹴鞠"就是指古人以脚蹴、蹋、踢皮球的活动，类似于现在的足球。据相关史料记载，早在战国时期我国民间就流行娱乐性的蹴鞠游戏，而从汉代开始又成为兵家练兵之法，宋代又出现了蹴鞠组织与蹴鞠艺人，清代开始流行冰上蹙（音：cù）鞠。蹴鞠是两汉、三国时期广泛开展的一项体育活动。魏、晋、南北朝时期，由于社会动荡不安，政治腐败，在体育发展极其困难的情况下，蹴鞠运动一度处于发展的低谷期。据目前所能考证的资料记录，只有《十六国春秋·张才传》里有这样一段简略的记载："张才，邬潭人也，善綦（同棋）博、蹴鞠。"到了唐代，由于政治、经济文化交流等各方面的原因，蹴鞠又得到了进一步的复兴和发展，唐代蹴鞠的发展，主要表现在以下四个方面。

## 一、发明了气毬

汉代用的足球，据唐初颜师古（公元581—645年）在《汉书·艺文志》注解中说，"以韦为之，实以物"，是一个实心球。随后的徐坚（公元659—729年）所描述的足球，就已经不像唐初颜师古见到的那种"实之以物"的球了，而是一种"以胞为里，嘘气闭而蹴之"（引自《初学记》）的气毬了。这种气毬是用动物细胞作球胆制作而成，用口吹起。它相比于实心球，自然是一个非常大的进步，有利于腾跃。诚如唐代仲无颇在《气毬赋》中所描述的："气之为球，合而成质。俾腾跃而攸利，在吹嘘而取实。尽心规矩，初因方以致圆；假手弥缝，终使满而不溢。"毬胆外面的皮子，是用八片皮革缝成，即所谓"八片尖皮砌作毬"（引自《全唐诗话》）。

## 二、出现了毬门

汉代蹴鞠运动只有鞠域，没有球门。鞠域，也称为鞠室，霍去病在征战匈奴途中，经常"穿域跃鞠"（引自《汉书·霍去病传》）。颜师古解释说："穿域"就是"穿地作鞠室"，从地面向下挖土构成。汉代的鞠域，东西两头各有六个。到了唐代，改鞠室为毬门。"苟投足之有便，知入门而无必。时也广场春霁，寒食景妍。交争竞逐，驰突喧阗（音：tián）。或略地以丸走，乍凌空以月圆"（引自仲无颜《气毬赋》）。其中"入门"两字，证明唐初用"气毬"竞赛的足球已经有球门了，比赛时有两个队"交争竞逐"，两队各有一门。

## 三、踢法多样性

唐代蹴鞠，除了仲无颜在《气毬赋》中所反映的两队交相竞逐，各射一门的比赛方法外，据相关资料记载尚有下列几种踢法。

### 1. 打毬（同鞠）（也叫一般场户）

不同球门踢球叫打毬。它有10个比赛方式，自1人场到10人场止。比赛时不拘人数，各自独踢，多人场就是互相传球、轮流花式控球；没有比赛对象的时候，可以单独表演，也可以作为个人的健身运动。这种"打毬"，公元644年以前，就已经外传到日本。

### 2. 白打（也叫白打场户）

此种踢法与一般场户相似，各种花式控球加颠球，但人数需为双数，以便对抗，踢不出花样或球落地者为输，可以两人对踢，也可以多人分成班对踢，女子多用这种踢法。唐朝诗人王建的宫词中就记有"寒食内人长白打，库中先散与金钱"之句。诗中的"白打"，就是指的"白打场户"。

### 3. 趯鞠

趯鞠，就是把球往高踢。《酉阳杂俎（音：zǔ）》所记载："张芬曾为韦皋行军，曲艺过人，力举七尺碑，定双轮水硙。常于福感寺趯鞠，高及半塔，弹弓力五斗。"说明唐代军队中有"趯鞠"活动。

### 4.一个毬门的比赛

毬门设在场地中央，比赛的两队分别在毬门的左右两边。左队毬头把毬踢过门，右队的正挟或副挟用右臂挟住对方踢过球门的球，然后把球传到自己的球头那里去，再由球头把球向球门踢去。若右队球头把球踢过球门，则右队为胜，没有踢过去则为输。单球门比赛比双球门比赛的运动量要小。

## 四、传播广泛性

唐代马球运动之所以兴起和发展，首先得益于蹴鞠在军队中的作用，其次是马球作为宫廷娱乐的主要内容，更加有利于蹴鞠活动得到普及和发展。一般场户、白打场户和一个毬门的打法，使足球活动更加多样化，也增加了趣味性，因而得到了不同阶层人士的欢迎，把它当作健身和娱乐的一种手段。

在宫廷中，唐文宗于"开成四年二月，幸勤政楼观角抵，蹴鞠（引自《旧唐书·文宗本纪》），唐僖宗"好蹴鞠、斗鸡"（引自《资治通鉴·唐纪》）。除了帝王以外，更有宫女参加蹴鞠活动，开创了女子蹴鞠的先例。

在社会层面，据《燕山丛录》中记载："显灵宫道士韩承义，工于蹴鞠，肩、背、臀、腹皆可代足，兼应数敌皆给；自弄乃使鞠绕身，终日不堕。"其中"终日不堕"是夸张；但作为一个道士，能"肩、背、臀、腹代足"，技艺已经很高了。在《剧谈录》中则介绍了一个十七八岁的少女，在长安城胜业坊北街经过时，"值军中少年蹴鞠，接而送之，直高数丈。"在众目睽睽之下，接过飞来的球，一脚踢出去，高达数丈，"于是观者渐众。"唐代著名诗人杜甫在《清明》诗中有"十年蹴鞠将雏远"的句子，写了他一段踢毬的生活。王维的《寒食城东即事》，也有"蹴鞠屡过飞鸟上"的句子，写寒食节民间踢球的盛况。

## 第五节　隋、唐、五代时期的导引养生术

这一时期的导引术，不但作为一种养生的重要手段，还上升成为一种治病医人的重要方法。利用导引治病的历史由来已久。《灵枢·病传篇》《素

问·遗篇刺法》等早期医学著作中，就提到导引治病，并介绍了一些具体方法。隋朝建国后，导引养生术受到重视，被官方确定为医疗的手段之一。当时隋朝设有太医署，设有医博士二人，按摩博士二人（见《隋书·百官志》）。唐承隋制，在太医署下同样设有按摩博士，掌管消息导引之法，另外增设"按摩师四人，从九品，下掌导引之法以除疾，损折者正之"（引自《旧唐书·职官志》），充分体现隋唐时期的导引养生和导引治病情况，在《诸病源候论》《备急千金要方》《备急千金翼方》等医学著作中均有不少反映。

《诸病源候论》是隋太医博士巢元方等编撰的医书。它广泛吸收前人导引养生和导引治病的经验与方法，"录于各病源之后，以代药品。"后由清人廖平把这些经验和方法辑成专书，又经曹炳章增补，命名为《巢氏宣导法》。其中关于导引治病的具体方法有370多条，对于各种疾病所引用的导引法都做了详细说明。这些导引法的特点是以体操为主，配合有吐纳和自我按摩（引自吴志超：《古导引初探》）。

《备急千金药方》是唐代著名医学家孙思邈于永徽三年（公元652年）写成的一部医学名著；后来为了补充这本书的不足，又撰写成《千金翼文》（三十卷），人们习惯把这两部著作简称为《千金方》。《千金方》除收集了800多种药物、5300多个方剂之外，还有论述导引养生术的理论和方法。他的《福禄论》《摄生真录》《枕中素书》等，都有不少关于导引养生的论述。

孙思邈（公元581—682年），京兆华原（今陕西省耀县孙家源）人，经历北周、隋、唐三个朝代，活了101岁，他毕生勤奋钻研医学，注重实践研究，关心百姓疾苦，受到广大人民群众敬仰，后世尊称他为药王，把他生前隐居和经常采药的五台山，改名为"药王山"。

《千金方》是孙思邈的主要著作。其中有许多关于导引治病的记载，如对"腰痛导引法"，孙思邈在其著作中写道："正东坐，收丰艳心，一人于前据摄其两漆，一人后捧其头。徐牵，令偃卧，头倒地。三起三卧，久久效。"再如他所辑录的"天竺国按摩法"，共18势。这是从古印度引进的一种健身方法，包括洗手法、开胸法、虎视法等内容。孙思邈把古印度的健身法编撰纳入医书，更加丰富了我国导引治病的手段。

孙思邈也同样重视导引行气。他在《枕中记》行气章中写道："保精，引气，服饵。凡此三事，亦阶浅至深，不遇至人，不涉勤苦，亦不可卒知之也。然保精之术，列叙百数；服饵之方，略有千种，皆以勤劳不强为务。故行气可以治百病，可以去瘟疫，可以禁蛇兽，可以止疮血，可以居水中，可以辟饥渴，可以延年命。其大要者，胎息而已。胎息者，不复以口鼻嘘吸，如在胞胎之中，则道成矣。"其行气方法，基本与葛洪的胎息法相类似。与此同时，这一时期的导引养生方法，经常被道教所利用，与辟谷、服食相结合，作为人们追求健康长寿的一种重要方法。

隋、唐时期，道教盛行于社会各个阶层，与佛教同为当时统治人民的两大宗教。隋炀帝、唐高祖、唐太宗、唐玄宗和唐武宗，都积极推崇奉信道教。在他们的提倡和支持下，当时整个社会出现过道教胜于佛教的情况。在道教的影响下，不少人迷于服食丹药，结果误入歧途，结束了自己的生命。唐穆宗、唐武宗、唐宣宗就先后于公元824年、846年、859年因服用长寿药致死。唐代著名文学家韩愈也因服食硫磺丧生。还有很多人在道教的影响下，遁迹山林，以群谷食气术而求长寿。如王希夷就曾隐于嵩山，学了一栾闭气导养之术（引自《旧唐书·王希夷传》）。司马承祯以潘师正为师，学辟谷导引之术（引自《旧唐书·司马承祯传》），其目的不外是追求长寿。道教的长生术，其内容繁多，有精华也有糟粕。总体来讲，迷信成分较多，糟粕多于精华，其中辟谷、服食是这一时期导引养生的逆流。

# 第六节　隋、唐、五代时期的舞蹈运动

隋、唐时期，舞蹈运动得到了很大的发展，特别是在唐代，在传承和搜集整理民间舞蹈的基础上，吸收了诸多西域舞蹈元素，因此有健舞、软舞、字舞、花舞、马舞之分（引自《乐府杂录》）；每逢朝廷祭享的时候，还有文舞、武舞之别。唐代舞蹈的很多内容是专供统治阶级享用的表演性舞蹈，这些舞蹈的艺术造诣很高，舞姿柔美、婀娜（音：ē nuó）多姿，也有一些舞蹈比较简单、朴实、刚健，与体育仍然保持着密切的关系，例如踏球舞、剑器舞、字舞、秦王破陈舞等。

## 一、踏毬舞

踏毬舞是唐代健舞中的一种，这是从西域传入大唐时期的一种舞蹈，原名叫作胡旋舞。"胡旋舞，舞者立毬上，旋转如风"（引自《新唐书》）。段安节在《乐府杂录》中说："舞有骨鹿舞、胡旋舞，俱于一小圆球上舞，纵横腾踏，两足终不离球子上，其妙如此。"所谓"旋"，指的是球转动；所谓"骨鹿"，指的是球的转动声。

《封氏闻见记》的作者封演将"踏毬舞"称为"蹋毬"。书中写道："今乐人又有蹋毬之戏，作彩画木毬高一二尺，女妓登蹋毬，宛转而行，萦（音：yíng）回来去，无不如愿。"王邕曾在著作《内人蹋毬赋》中描写宫女们作蹋毬戏的情景，赋中有"疑履地兮不离地，疑虚腾兮还践其实"的句子，踏毬舞既是绝妙的艺术表演，又是非常适合大众的健身活动。后来这种踏毬戏发展成为杂技艺术中非常重要的内容。

## 二、剑器舞

剑器舞也是唐代健舞中的一种舞蹈。据《乐府杂录》中记载："健舞曲有《棱大》《阿连》《柘枝》《剑器》《胡旋》《胡腾》。"杜甫6岁时（公元718年）在郾城街头看过公孙大娘"玉貌锦衣"作剑器舞。52年以后（公元767年），杜甫于夔（音：kuí）州（四川奉节县一带）看见公孙大娘弟子李十二娘，又作剑器舞。杜甫抚事慷慨，于是写下了《观公孙大娘弟子舞剑器行》。诗中不但描写了公孙大娘舞技的神奇与优美，还描写了当时人民对剑器舞的喜爱程度。其诗的内容如下：

> 昔有佳人公孙氏，一舞剑器动四方。
> 观者如山色沮丧，天地为之久低昂。
> 㸌如羿射九日落，矫如群帝骖龙翔。
> 来如雷霆收震怒，罢如江海凝清光。
> 绛唇珠袖两寂寞，晚有弟子传芬芳。
> 临颍美人在白帝，妙舞此曲神扬扬。
> 与余问答既有以，感时抚事增惋伤。
> 先帝侍女八千人，公孙剑器初第一。

剑器舞的特点是"女子雄装"。唐司空图《剑器诗》："楼下公孙昔擅场，空教女子爱军装"。剑器舞有声乐伴奏（主要器具是鼓），"来如雷霆收震怒",大概就是描写舞者趁鼓声将落时登场,写出舞容的严肃。剑器舞一直流传到宋代,成为宋代宫廷队舞中的重要内容,宋代宫廷中设有"剑器队"。

## 三、字舞

"字舞者,以舞人亚身于地,布成字也"(引自《乐府杂录》),相当于现代团体操中的"组字"。王建的宫词中是这样描述字舞的:"罗衫叶叶绣重重,金凤银鹅各一丛,每遍舞时分两向,太平万岁字当中。"这些词句写的就是他所见到的"字舞"景象。

## 四、秦王破阵舞

秦王破阵舞是根据唐初民间流传的《秦王破阵》乐曲编制而成的一种武舞。据《旧唐书·音乐志》中记载:"贞观七年(公元633年),太宗制《破阵舞图》:左圆右方,先偏后伍,鱼丽鹅贯,箕张翼舒,交错屈伸,首尾回互,以象战阵之形。令吕才依图教乐工百二十人,被甲执戟而习之。凡为三变,每变为四阵,有来往疾徐击刺之象,以应歌节,数日而就,更名《七德》之舞。癸巳,奏《七德》《九功》之舞,观者见其抑扬蹈厉,莫不扼腕踊跃,凛然震竦。"这种舞蹈节奏鲜明,气氛热烈,"武臣列将咸上寿云:此舞皆是陛下百战百胜之形容。"秦王破阵舞是对古代于戚舞的继承和发展,舞者抑扬蹈励,具有很大的健身功能和健身价值。

# 第七节 隋、唐、五代时期民间体育的发展

## 一、角抵

隋朝建国以后,角抵运动作为百戏之中的一项重要内容,风行一时。到了隋炀帝时期,角抵戏以更大的规模出现在洛阳的大街小巷。大业二年(公元606年),突厥染于来朝,炀帝在芳华苑积翠池旁,举行角抵大戏表演,"千

变万化，旷古莫俦（音：chóu）"（引自《隋书·音乐志》）；大业六年（公元610年），西域诸国使者和商人汇集于洛阳，隋炀帝于"正月丁丑，角抵大戏于端门街，天下奇技毕集，终月而罢。"（引自《隋书·炀帝纪》）。这次表演，"营费巨亿万"，其规模之盛，"振古无比"（引文见《隋书·音乐志》）。这正是对隋炀帝腐朽生活的写照。

到了唐代，角抵运动作为一种观赏表演类节目，得到了唐代帝王的重视。他们经常在宫廷宴会上用角抵之戏祝酒尽兴。据《明皇杂录》中记载：玄宗每赐宴设酺（音：pú），"大陈山车、旱船、寻橦、走索、飞剑、角抵诸戏。"穆宗、敬宗、文宗、武宗，也经常在神策军或麟德殿观看角抵杂戏的表演。至懿宗李漼时期，宫廷出现了"相扑朋"（类似现在的摔跤队），也涌现了自懿宗时代起，以角抵运动为主业达数十年之久的角抵专家蒙万瀛（唐亡后，投奔吴越国）。从唐代后期开始，角抵逐渐同百戏分离，自成一个独立项目。

据《唐语林》（卷四）中记载："李相绅督大梁日，闻镇海军进健卒四人，一曰富仓龙，一曰沈万石，一曰冯五千，一曰钱子涛，悉能拔橛角觝之戏。"则反映了唐代军队也盛行角抵。这一时期角抵的名称，也因地而异，有叫相扑的（取名扑倒对手之意），有叫相攒的（争力竞倒之意）。每个地区根据习惯和方法，利用民间节庆假日，积极广泛地开展角抵运动。唐代时期，"七月中之节，俗好角力相扑"（引自《吴兴杂录》）；南方荆州百姓，则在寒食日出将近时，于郊外以蹴鞠、角抵之戏取乐（引自《酉阳杂俎》）。唐亡以后，北方五代地区，以正月十五日上元节的角抵活动最为热闹，"观众如堵，苍无居人"（引自《角力记》），南方9国地区，吴越国每年八月十八日观潮日时，"及潮头已过，即头牛，然后相扑"（引自《角力记》）；"在五陵、鄱阳、荆楚之间，五月天暖后人们盛集，水嬉则竞渡，街房则相攒为乐"（引自《角力记》）；蜀都民间相扑比赛，每年从正月十五日开始，到五月才结束（参见《角力记》）。

从南北朝到隋唐时期，在敦煌莫高窟的壁画以及出自芷经洞的彩色幡（音：fān）画和白描图中都有关于相扑的图像，而且这些图像清晰可见。这三幅图像中对相扑装束的描绘，保留着秦汉时期的传统风格。比赛双方，上身完全赤裸，下身光腿赤足，仅在腰胯束有短裤。头上一般是梳髻（音：jì）不冠，也有时戴幞头。这样的装束，在中国古代摔跤运动中，一直沿用到明、清时期。（参见《文物》1980年第10期89—90页）。在《续文献通考·乐考》中也提到唐代"角力戏，壮士裸袒相搏而角胜负，每群戏既毕，左右军擂大鼓而引之。"

## 二、拔河

拔河，古时候叫拖钩或强钩，是楚越战争时期楚军用以克敌制胜的一种军事斗争手段。后来，古代楚国属地的人民沿用拔河之方法习武或作为一种健身手段，广泛地在民间流行。到了唐朝时期，这种活动形式有了很大变化和发展；它的名称，由牵钩改叫拔河；它的工具，由篾缆改为大麻绳。据《唐语林》中记载："大麻绳长四五十丈，两头分系小索数百条，挂于胸前，分西两朋，两向齐挽。当大绳之中，立大旗为界，震声叫噪，使相牵引，以却者为胜，就者为输。"这与我们现在所开展的拔河活动大体相似。

唐代的拔河运动，由民间传入宫廷。据《景龙文馆记》中记载："景龙四年（公元710年）清明中宗命侍臣为拔河之戏。"唐玄宗也曾多次主持过拔河比赛，参加拔河的人员最多时达千余人，拔河比赛时，场内宣声雷动，使中外观众，莫不震骇。进士薛胜还为此专门著写过《拔河赋》，当时的人们竞相传看（参见《唐语林》卷五）。

除了宫廷大臣参加拔河运动以外，唐代的宫女也参加拔河运动。"景龙二年（公元708年）二月五日，上（中宗）幸玄武门，与近臣观宫女拔河"（引自《资治通鉴》）。

## 三、秋千

秋千的历史由来已久，这一民间活动随着人类文明的发展而出现。最早可以追溯到上古时期，当时的人类先民们为了生存，生产工具受到极大的限制，在他们获得野果或者猎取野兽的时候，常常需要攀爬腾跃植物，通过摇晃摆动的方式获取食物，后来在春秋时期，逐渐演变成了秋千形式。

秋千最初是在北方少数民族中广为流传，经常被用于军事训练，后来逐渐传入民间，成为人们游戏娱乐的工具。在汉武帝时期，秋千还演变成为祈求国家长寿平安的工具，据相关文献记载："秋千者，千秋也。汉武祈千秋之寿，故后宫多秋千之乐。"

在唐朝，秋千运动十分流行，甚至有"荡秋千"的习俗，在每逢清明时节正是人们出门踏青的最好时节，这个时候唐朝的男女老少喜欢出门放风筝和荡秋千，因为到处呈现的都是荡秋千的景象，于是便有了"千秋节"的说法。

除了民间喜欢荡秋千之外，唐代宫廷也有秋千戏。据《开元天宝遗事》中记载："天宝宫中至寒食节，竞竖秋千，令宫嫔欢笑以为宴乐。"唐玄宗还将宫女荡秋千的美丽景象称为"半仙之戏"，唐朝时期整个社会都流行荡秋千，而且秋千花样繁多。在唐宋时期秋千在妇女、儿童中间最为盛行，杜甫曾经写道："紫陌乱嘶红叱拨，绿杨高映画秋千。"

秋千这项游戏运动，具有悠久的历史。杜甫晚年撰写的《清明》中就有关于秋千的绝美诗句，譬如"万里秋千习俗同"，这反映出唐代各地人民都有清明节荡秋千的习俗。唐代秋千活动非常普及，不少诗人都写下了反映秋千活动的诗篇。如"蹴鞠屡过飞鸟上，秋千竟出垂杨里"（引自王维《寒食城东即事》）；"秋千争次第，牵拽彩绳斜"（引自刘禹锡《同乐天和微知深春》）；"忆得双文人静后，潜教桃叶送秋千"（引自元微之《杂忆》）。都从不同角度，反映当时秋千活动的盛况。

唐朝诗人王建在《秋千词》中写道："少年儿女重秋千，盘巾结带分两边。身轻裙薄易生力，双手向空如鸟翼。"描写出了一幅少年儿女荡秋千的景象。

## 四、棋艺

隋唐时期流行各种棋类活动，有围棋、象棋、弹棋、双陆等，其中围棋最为盛行。唐代从武则天开始，在内廷供养棋士，叫作博士。到盛唐，弈棋蔚然成风。玄宗开元年间在翰林院里专设了"棋待诏"这个宫职，供养名手。据《唐语林》（卷六）中记载：贞元（唐德宗年号，公元785—805年）以后长安风俗之一就是"侈于博弈"。

据《新唐书·艺文志》记载：关于围棋的著作有十多种，在敦煌石窟藏经洞曾发现唐代写本《棋经》的残卷，这是迄今为止发现最古老的手抄本。此外，有皮日休著的《原弈》，徐铉的《围棋义例铨释》都总结了唐代围棋发展的经验，这些著作标志着唐代的围棋无论是型制还是理论都已经很成熟。唐代著名的棋待诏有玄宗朝的王积薪、顺宗朝的王叔文、宣宗朝的顾师言、僖宗朝的滑能等。开元二十五年（公元737年），围棋手杨季鹰曾代表唐王朝出访新罗，开启了中韩围棋交流的新篇章。大中二年（公元848年），以日本王子为首的代表团访问大唐，顾师言代表大唐出战，这成为中日之间正式载入史册的围棋比赛。

象棋在隋唐时期处于不断完善和演变的过程，但是象棋的影响程度远不如围棋深远，象棋的棋子在隋唐时期出现了"将""马""车""象""卒"等，棋子行走的路线源于"天马斜飞度三止，上将横行系四方，辎车直入无回翔，六甲次第不乖行。"据《士礼居丛书·狄梁公九谏第六》中记载：武则天梦中与"大罗天女"下棋，"局中有子，旋被打将，频输天女。"另据《玄怪录·岑顺》中记载：在唐萧宗宝应年间（公元762年），汝南人岑顺在一天午夜猛然听到震天的战鼓声，不禁把他惊醒了，他心想如今是太平盛世，怎么会有战鼓声呢？梦醒时分，就地挖出一座古墓："前有金床戏局，列马满秤，皆以金铜成形，这才知道梦中那位军师所言，乃象戏行马之势也。"

春秋战国乃至秦汉时期的中华民族，国家战乱纷扬，烽火狼烟四起，象棋便是在这样一种背景下应运而生的。军事战争与体育竞赛相互比较，有很多显而易见的类似之处。譬如，其目的都是以获得胜利为结果，对抗过程都是通过技战术进行针对性实施。既有谋略主旨，又有战术手段。象棋作为模拟古代战争的智力游戏，每一局都在咫尺的棋盘上演绎着金戈铁马、兵戎相见。棋盘上的车、马、炮、兵就是古代的战车、战马、火炮（或者投石车）和士兵的象征。相比其他体育运动项目，象棋与古代军事有着最为直接的内在联系，其战略思想和战术特征受到了古代军事思想的深刻影响。

## 五、十五柱毬

这是唐代时期在中老年人群中兴起的一项体育运动。所谓"十五柱球"，是指场地一端立有15根简形平底木柱。每一根柱子，用朱笔或墨笔各写一字：用朱笔写的是"仁""义""礼""智""信""温""良""恭""俭""让"；用墨笔写的是"傲""慢""佞（音：nìng）""贪""滥"。比赛时，人站在场地的另一端，用木球抛击木柱，击中用朱笔写字的木柱为胜，击中用墨笔写字的木柱为输。15个字充满着中国传统文化的蕴意，以及对封建道德的尊崇，形象地将道德寓于游戏之中。

# 第八节　隋唐时期的对外体育文化交流

中国古代同友好邻邦之间在体育方面的交流，很多学者认为可能始于汉武帝时期。东汉、魏晋、南北朝时期，这种交往时断时续。到了隋唐时期，由于国力强盛，社会安定，与此同时，与朝鲜、日本等周边邻国的友好往来十分密切，与周边邻国在体育方面的交流也有了新发展。

## 一、与朝鲜的体育交流

自魏晋以来一直到隋朝时期，朝鲜半岛处于高丽、百济和新罗并立的状况，它们长期与中国之间互相往来，双边关系相处一直很好，特别是与新罗之间的关系尤为密切。朝鲜的民族文化很发达，是一个能歌善舞的民族。朝鲜的音乐舞蹈艺术历史悠久，深受广大人民群众的喜爱，这些文化艺术在南北朝初期（公元5世纪上半叶）就已经传入中国；隋唐时期的宫廷乐舞中，就有从朝鲜传入我国的民族音乐艺术"高丽乐"。

公元7世纪70年代，新罗王金法敏统一朝鲜半岛以后，中朝两国在政治、经济、文化方面的交流日益频繁，得到进一步发展，双方的节使往来更为频繁。据不完全统计，从公元650—841年，在大约190年时间里，仅新罗就向唐朝派遣使者多达21次。唐朝后期来到长安留学读书的新罗留学生增加了很多，有的朝鲜留学生还考取了唐朝的进士或担任唐朝的官吏。公元840年由长安回国的一批新罗留学生，竟多达105人。在频繁的文化交往中，先进的唐代体育文化和体育项目，也先后传入朝鲜。其中《旧唐书·高丽传》中就谈到当时高丽人很喜欢中国的围棋、投壶、蹴鞠等体育活动，这正是当时一些文人学士喜爱的体育项目，通过朝鲜留学生传入朝鲜。

## 二、与日本的体育交流

日本，古代称为"倭国"，是我国"一衣带水"的睦邻友邦。早在西汉时期，日本民族在与朝鲜半岛的相互往来中，就同中国广泛接触，西汉时期盛行一时的角抵戏，大约就在这个时期通过朝鲜传入日本。隋唐时期，随着国家之间友好往来日益频繁，中日两国之间的体育交往，进入了一个全新的发展阶段。

公元600年，日本国王曾派遣特使到隋朝，公元601年，隋炀帝曾派裴世清出使日本，开启了中日两国之间的正式接触。随后，日本派遣留学生来到中国学习佛教。这些留学生回到日本以后，把大量的中国文化传到日本，其中包括元旦期间行射戏饮酒礼（即中国的礼射）以及投壶、围棋等体育娱乐活动。

到了唐朝时期，中日两国之间的文化交流更为密切。从公元630—894年，在这260多年间的时间里，日本共派"遣唐使"13次，派船运送唐朝赴日本使者6次，共计多达19次。派遣代表团人数最多的时候一次达到500人，来往人员包括大使、付使等官员和留学生、学问僧医生、井卫、翻译等各类人员。中日两国之间的频繁来往，使日本的政治、经济、文化（包括体育），受到唐朝很大启示和影响。

日本的蹴鞠运动是从唐代引进的。日本一部古代足球书《蹴鞠九十九箇条》中说："鞠始于唐。"日本另一部古代足球专著《游庭秘抄》里有引自《口传集》中的内容说："蹴鞠者，起自苍海万里之异域（指中国），遍于赤县九陌之皇城（指日本）。"据日本古籍记载，中国当时传入日本的蹴鞠运动，主要是不用毬门的"一般场户"。

日本的击鞠，也是从唐朝引进的。这可以从日本嵯峨天皇《早春观打毬》的诗句中得到印证。据日本《经国集》中说：公元727年（唐玄宗开元十五年）在欢迎渤海靺（音：mò）鞨（音：hé）使节的宴会上，嵯峨天皇和侍臣滋野在看完马球赛后，同时即兴赋诗。嵯峨天皇写了《早春观打毬》的汉诗，诗中写道："芳春烟景早朝晴，使客乘时出前庭。回杖飞空疑初月，奔球转地似流星，左承右碍当门竞，群踏分行乱雷声，大呼伐鼓催筹急，观者犹嫌都易成。"侍臣滋野写了《春和观打球》的汉诗，其中有"如钓月度萱（音：xuān）阶侧，似点星晴彩骑头"的句子。这两首诗所反映的都是打毬的盛况，与唐人蔡孚《打球篇》中"奔星乱下花场里，初月飞来画杖头"和另一位唐代女诗人鱼玄机《打毬作》中"坚圆净滑一星流，月杖争敲未拟休"有许多相似之处。由此可以看到唐人打毬和有关打毬的诗作在日本的影响。

中国的围棋自隋朝时期传入日本以后，受到日本人民的普遍喜爱。日本来华的学问僧中大都精于围棋棋艺。到了晚唐时期，日本的围棋棋艺已经造诣很高。唐宣宗时期，随遣唐使团来华的日本王子，曾与唐代围棋第一国手顾师言对弈（见《旧唐书·宣宗纪》）。这是中日两国之间围棋交流史上最早的一次，有详细文献记载的正式围棋比赛。

## 三、与印度的体育交往

印度在唐朝时期称为天竺。隋唐时期，中国与印度之间的友好往来是以佛教为纽带的。贞观元年，玄奘自长安出发去天竺游学，前后用19年的时间潜心学习。玄奘在天竺期间，在当时的佛教中心的那烂陀向戒贤法师学习佛法，后来成为著名的佛学家，为弘扬佛教文化做出卓越的贡献。贞观十九年（公元645年），玄奘由天竺回到大唐长安。贞观二十年（公元646年），玄奘将自己游学的所见所闻撰写成《大唐西域记》，这是一部研究公元7世纪中亚和南亚各国，特别是研究印度历史地理的珍贵文献巨著。玄奘共翻译佛经75部、1335卷，并受命将《老子》翻译成梵文，为古代中印文化交流做出重大贡献。

玄奘、义争先后在唐太宗、唐高宗时西行学习印度的佛教文化，印度也有许多高僧，也到古老的东方学习中国文化，体现了自古以来中印两国人民之间的亲切友好关系。譬如，唐太宗时，有"秦王破阵"乐舞，"乐工百二十人，披甲执戟而习之。凡为三变，每变为四阵，计十二阵与歌节相应。"是当时最受欢迎、最负盛誉的乐舞之一。其实在隋唐以前，就有天竺传入我国的佛教导引按摩术。孙思邈的《千金方》中就有"天竺国婆娑门按摩法"十八式，对我国人民的保健发挥过应有的积极作用。

总之，隋唐时期，中国丰富的体育内容传到东西方各国，产生了深远的影响。中国也吸收了外国的体育内容，使中国体育更加丰富多彩。

# 第九节  唐代：盛开诗意的体育活动风貌

唐代是中国封建社会历史上的极盛时代，随着政治、经济、文化的繁荣发展，中国古代体育文化也迎来了鼎盛发展时期。中国古代体育文化与中国古代文学的融合发展在唐代达到了巅峰。唐诗是唐代文学发展的一朵奇葩，其中不乏众多抒写体育活动的景象。因此，唐诗便是研究唐代体育不可或缺的文献资料，更是深入挖掘古代体育文化的宝贵财富。这不仅建构起体育学与史学以及文学之间的桥梁，而且拓展了体育学的研究视野。用诗歌展示唐代体育活动的风貌，为我们研究中国古代体育文化提供了有益借鉴。

## 一、唐代体育诗歌创作的社会背景

唐代有很多描写某一类体育活动景象的体育诗歌。古代的体育活动一般有射猎、打毬、竞渡、拔河、围棋、斗鸡等不同类型，不同阶层参与的体育活动也不尽相同，因此唐代的体育诗歌描写具有鲜明的"层阶化"特征。这一点从唐代体育诗歌创作的主体就可以看到，无论是宫廷的帝王后妃，还是公卿将相的大臣；无论是县官刺史，还是幕府属僚以及具有不同身份和地位的诗人都有创作体育诗歌的历史记载。他们的行为和作品对体育活动的引领作用巨大，而朝廷的大臣与幕府属僚对这一现象的积极应和也促进了体育文化的广泛传播。唐代体育诗歌创作的"层阶化"与国家安定、社会繁荣、民众安居乐业息息相关，这充分体现了体育文化活动的社会治理特性。

唐代诗歌的社会生活化拓展了诗歌创作领域。以体育为题材的诗歌创作正是这一开拓中所孕育的璀璨结晶。唐代开展的绝大部分体育活动在唐诗中都有描写记载，诸如蹴鞠、弹棋、射箭、舞蹈、角抵、秋千、击壤、拔河、竞渡、龙舟、戴竿、校猎等体育项目都不同程度地得到了展现。

唐诗中所描写的体育题材内容很丰富，这自然与当时体育文化的繁荣发展密不可分。值得我们关注的是，创作体育诗歌的唐代诗人从唐太宗、高宗、中宗、武则天、玄宗、德宗等皇室贵族的帝王，到杨师道、虞世南、萧德言、张说、武元衡等一批朝廷要员和宰相，再到地方任刺史的高官要员，又如张建封、杜牧等一批担任大州刺史的重要人物；还有诸如杜甫、韩愈、元稹、王建、张祜等一批声名显赫社会名流，他们的诗歌创作都具有鲜明的层阶性。

唐代体育诗歌创作所呈现出的层阶化现象，不仅展现了唐代历史上开展体育活动的不同类型，也映射出唐代不同层阶参与体育活动的多元化和丰富性。因地制宜，因人而异，这正是广泛开展体育活动的合理选择。唐代体育诗歌创作的这些特点，不仅对我们研究唐代体育文化具有重要的价值，而且对现今的体育跨学科发展、体育社会学研究的多元化思维具有现实意义。

## 二、唐代帝王朝臣的体育诗歌创作

### （一）唐太宗的《出猎》与《咏棋》

中国古代的"搜狩"之礼与国家整体的军事防御，祭祀仪礼，民生政事紧密相连，军事防御是国家建立安全体系的屏障。"搜狩"之礼除了练兵尚武之外，还要猎取飞禽猛兽用于庆典祭祀，其目的在于民生的安居乐业。正因为"搜狩"之礼对于国家安危以及民生政事至关重要，历代先贤有为的帝王国君都极为重视。以安邦天下的李世民即使在平定四野之后仍不忘武备，在其一生中始终嗜好弓马，喜爱校武狩猎之活动，仅贞观年间的狩猎活动就达 22 次之多。从这些狩猎活动中所创作出的《出猎》，我们仿佛看到了狩猎活动的场景及其讲武习艺之气势。《出猎》内容如下：

> 楚王云梦泽，汉帝长杨宫。岂若因农暇，阅武出辕嵩。
> 三驱陈锐卒，七萃列材雄。寒野霜氛白，平原烧火红。
> 雕戈夏服箭，羽骑绿沉弓。怖兽潜幽壑，惊禽散翠空。
> 长烟晦落景，灌木振岩风。所为除民瘼，非是悦林丛。

在这首诗中，唐太宗描写羽林军的骑兵们配雕戈名箭，绿漆精弓，惊惧了藏在深山幽谷中的猛禽野兽，禽鸟向天空四处逃散。厚重的云霭使得落日昏暗，灌木丛中凌冽的寒风阵阵作响，狩猎则为民众安居乐业，而并非贪图享乐。

古代帝王所举行的狩猎活动有着严格的礼法秩序，整个狩猎过程都有严密的军事防御体系，组织严密，赏罚分明，安排井然有序。参与狩猎的人群众多，从皇家贵族、将帅军士到黎民百姓。参加狩猎活动的帝王、文武大臣、普通百姓都有着严格的阶层序次。

由此可见，田猎活动是一个影响范围广、涉及面大，而且参与人群众多的大型"体育赛事"。同时，在这样一场狩猎活动中不仅充分显示了君主帝王的威严，更显示出体育活动中鲜明的"层阶性"。

同样，在以体育题材的诗作《咏棋》中，唐太宗认为棋艺布阵时要讲求气势，但却不能像打仗的军阵一样云雾缭绕。棋艺是具有极高军事意蕴的游戏，能使人心旷神怡，情调高雅。显而易见，唐太宗围棋如同排兵布阵，也如同谋划国策，深谋远虑。《咏棋》二首如下：

## 其一

> 手谈标昔美，坐隐逸前良。
> 参差分两势，玄素引双行。
> 舍生非假命，带死不关伤。
> 方知仙岭侧，烂斧几寒芳。

## 其二

> 治兵期制胜，裂地不要勋。
> 半死围中断，全生节外分。
> 雁行非假翼，阵气本无云。

121

玩此孙吴意，怡神静俗氛。

## （二）唐玄宗的《校猎义成喜逢大雪率题九韵以示群官》与《观拔河俗戏》

狩猎校阅军队，不沉迷于畋猎，而以忧国忧民，应是唐王朝一代雄风。唐玄宗同样是一位重视校猎讲武的帝王。他在狩猎中更是追求校猎讲武之大义，其《校猎义成喜逢大雪率题九韵以示群官》就是表达了这样的追求。诗中写道：

弧矢威天下，旌旗游近县。
一面施鸟罗，三驱教人战。
暮云成积雪，晓色开行殿。
皓然原隰同，不觉林野变。
北风勇士马，东日华组练。
触地银獐出，连山缟鹿见。
月兔落高缯，星狼下急箭。
既欣盈尺兆，复忆磻溪便。
岁丰将遇贤，俱荷皇天眷。

中国古代关于打猎的称谓有很多种，如畋猎、狩猎、游猎、行猎、射猎、校猎等，但实际是有细微差别的。譬如，"打猎"是指在野外猎捕鸟兽。"畋猎"是有季节性的狩猎活动，含有"秋冬顺杀气，春夏保田苗"之意。"游猎"一般是指出游打猎、驱赶打猎。"校猎"具有较力比武之意。

从唐太宗的《出猎》《冬狩》到唐玄宗的《校猎义成喜逢大雪率题九韵以示群官》《观拔河俗戏》，这些体育诗歌所反映出的内容可以看到，唐代帝王举行的狩猎活动俨然是有组织、有仪式的朝政活动，不同于普通意义上的游猎、行猎、射猎等。譬如，唐玄宗强调的是校猎之义的体现，也就是说他举行的校猎活动是在树立一种竞技规则与道德规范。

拔河之戏从古延续至今，是流行于不同社会阶层的一种传统体育项目。在唐代将拔河作为军事训练的一种手段而存在于军队中。比如，在楚越两国的水战中，军队用拔河的方式训练士兵，水战时要用钩勾住敌方船只，再牵引到有利位置，进而达到歼灭敌人之目的，而拔河正好迎合了这种作战能力的训练。

拔河古时又名牵钩、强钩或拖钩，是一种较力的比赛，唐玄宗时期将其称为"俗戏"。其本义是角斗、角力，也有游戏、逸乐之意。在初唐时期，宫廷中的确出现了类似于拔河比赛的游戏。

唐玄宗时期曾多次在宫廷之中组织拔河比赛，更是有参与者达到上千人的场景，并且邀请各国使节前来观看，以宣扬国威。河东进士薛胜亲眼目睹了千人拔河的壮观场景，并写下了旷世流传的《拔河赋》。全文如下：

皇帝大夸胡人，以八方平泰，百戏繁会。令壮士千人，分为二队，名拔河于内，实耀武于外。伊有司令，昼尔于麻，宵尔于绤。成巨索兮高轮囷，大合拱兮长千尺。尔其东西之首也，派别脉分，以挂人胸腋；各引而向，以牵乎强敌。载立长旗，居中作程。苟过差于所志，知胜负之攸平。

于是勇士毕登，嚣声振腾。大魁离立，麾之以肱。初拗怒而强项，卒畏威而伏膺。皆陈力而就列，同拔茅之相仍。瞋目飙频，壮心凭陵。执金吾袒紫衣以亲鼓，伏柱史持白简以鉴绳。败无隐恶，强无蔽能。咸若吞敌于胸中，憺莫蒂芥；又似拔山于肘后，匪劳凌兢。然后一鼓作气，再鼓作力，三鼓兮其绳则直。小不东兮大不东，允执厥中。鼍鼓逢逢，士力未穷。身挺拔而不动，衣帘襜以从风。斗甚城危，急逾国蹙。履陷地而灭趾，汗流珠而可掬。阴血作而颜若渥丹，胀脉愤而体如瘿木。可以挥落日而横天阙，触不周而动地轴，孰云遇敌迁延，相持蓄缩而已！左兮莫往，右兮莫来。秦王鞭石而东向，屹不可推；巨灵蹋山而西峙，巍乎难摧。绳暴拽而将断，犹匍匐而不回。大夫以上，停眙而忘食；将军以下，虢阚而成雷。千人抃，万人咍，呀奔走，坌尘埃。超拔山兮力不竭，信大国之壮观哉！

嗟夫！虚声奚为？决胜在场。实勇奚为？交争乃伤。彼壮士之始至，信其锋之莫当。泪标纷以校力，突绳度而就强。懦绝倒而臆仰，壮乘势而头抢。纷纵横以披靡，齐拔刺而陆梁。天子启玉齿以璀璨，散金钱而莹煌。胜者皆曰："予王之爪牙，承王之宠光。"将曰："拔百城以贾勇，岂乃牵一队而为刚！"

于是匈奴失筋，再拜称觞曰："君雄若此，臣国其亡。"

唐玄宗在《观拔河俗戏》中称拔河为俗戏，也就是说拔河是民间流传的一种比赛游戏。而他所写的拔河比赛是由北军举行的，北军是唐代皇帝的北衙禁军，这次拔河比赛，声势浩大，除练兵外，还有祈求丰衣足食之意。内容如下：

壮徒恒贯勇，拔拒抵长河。

欲练英雄志，须明胜负多。

噪齐山岌嶪，气作水腾波。

预期年岁稔，先此乐时和。

在唐代，拔河游戏已成为广泛普及的较力竞赛，参与人群不计年龄，无论身份，只比输赢，其乐无穷。"欲练英雄志，须明胜负多"正是这一较力竞技运动的宗旨。"预期年岁稔"的仪式色彩，透视出这一运动的俗戏特点，祈求丰衣足食的意蕴便是老百姓参与拔河的原因，自古而来，遍及大江南北。

## 三、地方刺史幕僚的体育诗歌创作

### （一）张建封的《竞渡歌》

张建封是唐代中期的著名大将，自幼喜爱文学，慷慨尚武，又善创作。《全唐诗》留存张建封的诗仅有两首，均为体育诗歌。一首为《竞渡歌》，一首为《酬韩校书愈打毬歌》。

"竞渡"亦作"竞度"，是划船比赛之意，起源可追溯到西周时期。闻一多先生在《端午考》和《端午的历史教育》中列举了大量古代典籍中记载及考古实证的竞渡事例，证明龙舟渡距屈子投江千余年前就兴起了，通过祭祀龙图腾以祈求避免常见的水旱之灾。

张建封出任岳州刺史时，用一首长篇七言歌生动描绘了五月五日岳州竞渡轰轰烈烈的场景。《竞渡歌》内容如下：

五月五日天晴明，杨花绕江啼晓莺。

使君未出郡斋外，江上早闻齐和声。

使君出时皆有准，马前已被红旗引。

两岸罗衣破晕香，银钗照日如霜刃。

鼓声三下红旗开，两龙跃出浮水来。

棹影斡波飞万剑，鼓声劈浪鸣千雷。

鼓声渐急标将近，两龙望标目如瞬。

坡上人呼霹雳惊，竿头彩挂虹蜺晕。

前船抢水已得标，后船失势空挥桡。

疮眉血首争不定，输岸一朋心似烧。

只将输赢分罚赏，两岸十舟五来往。

须史戏罢各东西，竞脱文身请书上。

吾今细观竞渡儿，何殊当路权相持。

不思得岸各休去，会到摧车折辐时。

竞技体育之所以受到人们的重视，的确正如张建封所感叹的一般，便是与"当路权相持"有相似之处。竞争是万物存在的本能，而竞技体育为人类社会构筑了一个公平竞争的模式。这种模式与社会规则的异体同构性，往往会引发诗人对社会的反思和对人生的感悟。

唐代的竞渡活动影响广泛，这为体育诗歌的创作营造了有利的环境。从体育诗歌创作的体育活动场景来看，记述或描绘了一次竞技比赛活动，而实际上从中映射出一种乡土气息的体育活动所蕴涵的文化情怀。

## （二）韩愈的《雉带箭》

韩愈所创作的《雉带箭》与张建封有关，诗句中就有专门对张建封精湛射技的描述。将军想当众表演自己的神功技艺，以"巧伏人"。他骑马盘旋不进，拉满劲弓，而不轻易发箭，直待野雉在猎鹰的"逡巡"惊吓中，再无处躲藏，猛然飞起的一瞬间，射出拉满弓弦的利箭。

射箭活动源远流长，在中国古代开展极为广泛。早在旧石器时代的晚期，人们为了生存而猎取食物，于是发明了弓和箭，随着社会的不断发展和生产工具的进一步改造，射箭逐渐演变为教育性的技艺，其中包含着深厚的礼乐文化。

"射"由礼仪而成为尚武活动的内容，其"义"就在于抵御四方、保家卫国。隋唐时期，随着北方少数民族游牧文化与中原农耕文化的不断交融，"射艺"更加受到人们的重视，尤其是在军事训练、战争装备等方面具有显著地位。人们不但在实践中习射，还总结射艺的理论研究，这为射箭的全面发展提供了更为科学的依据。

另外，唐代大诗人王维曾写过一首《寒食城东即事》，其中"蹴鞠屡过飞鸟上，秋千竞出垂杨里"的句诗，就是描写唐朝马球这项体育娱乐活动的。在唐朝的文人墨客中描写马球活动的诗歌很多，仅在《全唐诗》中就收录了20首，其中不乏佳诗妙句。

唐代诗人杨巨源在《观打球有作》中写到："亲扫球场如砥平，龙骧骏马晓光晴。入门百拜瞻雄势，动地三军唱好声。"这首诗描写的是唐朝三军将士的马球比赛，开始两句描写马球场和当天比赛的天气情况；后两句则记录了球赛的赛事情况，真实地反映出赛场的壮观景象。

总体来说，贵族阶层对体育活动的喜爱对唐代体育发展起到了重要的引领作用。对推动民间大众体育活动的开展，以及促进体育文化传播意义重大，这在一定程度上也影响了唐代体育文化的传承与交流。从朝廷到地方再到黎民百姓，不仅都喜爱体育运动，还创作了诸多关于体育活动场景的诗歌。这不仅用诗歌记录了唐代盛行的体育生活，也借助体育诗歌抒写了唐代的太平盛世。此外，一些文学家和诗人的脚步从朝廷走向唐朝的大江南北，极大地促进了体育文化的传播。诗歌作为一种文学传播"载体"，对体育文化的交流以及传播起到了积极的推动作用。

唐朝是一个流光溢彩、绚丽多姿的朝代，其多姿多彩的体育诗歌正是盛唐景象的展现。从王维的"蹴鞠屡过飞鸟上，秋千竞出垂杨里"，到杨巨源的"亲扫球场如砥平，龙骧骏马晓光晴。入门百拜瞻雄势，动地三军唱好声"从"人间物类无可比，奔车轮缓旋风迟"的胡旋舞，到"环行急蹴皆应节，反手叉腰如却月"的胡腾舞，都展现了唐朝繁荣昌盛与多元一体的民族体育文化，这不仅深刻影响着当时人们的精神文化生活，也是唐代体育文化空前繁荣的见证。

## 第十节　隋、唐、五代时期的体育文化要点

这一时期的体育是全民参与的文化健身娱乐活动，特别是唐代的体育，在我国古代体育发展过程中占有重要地位。这与当时国力强盛、社会安定有着密切关系。唐代体育繁荣的主要标志是：开展的体育项目种类多，参加的人员广泛。其中最有代表性的项目是马球，就像诗歌是唐代文学最具代表性的文学形式一样；谈唐代文学就要论及唐诗，谈唐代体育，就要谈到马球。

由于唐代很多帝王对体育有着浓厚的兴趣，他们自身也积极广泛地参与到体育活动中。唐太宗李世民不仅是射艺高手，还是马球运动的倡导者。唐玄宗李隆基更是嗜球如命，经常在球场中驰骋。唐中宗景龙三年（公元709年），吐蕃赞普派遣大臣迎接金城公主，因知道唐中宗最爱看马球比赛，便带来了一支十人马球队。吐蕃是游牧民族，马匹骏壮，骑术精良，马球技术也很精湛。唐中宗派遣皇宫内园的马球队和神策军马球队进行比赛，两战皆输球。唐中宗十

分恼火，这时临淄王李隆基和嗣虢王李邕、驸马杨慎交、武廷秀组成了一支四人贵族马球队，与吐蕃的十人马球队比赛。开赛之后，李隆基往来奔驰如风回电激，挥动球杖，连连透门，贵族队大获全胜。

唐代体育的普及不仅在上层社会，普通老百姓也以极大的热情投入体育运动热潮中。每逢清明节都会举行蹴鞠、角抵等体育比赛；民间竞渡也进行得如火如荼，场面十分精彩；同时出现了跳水运动。唐代后期，每逢初春时节，科举及第的进士们都会进行击球比赛；唐代棋类活动同样十分流行，与现代围棋相吻合。

唐代给予女性的自由和开放前所未有，唐代女性是整个中国封建社会最喜欢运动的女性。在当时妇女中间，广泛流行着舞蹈、射箭、散乐、秋千、拔河、蹴鞠、击球等种类繁多的体育活动。唐代女子体育空前发展，开创了我国女子参加体育活动的新局面，这与当时的社会风尚有关。可是好景不长，随着宋明理学的兴起，以及从南唐开始兴起的女子缠足陋习，极大地束缚了女子体育的发展，也给社会多个层面带来了令人痛心疾首的负面影响。

十国时期，虽然整个社会处于割据状态，但因国内较为安定，受到的战争破坏较小，经济发展仍然处于上升期，体育活动同样得到了较好的发展。

隋唐时期，特别是唐代以来的中外交往频繁，和唐通使的友好国家，较为重要的有70多个国家。唐朝政府设置鸿胪寺，负责接待各国友好使者。唐朝太学中，有不少外国留学生，因此唐代体育有不少项目被传入别国，推动了睦邻友好国家体育的发展。也有不少外国的体育项目（主要是刚健的民族舞蹈和一些杂技艺术），被我国借鉴，丰富了我国古代体育的内容。

# 第八章 宋、辽、金、元时期的体育文化

## 第一节 宋、辽、金、元时期的历史概况

从公元960年赵匡胤篡夺后周政权并建立宋代江山开始，到公元1368年元朝灭亡的这400余年中，在中国这片疆域辽阔的广袤土地上，经历过宋、辽、金、元4个朝代的更迭。

宋朝（公元960—1279年）

宋朝的历史变迁总结："陈桥兵变代柴周，偃武修文是弱由。辽夏与金邻作寇，靖康之变帝成囚。康王即位开南宋，秦桧杀飞令铁羞。联蒙灭金实谬策，四十五载丧残瓯。"（引自《人民日报》）

公元960年春季，作为后周禁军统帅的赵匡胤在开封东北的陈桥发动兵变，黄袍加身，夺取了后周的统治政权，定国号为宋，中国历史上把这段时期称为北宋。公元1126年，金国的军队攻陷了开封，公元1127年，徽、钦二帝被金所俘走，宣告北宋灭亡。

北宋灭亡以后，徽宗的第九子唐王赵构于公元1127年5月，即皇帝位于南京应天府（今河南商丘），后又迁都至临安（今杭州），重建宋王朝，历史上把这一时期称为南宋。公元1279年，南宋被元朝所灭。

辽（公元916—1125年）

在中原的五代时期，我国北方边疆的少数民族契丹族（契丹族为中国古代游牧民族，发源于中国东北地区，采取半农半牧的生活方式），于公元916年建立了辽国的统治政权，占据我国北方地区的大漠南北和东北广大地区。公元1125年，辽被金国灭亡。

金（公元1115—1234年）

在北宋统治时期，我国北方边疆的另一个少数民族女真族（居住在长白山和黑龙江流域一带），于公元1115年建立金国政权。金国政权连年发动对辽和北宋的掠夺战争。公元1125年，金军擒获辽国帝，宣告辽国灭亡；公元1127年，又俘北宋徽、钦二帝，灭宋。公元1234年，元灭金。

元（公元1271—1368年）

居住在现今内蒙古自治区东北区域的蒙古族，于公元1206年由铁木真（成吉思汗）建立蒙古王朝。蒙古王朝建立后，从公元1218年起到公元1258年结束的这段时间里，三次西征，建立了以蒙古王朝首都和林为中心的横跨欧亚的大汗国。公元1227年，蒙古灭西夏，公元1234年又灭金。公元1271年，元世祖忽必烈，定国号为元，建立元朝，定都大都（今北京）。公元1276年，蒙军攻入临安，公元1279年，南宋灭亡。公元1368年，朱元璋的明朝政府又灭元。

元朝的历史变迁总结："蒙古称皇铁木真，成吉思汗震西垠。太宗纵马驰欧地，世祖更元掳宋君。僧比王侯乱刑政，儒同娼丐辱斯文。烽烟四起群雄反，大漠难藏顺帝身。"（引自《人民日报》）两宋和元朝的历史文化如图8-1、图8-2所示：

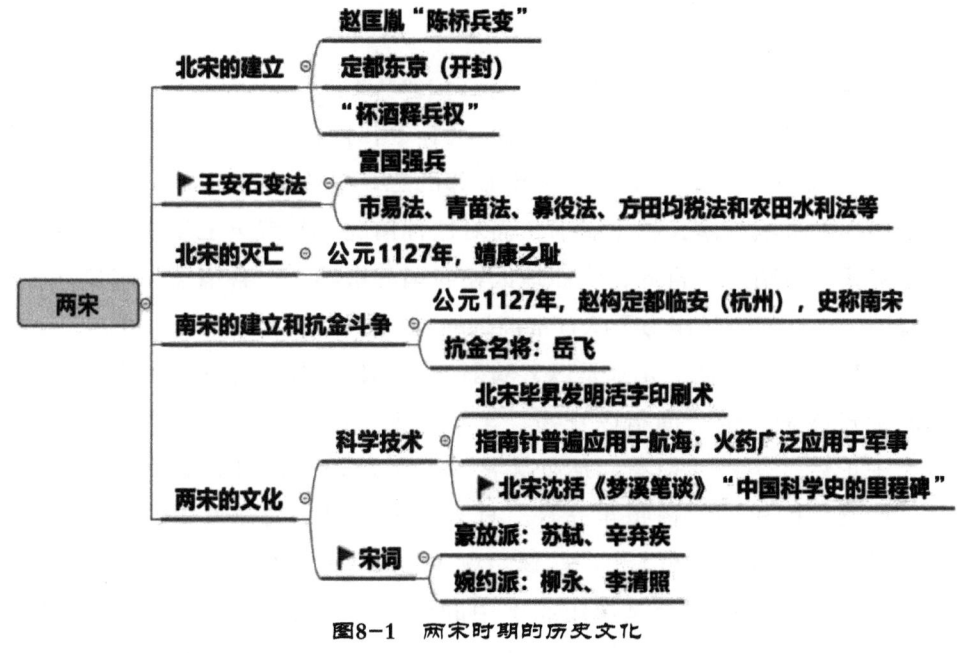

图8-1　两宋时期的历史文化

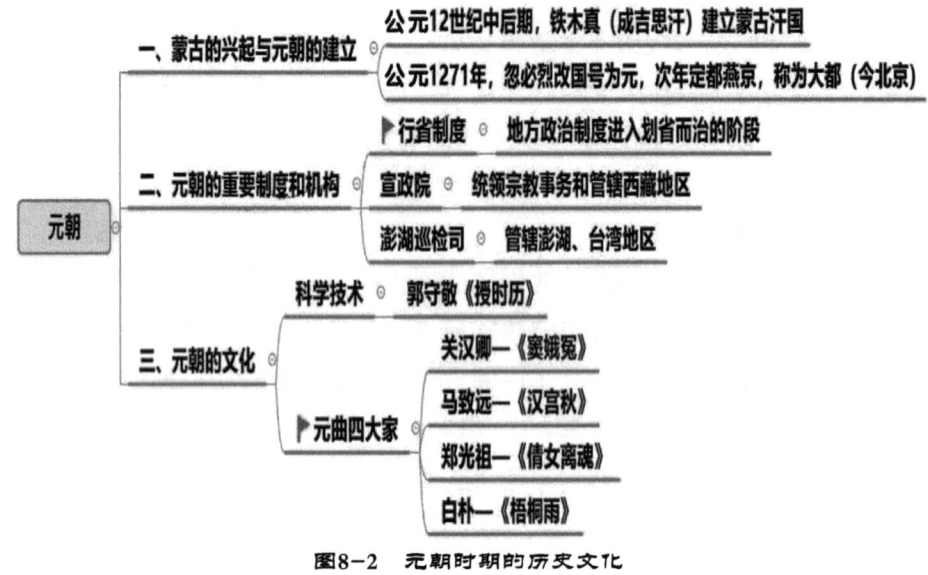

图8-2　元朝时期的历史文化

# 第二节　宋、辽、金、元时期骑射的发展

"今吾将胡服骑射以教百姓，而世必议寡人矣"（引自《战国策·赵策二》），我国古代的骑射最早开始于战国时期的赵国。当时的赵国，每当与秦、齐、中山等国发生战争时，总要受到与它毗邻的三胡（东胡、林胡、楼烦）的窜犯。三胡都是游牧部落，精于骑射。面对这种情况，赵武灵王便进行了军制改革：建骑兵，习骑射。自此，中原地区在赵国的影响下，各诸侯国都建立了自己的骑兵，并且把骑射作为军队日常训练的科目。

这一时期的辽、金、元都是以善骑射而著称的民族，并入主到中原地区。辽国的契丹族是一个"渔猎以食物，车马为家"的游牧民族。据《唐书·契丹传》中记载，契丹"射猎，居处无常。"契丹妇女，自后妃以下，也都擅长骑射。辽国的民间习俗每年三月三日有一个名叫"陶拉噶尔希"的节日，进行骑射活动（射兔比赛）（引自《续文献通考·乐考》）。金国的女真族规定"谋克""猛安"（一种社会基层组织）中的壮丁，平时"畋（音：tián）渔射猎"，战事应征出战。据《金史》中记载：金章宗承安二年（公元1197年）勅（音：chì）策进士，以骑射为主。金国辽俗，每年连续五日拜天地毕，进行骑射比赛（射柳比赛）（引自《续文献通考·乐考》）。元朝也非常重视骑射活动，蒙古族建立元朝之前，同样是一个过着游牧生活的民族，"以黑车日帐为家"（引自李志常《长春真人西游记》），又兼狩猎，"长安鞍马间，人自习战，自春徂（音：cú）冬，旦旦逐猎"（引自赵珙《蒙鞑备录·军政》）。对于蒙古民族来说，"弯弓射大雕"，那是极为平常之事，历史上称元以骑射立国，是毫不夸张的。

两宋时期的骑射，在上一个朝代的基础上，有了很大发展。首先恢复了武举制，从中挑选优秀的骑手和射手。武举制最早开始于唐代的武则天时期，施行不久就废除不再使用。宋仁宗天圣年间（公元1023—1032年），"以西边用兵，将帅乏人，复置武举"（引自《古今国书集成》）。天圣八年，（公元1030年），宋仁宗还亲试武举，武举考试的第一个内容就是骑射。宋神宗元丰元年（公元1078年）还颁行《大小使臣试弓马艺业出官法》（引自《宋史·选举志》）。这些措施的实施有力地推动了宋代骑射技艺的发展。

在两宋统治的区域内，为了抵御外族入侵，民间习射成风，河北边远山区，还组成了"弓箭社"这样的组织。这种组织平时闲暇时间主要打猎，辽、金侵犯时，则相互救援。到宣和七年（公元1125年），北方弓箭社成员已经达到24万余人。弓箭社的发展，不但推动了民间武艺的发展，而且在抗击辽、金等外来入侵的斗争中起了很大作用。南宋时期，《梦粱录》中记载：也有"射弓踏驾社"这样的习射组织。有关射技著作相继问世，在《宋史·艺文志》之中就列有《神射式》等谈论射技的著作十五部。

# 第三节　宋、辽、金、元时期的球类运动

## 一、蹴鞠

宋代的蹴鞠运动，同唐代一样主要是在宫廷和民间开展。北宋时期，由于农业、手工业的快速发展，和前一个朝代相比较，其商业也有了更大发展，开封、洛阳、扬州、成都等大城市，商业林立，市场繁荣，突破了唐代坊和市、白昼和夜晚的界限。社会不同阶层、工商子弟，经常以蹴鞠为嬉，他们继承了唐代单球门的踢法，球门立在球场中央，"约高三丈许，杂彩结络，留门一尺"（引自《东京梦华录》）。只用一个球门，球门又特别高而小，对射门技术的要

求就很高，但运动量小。据《东京梦华录》中记载的比赛方法："左右军筑球（即踢球），殿前旋立球门。左军先以球团转众，小筑（不曳开步子的小踢）数遭，有一对次球头，小筑数下，待其端正，即供球与球头，打大脓（即曳开步子大踢）过球门；右军承得球，复团转众，小筑数遭，次球头亦依前供球与球头，以大脓打过，或有即便复过者胜。"宋代单球门的踢法，与唐代不同的地方就是改"狭"为"踢"。元代的球门比宋代的略低。据《戏球场科范》中记载："球门柱高二丈一尺，球门横木九尺五寸，门在上，网在下。"

到了南宋时期，民间的蹴鞠运动开展更为盛行，而且出现了球会组织。譬如，有叫"齐云社"的球会组织，因球门高高在上，球穿过球门，有如穿云一般；也有的叫"园社"——因过去曾把球称作"圆（同园）鞠"，后改"圆"为"园"，所以球会起名为"园社"。

宋代的帝王爱好蹴鞠运动，北宋徽宗时期的宫廷画家胡廷晖所画的《（宋太祖）蹴鞠图》，描写了宋太祖赵匡胤与近臣们一起进行蹴鞠运动的场面。他们踢的是不用球门的一般场户。宋徽宗赵佶（音：jí）喜好蹴鞠，还把一个踢球技艺较高的高俅当成宠臣，给以高官厚禄（见《挥麈（音：zhǔ）后录》）。公元1102—1125年，每逢天宁节后两天（农历10月12日），文武百官为宋徽宗上寿。宴会席间，内廷的球供奉要进行足球比赛，赢的一方有赏，输的一方，球头要吃麻鞭子，并用黄白粉涂在脸上受罚（参见《东京梦华录》）。

《齐云社规》中记载：其中有十紧要"要和气，要信实，要志诚，要行止，要温良，要朋友，要尊重，要谦让，要礼法，要精神"，还有十禁戒"戒多言，戒赌博，戒争斗，戒是非，戒傲慢，戒诡诈，戒猖狂，戒词讼，戒轻薄，戒酒色"。宋代人谈到蹴鞠的价值，称赞"蹴鞠成功难尽言，消食健体得安眠。本来遵演神仙法，此妙千金不易传。"又说："巧匠圆缝异样花，智轻体健实堪夸。能令公子精神爽，善诱王孙礼义加。"不但能令人健身、愉快，还有助于领悟礼义，体现了宋代对蹴鞠观念的发展与变化。

辽、金地区因分别与两宋有文化往来，所以在他们的统治区域内，也有蹴鞠活动。金代政权统治者曾多次向宋索聘蹴鞠及其他技艺人才。

## 二、击毬（马球）

这一时期，马球继续作为练兵的重要手段，受到了统治阶级的重视。《宋史·礼志》中记载："打球，本军中戏。"由此可见北宋军队中就有马球运动。辽国因为受唐代文化的影响，也以马球习战。南宋孝宗赵眘（音：
shèn），为抵御金军，洗雪国耻，以马球为之，苦练本领。譬如："隆兴初，
孝宗锐志复古，戒燕安之鸩，躬御鞍马，以习劳事，仿陶侃运甓之意。时召诸
将击鞠殿中，虽风雨亦张油帟，布沙除地。群臣以宗庙之重，不宜乘危，交章
进谏，弗听。一日，上亲按鞠，折旋稍久，马不胜勤，逸入庑间，檐甚低，触
于楣。侠陛惊呼失色，亟奔凑，马已驰而过。上手拥楣，垂立，扶而下，神彩
不动，顾指马所往，使逐之。"（引自岳珂《程史》）

　　从陆游所写的《冬夜闻雁有感》一诗中，我们也可以看到南宋军队中，在
战斗空隙常有以打球练兵的景象。"从军昔戍南山边，传烽直照东骆谷。军中
罢战壮士闲，细草平郊恣驰逐。洮州（今甘肃）骏马金络头，梁州（今陕西）
球场日打球。玉杯传酒和鹿血，女真降虏弹箜篌。大呼拔帜思野战，杀气当年
赤浮面；南游蜀道已低摧，犹据胡床飞百箭。岂知蹭蹬还江边，病臂不复能开
弦。夜闻雁声起太息，来时应过桑乾碛。"

　　辽、金、元入主中原以后，也很重视马球运动。辽国的肖孝忠为东京（今
辽阳市一带）留守时，主张以击毬习武。他主张："东京最为重镇，无从禽之
地，若非球马，何以习武？"（引自《辽史·肖孝宗传》）金世宗完颜雍好击毬，司
天监马贵中上疏劝阻，以为"围猎、击毬皆危事也"，而世宗却说："祖宗
以武定天下，何以承平遗忘之也？"因此要以击球"禾天下以习武"（引自《金
史·马贵中传》）。

　　马球作为一种宫廷的文化娱乐活动，得到了统治阶级崇尚和喜爱。宋太
宗赵光义为了把在军队中开展的马球活动移植至宫廷，"令有司评定其仪"，
对球场的布置、服装识别和比赛胜负的计算，都作出了具体规定。这些规定都
写入了《宋史·礼志》："竖木东西为球门，高丈余，首刻金龙，下施石莲华
坐，加以采缋，左右分朋主之（即分两队），以承旨二人守门，卫士二人持
小红旗唱筹（唱筹即记分），御龙官锦绣衣，持哥舒棒，周卫球场（有裁判
员），殿阶下，东西建日月旗。教坊设龟兹部鼓东于两廊，鼓各五。"

　　辽国的统治者如穆宗耶律璟、兴宗耶律宗真、圣宗耶律隆绪，都曾经以
打毬取乐。辽、金两国还把马球作为祭天典礼中的一个重要内容。《金史·礼
志》中记载："金因辽旧俗，以重五、中元、重九日行拜天之仪。一年举行三
次拜天之仪，唯有重九这次最为隆重。重五（五月初五）拜天于鞠（马球）
场，中元（七月十五）拜天于内殿，重九则于都城之外。凡重五日拜天礼
毕……已而击球……既毕赐宴，岁以为常。"《金史·礼志》还对当时所用的

球子、球杖的形制，作了详细记载："杖长数尺，其端如偃月……球状小如拳，以轻韧木枵（音：xiāo）其中而朱之。"

到了南宋中叶，由于群臣（如陈俊卿、圈必大等）竭力反对宋孝宗赵昚和皇太子赵惇（音：dūn）击毬。宫廷击毬活动日见减少，也没有了再举行观球典礼。从此，风行一时的马球活动，慢慢地淡出人们的视线。

### 三、捶丸

捶丸是一种不用乘骑的徒步打球运动，他是从唐代的"步打球"发展而来，北宋时称"步击"。唐代所称"步打球"和北宋所称"步击"，即我国古代的曲棍球。唐代宗时期的进士王建有一首描写宫女们"步打球"的宫词："殿前铺设两边楼，寒食宫人步打球。一半走来争跪拜，上棚先谢得头筹。"

从步打发展而来的"捶丸"，主要是把步打的对坑竞赛改为非对抗性的比赛，使用起源于蹴鞠的球穴和多样化的球棍，它类似于现代的高尔夫球。

公元1282年，金元时期的宁志斋老人写了一本《丸经》，早在公元1101—1125年（宋徽宗时代），我国已有捶丸。经常从事捶丸运动，有益于身体健康，可以"养其血脉以畅四肢"（引自《丸经》）。到了清代，捶丸运动已湮没在失传的混流之中。

## 第四节　宋、辽、金、元时期相扑运动的发展

宋代时期的相扑，就是唐代以前的角抵、角力。"角抵者，相扑之异名也，又称之争交。"（引自《梦粱录》）两宋时期的相扑，较之唐代，更为普及（特别是民间的相扑运动），这与当时的社会经济发展密切相关。

在北宋都城汴京（今开封），有许多"瓦肆"（或称"瓦子""瓦舍"），其中都有"相扑"及"小儿相扑"的表演。每年农历六月六日是民间节日（即所谓崔府君生日），万胜门有许多技艺表演，其中就有相扑。南宋首府临安（今杭州），瓦肆之多，相扑之盛，较开封尤甚。《武林旧事》中记载：南宋时期民间已有相扑运动的组织，叫角抵社。角抵社的出现，标志着相扑已从杂技百戏中完全脱离出来。南宋时期，有很多相扑能手，参加定期进行的比赛。临安护国寺的南高峰，就常有名州县的英雄好汉在那里进行相扑竞

赛，即所谓"露台争交。"这实际上就是我们通常所说的"打擂台"。"无论护国寺南高峰露台争交，须择诸边州郡膂力强、天下无敌者，方可奈其赏"（引自《梦粱录》），即没有高强的膂力是不能获胜得奖的。露台争交的优胜者，不仅可得厚赏，有时还可获得一官半职。景定年间（公元1260—1264年）有个绰号叫温州子的人，因争交获胜，除得奖外，还补了一个军佐之职。《水浒全传》第七十四回所描写的燕青在泰安州岱岳庙与任原相扑，未必确有其人其事，但从另一个层面反映了当时相扑运动的普及。

在民间相扑运动发展的基础上，宫廷相扑也盛极一时。宋皇室继承了唐代的遗风，在宫廷宴会最后一盏酒时，都会有相扑表演。按照宋朝的惯例，每年农历十月初十（天宁节），皇帝要召开宴会，当宴会进行到第九盏"御酒"时，就由宫军表演"左右军相扑"。南宋宫廷，也从御前左右军里挑选出一百二十名膂力强壮者，组成一支专业的相扑队伍，其中包括上、中等各五对，下等八对，剑棒手五对，称为"内等子"。这些"内等子"经常在盛大节日或大规模御宴时进行相扑表演。《宋史·高宗本纪》中记载：绍兴五年（公元1136年）三月，赵构"御射殿，阅内等子赵青等五十人角力。"

两宋时期还有女子相扑运动。清朝人俞曲园所著的《茶香室丛钞》（续钞卷九）引自明朝张萱的《疑难》中说："宋嘉佑间（宋仁宗年号，公元1056—1063年）正月十八日上元节，上（宋仁宗）御宣德门，召诸色艺人，各进伎艺，妇人裸体相扑为戏，所谓裸者，殆只祖上身，非全体赤露耳。古人称身体之一部分外露亦曰裸，而且汴州（开封）元宵街头寒气逼人，必不能多露。"清朝人乔松年的《萝摩亭扎记》中记载："司马温公集，有请仃裸体妇人相扑为戏劄（音：zhā）子。"吴自牧在《梦粱录》里，记录了南宋时经常公开表演的妇女相扑名手有赛关索、嚣三娘、黑四姐等人。

辽、金、元时期也流行角抵（相扑）活动。《续文献通考·乐考》中记载：辽国君主经常在帝王生辰、宴请使节以及其他仪典宴会上作角抵表演。金代的大力士蒲察世杰，擅长角抵，海陵王完颜亮在篡夺帝位时，以蒲察世杰为护卫（参见《金史》）。元武宗孛儿只斤海山（公元1307—1311年）在位时也喜好角抵，对一些角抵高手，经常用重金赏赐或授予官职，但民间角抵，却遭到严厉禁止。当时元代的统治者规定：民间"习练角抵之戏，学攻刺之术者，师弟子并杖七十七"。（引自《元史》）

宋代在相扑运动普及的基础上，出现了论述相扑历史沿革、贴身效益等方面的著作《角力记》，《角力记》署名"调露子"，它既是一部描写角力的专著，也是我国最早关于体育史的著作。

# 第五节 宋、辽、金、元时期的导引养生术

北宋时期道教盛行，自宋真宗时期开始，道教在政治上的势力远超过佛教，并且刊印了诸多道教著作，包括众所周知的、其内容丰富而又庞杂的《道藏》。在道教的影响下，不少人服气、炼丹，追求长生不死。被奉为官方哲学的"理学"，鼓吹"静坐""主敬"。但由于医学科学的发展，宋代的导引养生，在总结前人经验的基础上得到了很大发展。主要表现在以下三个方面：

## 一、发展了"动以养生"的指导思想

古代导引的产生是以"动"为其指导思想的，没有"动"，就无所谓"导引"。譬如"流水不腐，户枢不蠹，动也"（引自《吕氏春秋》）。"动以养生"的思想，是古代导引得以发展的一个基本因素。到了宋代，大多致力于养生的人们结合自己的生活实际，阐发了"动以养生"的光辉思想。

苏东坡是宋代著名的大文学家、诗人，他也很重视对养生的研究，著有《问养生》《论修养帖寄子由》《续养生说》《书养生论后》等二十余篇有关养生方面的著述。他受过儒、释、道各家学说的影响，并通过他自身的体验和比较，得出了"善养身者，使之能逸而能劳"的结论。他在《策文》一文中写道："是故善养身者，使之能逸而能劳，步趋动作，使其四体狃（音：niǔ）于寒暑之变，然后可以刚健强力，涉险而不伤。"他除了参加田间劳动，周游名山大川，注意起居饮食之外，还创编了一套呼吸导引术（参见《养生诀》），包括呼吸、吞津、按摩，目的在于增强内脏器官的活动，促进血液循环。他这种建立在以"动"养生基础上的养生术，"功用不可量，比之服药，其力百倍"（引自《养生诀》），有效地反对了当时流行的服药养生之荒唐做法。苏东坡的养生著作，有一些被后人收入《苏沈良方》中（单列《养生》一卷）。

宋代的另一位大文学家欧阳修，同样也创立了"以自然之道养自然之生，不自戕贼天阙而尽其天年，此自古圣智之所同也。"的养生观。他从夏禹、颜回的生活经历中（夏禹终生劳苦而寿百岁，颜回整天安逸读书，只活了卅岁）认识到了"老其行者长年，安其身者短命"（引自《删正黄庭经序》）的规律，看到

了"苏"和"安"的利弊，从另一个角度阐述了"动以养生"的积极作用。

蒲虔贯是一个道士，但因他年幼时体弱多病，在与疾病作斗争的过程中，认识到活动肢体多健身治病的积极作用，因此他非常重视"动"。蒲虔贯主张的"动"是一种不过度的动，即他所谓的"小劳"。"养生者形要小劳，无至大疲。故水流则清，滞则浊。养生之人，欲血脉常行，如水流。"（引自《保生要录》）

强调"动"的养生观，但要注意劳逸结合，不宜过度疲劳，这便是宋代"动以养生"的基本理念。

## 二、导引术的创新发展

首先，八段锦的出现把导引术的发展推向一个新的高度。八段锦共包括八节连贯动作的健身体操。按活动的姿势来区分，八段锦分成"文八段"和"武八段"两种内容。文八段是采取坐姿进行的，明朝的高濂（音：lián）称为八段锦坐功，在他《遵生八笺》中编辑了《八段锦导引法（诀）》和《八段锦坐功图》。武八段是采取立式进行的，南宋曾慥（音：zào）所辑著的《道枢》中有八段锦的内容：主要包括以下部分。

①仰手上举所以治三焦；
②左肝右肺如射雕；
③东西单托所以安其脾胃；
④返而复顾所以理其伤劳；
⑤大小朝天所以通五脏；
⑥咽津补气左右挑其手；
⑦摆鳝之尾所以祛心疾；
⑧左右攀足所以治其腰。（引自《古导引初探》）

八段锦导引养生术把导引术与中医理论密切结合，防病治病的目的性更为明确，时至今日，八段锦养生术依然受到中国人民认知和推崇。

其次，出现了"小劳术"。"小劳术"是宋代的蒲虔贯根据前人所编著的导引术改编而成的。改编后的"小劳术"，运动量适中（"形要小劳，无至大疲"），而且动作简易（"每日频行，必身轻、目明、筋节血脉调畅，饮食易消，无所壅滞。体中小不佳快，为之即解。旧导引方太烦，崇贵之人不易为也。今此术不择时节，亦无度数，乘闲便作，而见效且速。"）。"小劳术"也包括肢体活动和按摩八个动作。"此导引术不择时节，亦五度数，乘间使作，而见效且速"（引自《保生要录》）。"小劳术"是一种简便易行的健身方法。"小劳术"其方法内容主要如下：

①两臂左换右换，如挽弓法；

②两手上下升举，如拓石法；

③手臂前后左右轻摆；

④双拳凿空；

⑤头项左右顾；

⑥腰胯左右转，时俯时仰；

⑦两手相促，细细捩（音列），如洗手法；

⑧手掌相摩令热，掩面摩面。（引自《古导引初探》）

最后，道士陈希夷创立的十二月坐功。陈希夷是北宋时期著名的道家隐士，原名抟（音：tuán），五代时隐居华山，宋太宗时，赠号希夷先生。他利用二十四节气的气运及其与人体经脉的对应关系，自创了一套"二十四节气坐功导治病"功法，他自创的十二月坐功，共二十四势，可按照二十四节气进行。因其主要在坐位上练功，所以叫坐功。明代高濂在他所著的《遵生八笺》中收有这套坐功，并附有图像。其内容主要包括按膝、捶背、伸展四肢、转身扭颈等身体操练。每势坐定，接着叩齿、嗽咽、吐纳。每势都注明可治之症。如三月清明："丑寅，正坐定，换手左右，如引硬弓，各六、七度。叩齿、纳清吐浊，咽液各三。治病：腰身肠胃虚邪积滞，耳前热，苦寒，耳聋，颈痛不可回顾，肩拔臑折、腰软及肘臂诸痛。"

## 三、导引术的挖掘整理与传播

两宋时期造纸术和印刷术的快速发展，极大地促进了对引导术的整理出版与传播。譬如张君房的《云笈七签》，北宋时期刊印的《道藏》（金章宗明昌年间重刊的叫《金藏》，元朝太宗时重刊于平阳的叫《元藏》），晁公武撰写的《郡斋读书志》等，这些史料都编辑有导引养生术的内容，尽管这些导引养生术对人的健康促进和价值不尽相同，但这对总结、创新和传播中国传统导引养生术的健康发展具有重要的作用。

## 第六节　宋、辽、金、元时期的民间体育活动

### 一、"贵由赤"赛跑

公元1287年，忽必烈下诏大司农编定了《农桑辑要》，颁布全国，又出版了王桢的《农书》以及鲁明善的《农桑衣食撮要》，进行普及农业知识的教育活动。与此同时组成了一支能跑善走的禁卫军——"贵卫赤""贵赤"或"贵由赤"（蒙语的意思就是快跑者），主要负责大都（今北京）和上都（今内蒙古正蓝旗东闪电河北岸）的警卫工作。并且设有急递铺，每铺间隔十至十五里，铺卒以接力的方式传递消息。《元史·兵志》中记载，这些铺卒"腰系革带，悬铃，持枪，夹雨衣，赍文书以行""一昼夜行四百里"。"贵由赤"是指元时禁军"贵赤卫"的长跑比赛，蒙语的"贵由赤"，就是指快行走者（据元末陶宗仪的《南林辍耕录》记载）。元世祖忽必烈在位时，从至元二十四年开始举办"贵由赤"比赛，为了训练禁卫军的身体素质和长跑技能，规定每年举行一次长距离赛跑。跑的路线有两条，其一从西务（在京北武清县东北30里北运河西岸）到大都（今之北京），其二从河儿（在宣化县东15里）到上都（今内蒙古多伦县东南），全程均为180里，自清晨出发，以3个时辰（一个时辰合2个小时）跑完全程。这个距离比马拉松跑（全程42公里195公尺）的距离还长得多。

相关史料记载，"贵由赤"赛跑，没有固定的规则，竞赛开始前，拉一根长绳作为起点线，参加者站在起点线后排队。起点线绳子放开后，比赛开始。比赛结束以后，奖励前三名。

### 二、钱塘弄潮

在浙江省杭州湾钱塘江口，因海湾广阔，江口浅狭，每当东来的潮水进江

后，迫使潮泊变形，潮头壁立，波涛汹涌有如万马奔腾。特别是每年八月十八日的潮水更为壮观，每当此时，当地居民，扶老携幼，争相观潮。《梦粱录》中记载："至十六、十七、十八日，倾城而出，十八日最为繁盛……伺潮出海门，百十为群，执旗泅水上，以迎子胥，弄潮之戏，或有手脚执五小旗浮潮头而戏弄……"另据《武林旧事》中记载："吴儿善泅者数百，皆披发文身，手持十幅大彩旗，争先鼓勇，溯迎而上，出没于鲸波万仞中，腾身百变，而旗尾略不沾湿……"。时至今日，钱塘潮水依然壮观，只是观潮的历史已经变迁。

"八月钱塘江口开，万人鼓噪岸边排。弄潮健儿显身手，风头浪尖逞娇材。"钱塘弄潮，反映出宋代江南水乡地区的戏水和游泳技术相当娴熟，也反映出钱塘江地区的百姓对钱塘弄潮的喜爱程度，这一点我们从很多文学著作中都可以得到证实。譬如，在《看弄潮回》中所描述的就可以看出："弄罢江潮晚入城，红旗飐飐白旗轻。不因会吃翻头浪，争得天街鼓乐迎。"

## 三、围棋的广泛开展

宋代的围棋棋艺比唐代有了更进一步的发展，不少帝王也精于棋艺：太祖赵匡胤，经常自制棋势，征答于朝臣。在文臣武将和知识分子阶层中，棋风也很盛行，王安石、宋泽、文天祥等都是著名的围棋名手，苏东坡、王安石、陆游等还留下不少歌咏弈棋的绝美诗句。苏轼的"胜固欣然，败亦可喜"（引自《观棋》），至今仍然是用以勉励棋手正确对待胜负的佳句。

宋代刘仲甫所写的《棋诀四则》和张拟考《孙子十三篇》而写的《棋经十三篇》，都被认为是弈棋中的名著，这对以后围棋的发展产生了很大影响。

# 第七节　宋、辽、金、元时期的体育文化要点

这一时期的体育普及和发展相对较好。这是因为两宋统治时期长达319年，统治的地区特别是江南地区，很少受到战争的破坏，经济发展较快。农业和手工业的发展促进了商业的繁荣。作为自然经济的补充，市场经济的形成初见成效，从北宋开始，南北各地的农村社会中定期出现了一定规模的集市。开封、洛阳、杭州、扬州、成都，都成为这一时期的重要城市，店铺林立，人口

密集。以南宋时期的杭州为例，除了贵族、官绅、大商贾（音：gǔ）之外，还聚集了大批手工业者、商人、小业主等各类市民阶层。《马可波罗游记》中记载："杭州有十二种职业，各业有一万两千户，每户少者十人，多至三四十人"（具体数字已无从考证）。他们除了物质生活之外，对精神生活的需求也在不断扩大和提高。所以在百戏争艳的同时，也出现了体育的兴旺。在杭州众多的民间伎艺组织中，有齐公社（蹴鞠）、角抵社（相扑）。这些组织的出现，标志着这一时期民间体育的发展。

宋代理学的兴起，对体育的发展产生过消极影响。理学，也称道学，是适应两宋统治阶级需要而产生的一种官方哲学。它以儒学为核心，儒、道、佛相互渗透（宋代理学家表面不谈鬼神、仙佛，也不说"天人感应"，而是在"理""天理""心""性"这些新的命题之下，通过理学思想为维护当时的封建统治服务），宋代理学家阐述的封建宗法思想以及关于内心自我修养的主张，对宋代以及宋代以后的体育发展产生了消极影响，甚至是有害的。

理学家程颐强调，封建宗法家庭的家长，宁可治家严厉，也不要失于放肆，以致"妇子嘻戏"，"女从男""女归于男"是"天地之大义"（引自《伊川易传》）。在理学家们的眼里，妇女的主要任务就是生儿育女，传宗接代和继承先祖，奉祭祀，至于"主中馈"，成日围着锅台转，更是理所应当。他们把宗法提到"天理"的高度，从而论证妇女地位奴隶化的合理性（引自《宋明理学与宗法思想》，载《历史研究》79年11期）。这就极大地束缚了妇女参加体育活动机会和积极性，"三从""四德"，像一个"紧箍咒"一样，紧紧束缚在中国妇女的身上。北宋时期出现的女子相扑，以"上有天子，下有万民，后妃侍傍，臣子纵观"（引自《茶手·室丛钞》）为理由，要求宋仁宗停止女子相扑。女子参加的体育活动受到歧视，这使在唐朝出现过女子参加体育活动的辉煌局面，到宋代以后逐渐被宋明理学所毁灭。

另外，宋代早期理学家周敦颐提出了用内省工夫以摒（音：bìng）除恶善、回复养性的"主静"方法。与此同时，程颐提出用"主敬"的方法，以达到"去欲明理"之目的。朱熹也同意主静、主敬的思想观点，即所谓"尽心知性，存心养性"（引自《文集·尽心说》），"持敬须主一"（引自《中国古代教育史》）。陆九渊则提倡"静坐以存本心"（引自《中国古代教育史》）。在这些"主静""主敬"思想的影响下，日趋文弱的社会风尚，类似于陈希夷这样的坐功，也就应时而生，并流行于社会各个角落。

雕版印刷术自唐代后期出现以来，到了宋代已经有了很大发展。北宋国子监、各地官府以及书院、家塾均有刻印书笈。东京、杭州、蜀中、福建是北宋印刷业的中心。北宋初期，成都刻撰的《大藏经》多达十三万版，国子监刻经史十多万版，足见这一时期印刷业发展的规模之大。

随着印刷业的发达，造纸业也得到了很快的发展。印刷业、造纸业的发展，为体育图书的刻印出版创造了重要的物质基础条件，体育图书的印刷出版，又极大地促进了这一时期体育的普及传播和发展。

# 第九章　明、清时期的体育文化

## 第一节　明、清时期的历史概况

从公元1368年开始，在我国古代文明的历史长河中，又建立了最后两个封建王朝——明朝和清朝（图9）。

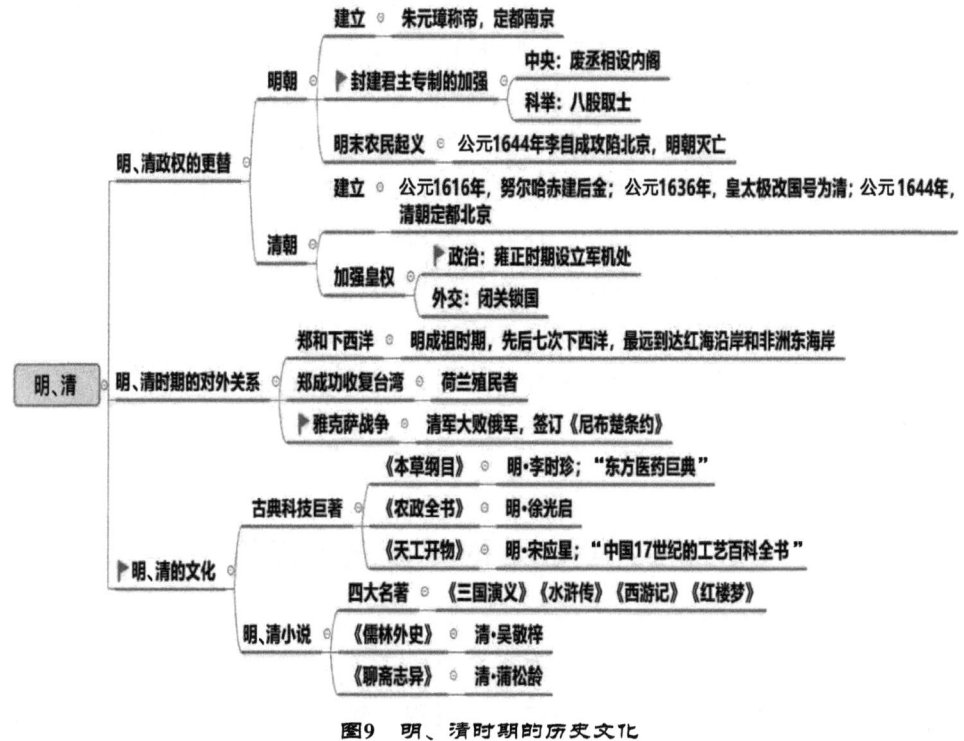

图9　明、清时期的历史文化

明朝（公元1368—1644年）

14世纪下半叶，在元王朝统治区域内，爆发了以刘福通、朱元璋等领导的农民大起义。朱元璋在起义的前期，领导农民阶层打击了蒙汉贵族地区的反动势力。公元1364年的正月，朱元璋即吴王位，公元1367年12月，朱元璋在南征北伐的凯歌声中登上了皇帝宝座，第二年（公元1368年）正月，改元洪武，定国号为明，以应天府（今南京）为京师。公元1368年9月，明朝北伐军攻陷大都，元顺帝弃城而逃，至此，统治了98年之久的元朝，宣告灭亡。

明朝的历史变迁总结："太祖金陵创大明，功臣屠戮少余丁。燕王靖难夺侄位，睿帝巡边陷虏营。严魏蠹国戚灭寇，崇祯悬树李侵京。吴贼卖祖山河变，江北江南属大清。"（引自《人民日报》）

清朝（公元1644—1911年）

16世纪后期，女真族建州部，在努尔哈赤的领导下逐渐强盛起来，并于公元1616年建立"后金"政权。公元1636年，努尔哈赤的儿子皇太极，改后金为"清"，并在沈阳登基称帝，把女真人改为满洲人。公元1644年3月19日，以李自成为首的农民革命军攻陷北京，明崇祯帝自缢于煤山之下，明朝灭亡。5月1日，清军劝降明将吴三桂，在吴三桂的帮助下进占北京，颠覆了大顺农民革命政权，夺取了农民革命的胜利果实。同年十月初，正式定都北京。

清朝建国共286年。从道光二十年（公元1840年）鸦片战争爆发开始，中国社会沦为半封建半殖民地社会，这段历史虽然属近代史范畴，但从历史更迭的朝代断代划分来看，都属于清朝的历史。清代的体育发展，我们在这里分两个阶段展现，第一阶段：公元1644—1840年这段时间的体育概况；第二阶段：公元1840—1911年清朝末年的体育发展属于近代体育的研究内容。

清朝的历史变迁总结："太祖兴清顺入关，扬州嘉定骨成山。康乾盛世雍承启，嘉道弱朝咸续延。鸦战外加权丧尽，天国内耗力消残。垂帘慈禧维旧政，炮震武昌宣统迁。"（引自《人民日报》）

# 第二节　明、清时期武艺的发展

武艺在这一时期的发展更加趋向于直接为阶级斗争服务的工具。同时，学习和掌握武艺的过程也是人们强身健体的过程，学习武艺可以帮助人们增强体质、强化筋骨，预防疾病、祛病。因而在这一时期的体育存在形式，武艺的发展是非常重要的内容。

我国传统的武艺，民间向来有"技艺十八般"或"十八般武艺"之说。

由于兵器的发展变化，"十八般武艺"的内容也因时而异。相关史料记载：明代以后所谓"十八般武艺"主要是指弓、弩、枪、刀、剑、矛、盾、斧、钺、戟、鞭、铜、挝（音：zhuā）、殳（音：shū）、把头、叉、棉绳套索和白打（即拳法）十八种。明、清时期的武艺与唐、宋时期相比，有了很大发展，特别是拳术、枪术和棍术的发展最为明显。这主要是因为明朝初期统治阶级重视武学和武考之原因；而明、清时期激烈的阶级斗争和民族斗争，又推动了武艺的普及和传播。许多有识之士，为了推翻封建社会的专制统治，潜心钻研武艺，或言传身教，或著书立说，在武艺领域出现了百花齐放、百家争鸣的大好局面，使明、清时期的武艺出现了前所未有的繁荣景象。

# 一、拳术

拳术是"徒手搏击的一种武术"形式（引自《辞海》第一册），或者称为"武术的徒手练习"（引自武汉体院：《武术专辑》）。"武艺十八，终以白打；以白打为终，明乎其不持寸铁也"（引自《闽水记》）。在战争过程中，当手中武器被损坏或失去武器的情况下，就需要赤手空拳与对手相互搏击，因此，拳术为历代兵家所重视的武艺。

在明代，不少军事家认为拳术是"武艺之源"（引自戚继光《纪效新书》），甚至有"学艺先学拳"（引自何良臣《阵纪》）的说法。明代拳术，除继承宋太宗时期的各种拳法之外，还有温家七十二行拳、三十六合锁、二十四弃探马、八内翻、十二短打等。

由于拳种繁多而内容庞杂，到了明代的时候，有所谓外家拳和内家拳的区别。"盖拳勇之术有二、一为外家，另一为内家，外家以少林为盛，其法主于搏人，而跳踉奋跃，或失之竦 ，故往往为人所乘。内家则松溪所传为正，其法主于御敌，非遇困危则不发，发则所当必靡，无隙可乘，故内家之术尤善"（引自《宁波府志·张松溪传》）。

所谓"外家"，原指"内家"拳术产生之前的一般拳术而言，所以包括的拳种很广，其中以少林拳术最负盛名，也最有代表性。

少林拳是少林寺和尚在练武中积累和创编的拳术总称。少林寺在现在的河南省登封县内嵩山少室的北麓，建于北魏孝文帝太和19年（公元495年）。唐宋两朝以来是少林寺的兴盛时期，寺院房屋兴建发展到几千间，和尚1000多人，成为中外驰名的佛法寺院。寺内僧人出于他们的防卫目的，早有习武的传统。到了明朝时期，少林寺已"以搏名天下"（引自《宁波府志》），不少人慕名前往学习武艺，少林寺僧人自己对练或者给游人表演武艺的情况，在不少文献中也有记录。譬如《倭变事略》《江南经略》等著作中，还记载了少林寺僧人在月空法师带领下，应召到松江一带抗击倭寇的实绩。这些僧侣士兵在战斗中"骁勇雄杰，官兵每临阵，辄为前锋"（引自《吴淞甲乙倭变志》）。明代少林寺的武艺如此名扬天下，这与明朝统治阶级对他们的支持是分不开的。明朝统治者为了把少林寺武艺作为他们镇压农民起义和抵御外来侵略的主要工具，竞相容许少林寺僧人公开练武，从而在宋、元时期民间武艺蓬勃发展的基础上，少林寺武艺得到了很大发展。

清朝入关以后，少林寺僧人参加了反清复明的活动。当时少林寺的痛禅上人（相传为明朝福王的堂叔），带领众僧习武，并立戒约十条，第一条就是"肄习少林技击者，必须以恢复中国的志意，朝夕勤修，无或稍懈。"（引自《中国体育史》）明确说明了他们练武的目的。少林寺反清复明的活动，触怒了满清政府的统治阶级，清政府以少林寺多明末遗臣为理由，两次焚毁少林寺，使僧徒星散，少林寺武艺受到严重打击，但僧众出走，反而促进了少林寺拳术进一步向外传播，推动了民间拳术的快速发展。

少林拳术的内容十分丰富，它随着不同师承，形成了各种不同类型的武术流派，大体上有"谭腿门""花拳门""洪拳门""通臂门""劈卦门""地趟门""绵拳门""番了门""六合门""少林散手""戳腿门"等。每门拳术都有较为系统的锻炼程序及练功方法（引自《谈谈少林拳》）。譬如所谓"内家拳"，乃是以"外家"（即未分派别时的拳术）分化演变出来的一种派别的拳术。

明代中期，少林拳勇已闻名天下，一些武伎家，针对少林"主于搏人，人亦得而乘之"（引自《王征南墓志铭》）的不足，创造出了以静制动、后发制人、顺势使力的拳法。为了和少林拳法相区别，称这种拳法为"内家拳"。

"内家"与"外家"派别的出现，除了拳术本身固有的矛盾外（如战术的攻防、动作的刚柔、架势的大小不同等），还与人们的宗教信仰、生活习惯、人民体质的不同有密切关系。

满清时期拳术的发展，还表现在太极拳的形成和传播方面。太极拳是在继承和发展我国各种传统武艺拳术的基础上，结合古代的导引精髓而形成的一种拳种。太极拳中的一些动作，在明代以前的"先天拳""长拳"和导引术中已经出现。明代初期，有人出于"消化饮食，增进健康"，而"理极太极，运转周身"，采用长拳中的一些招式并加以改造、设计，创编出一种用以健身的拳法（引自《陈式太极拳图说·白序》）。至明末清初，河南温县的陈王廷为太极拳的最后定型做出了应有的贡献。

太极拳动作舒缓、刚柔并济。"用意不用力""运用如抽丝""迈步如猫行"；每一个动作，都是全身心的活动，一动无有不动；它吸收古导引术的吐纳法，强调呼吸自然深长；太极拳虽不崇尚技击，但仍保留攻防的内涵。太极拳的这些特点，使它在清代中叶以后，在各地广泛传播，并形成了各种流派，以杨式（杨澄甫）为代表的大架势，动作舒展大方，轻灵沉着；以武式（武禹襄）为代表的小架势，动作小巧紧凑，身法较低；以吴式（吴鉴泉）为代表的中架势，拳架大小适中，长于柔化。

# 二、兵器武艺

从明、清两朝的兵器武艺发展来看，其中最有成就的是枪法和棍法。

## 1. 枪法

枪是为了纯粹刺兵而用。后世便以刀枪剑棍为四大兵器，而枪是以其长而锋利，使用起来较为灵便，其他兵器难以匹敌，故枪有"百器之王"的雅称。南宋时期农民起义军领袖李全的妻子杨妙真（人称杨四娘子，军中称作"姑姑"或"小姐儿"）擅长枪法，自称"二十年梨花枪，天下无敌手"，明代武术家都非常推崇杨家枪法。明代枪法，据明遗民吴修龄的《手臂录》（卷四）所记载：除杨家枪法之外，尚有十六家之多的多种枪法。程冲斗的《长枪法选》也是集明代枪法大成的著作，这些专著的编撰，反映了明代枪法的成就，清代的潘佩言、冯行贞，也都以枪法著称于世。

## 2. 棍法

棍法在春秋时期称作"殳"，列为"五兵"之一。《诗经·卫风》中就有："伯也执殳，为王前驱"的诗句。棍的长度稍短于枪，明代的军事家都非常重视对棍法的使用。"先学拳，次学棍；拳棍明，则刀枪诸技特易易耳"（引自《阵纪·技用》），这充分说明了拳和棍是诸技之本。程冲斗更加强调对棍法的使用，认为棍是武艺中之魁首。明代少林寺的棍法，驰名天下。抗倭名将俞大猷曾去少林寺访问，把在战争中临阵实用的棍法传授给寺院僧人，并以《剑经》相赠。从此，少林寺棍法又注入新的内容和活力，在平倭战争中，应召僧兵各持铁棍，重达三十斤，长达七尺，"轮棍近进破，敌遇见者即仆"（引自明张鼐（音：nài）《吴淞甲乙倭变志》），在卫国战争中发挥了重大作用。明代程冲斗学棍法于少林寺，并著有《少林棍法阐宗》的著作。

明、清时期的武艺形成了多种风格，各种套路的出现以及大量武艺专著的广泛流传，对传承民族传统体育文化和开展武术运动，创造了十分有利的条件，也起到了继往开来的作用。

# 第三节　明、清时期球类运动的兴衰

## 一、蹴鞠

明朝蹴鞠与唐宋时期相比，已经有了明显衰退的迹象。主要表现在：双球门和单球门的蹴鞠，已不占蹴鞠运动的主流；当时流行的蹴鞠打法，主要是不用球门的和运动量小的"一般场户"，这主要是在宋明理学理念的影响下，整个社会文弱风气的一种反映。

明代宫廷的蹴鞠运动目前有历史记载的，其中有无名氏画的《宣宗行乐图》中第三段《观蹴鞠》。画中所展示的明宣宗朱瞻基看的是"三人场"蹴鞠。明末清初王誉昌写的《崇祯宫词》，反映了宫女陪伴崇祯皇帝宠妃田贵妃踢球的场景："锦罽（音：jì）平铺界紫庭，裙衫风度压聘（音：pìn）婷。天边自结齐云社，一簇彩云飞便停"。

民间的蹴鞠运动开展较为广泛。民间女艺人彭云秀在明洪武年间（公元1368—1398年）"挟是伎（指蹴鞠）游江海"，在各地表演一人场球伎（指一人表演的蹴鞠运动），受到广大人民群众的盛赞。当时的诗人詹同文写了一首《滚弄行》，称道她的绝技（参见《太平清话》）。"蹴鞠当场二月天，仙风吹下两婵娟。汗沾粉面花含露，尘扑娥眉柳带烟。翠袖低垂笼玉笋，红裙斜曳露金莲。几回蹴罢娇无力，恨杀长安美少年。"（引自钱福的《蹴鞠》）则生动地记下了两个富家女子在春光明媚的二月天里踢球的场景，这说明在明朝时期女子进行蹴鞠运动并未停止。一些女学士，也有以蹴鞠取乐的，如明诗人徐舫就"好击剑、走马、蹴鞠"（引自《明史·隐逸传》）。

值得关注的是，明朝时期的汪云程撰写了《蹴鞠图谱》的一卷，共计二十一篇，介绍了当时蹴鞠运动发展的技术特征和竞赛规则。另外，根据清朝时期的黄虞稷（音：jì）编著的《千顷堂书目》中所记载，明朝人（具体作者不详）还著有《蹴鞠图谱》二卷，具体版本现已无法考证。

相关史料记载：在清代一些地方由于民族习惯等方面的原因，改陆上蹴鞠为冰上蹴鞠。另据《帝京岁时纪胜》中记载：每年冬天，常在"金海（今北海）冰上举行蹴鞠之戏，每队数十人，各有统领，分位而立，以革为球，掷于空中，俟其将坠，群起而争之，以得者为胜。或此队之人将得，则彼队之人蹴之令远。欢腾驰逐，以便捷勇敢为胜。将士用以习武。"《帝京岁时纪胜》的作者潘荣陛，雍正年间（公元1723—1735年）曾在皇宫供职，它所记录的冰上蹴鞠，是当时禁军中的一种军事体育活动。这种活动，当时也流传到了民间："什刹海、护城河，冰上蹴鞠，则民人练习者"（引自《帝京岁时纪胜朴笺》）。清光绪三十二年（公元1906年）刊印的《燕京岁时记》，不记冰上蹴鞠，只有儿童踢石球的记载："十月以后，寒贱之子，琢石为球，以足蹴之，前后交击为胜。"说明这一时期的冰上蹴鞠可能已经不复存在了。

## 二、击鞠

自南宋中叶以后，骑马打球的社会风气逐渐有所衰减。元代时期，有关击鞠的记载，也很难见到。到了明朝时期（特别是明朝初期），由于朱元璋"立武学，用武举"（引自《明史·选帝》），作为军事练兵手段的马球，又重新得到重视复兴。每年重五日、重九日有击球之会（参见《日下旧闻考》）。明朝初期，一些帝王常去"赐观"击球。永乐年间（公元1403—1424年）的中书舍人王绂（音：fú），就曾陪侍明成祖朱棣（音：dì）在东苑教场看过马球表演，并写下《端午赐观骑射击毬侍醮（同宴）》：

葵榴花开蒲艾香，都城佳节逢端阳。
龙舟竞渡不足尚，诏令禁籞开毬场。

毬场新开向东苑，一望晴烟绿莎软。

万马骞腾鼓吹喧，五云缭绕旌旗展。

羽林年少青纶巾，秀眉丰脸如神人。

锦袍窄袖巧结束，金鞍宝勒红缨新。

纷纭来往尤迅速，马上时看藏马腹。

背挽雕弓金镞鸣，一剪柔条碎新绿。

忽闻有诏命分棚，毬先到手人夸能。

马蹄四合云雾集，骊珠落地蛟龙争。

彩色毬门不盈尺，巧中由来如破的。

割然一击电光飞，平地风云轰霹雳。

不知何以能尔为，人人武勇张天威。

鬼神变化妙莫测，此技乃知聊尔嬉。

圣心举此重阅武，逸不忘劳在戎伍。

帑币鲜华夹道陈，驰骋许教便捷取。

自矜得隽意气粗，万夫夸美声喧呼。

挝金伐鼓助喜色，共言此乐人间无。

銮舆临幸天颜喜，宴赐千官醉蒲醹。

光禄尊开北斗傍，箫韶乐奏南薰里。

微臣何幸遭盛明，清光日近多恩荣。

呈诗敢拟长杨赋，万岁千秋颂太平。

通篇文章生动地描写了羽林军在新开球场上分成两队，驱逐争夺。比王绂稍后的王直（他曾做过仁宗、宣宗时的修撰），也写过《端午日观打球应制》一诗。说明王直也曾陪侍过仁宗（或宣宗）在重五日时看过打马球。

明朝马球虽然得到复兴，但与前一个朝代相比较，却已是很大衰退了。衰退表现如下：出现了一个球门的打法，参加者只是依次射门而已。《宣宗行乐图》第三段《观打球》，场内只有一个形状如屏风的球门，底部中下方有一方孔，可能就是击球者所要打进的"球门"。通观全图，击球者是依次射门的，没有"骊珠落地蛟龙争"的竞赛场面。这种打法已失去了以往军事训练的价值。

嘉靖年间（公元1522—1566年）以后，由于"承平日久，吾辈渐驰"（引自《续文献通考·兵考》），马球活动，又趋向低潮。到了清朝时期，流行了一千多年的古代击鞠，同蹴鞠一样，逐渐消失在体育运动的行列之中。

## 第四节　明、清时期冰嬉运动的兴起

冰嬉是我国古代北方特有的一项体育活动。《宋史·礼志》中提到过"冰嬉"运动，但描述不多。到了清朝时期，由于满族的生活习俗和着眼军事训练方面的需要，冰上活动盛极一时。

满族的前身是女真族，一直居住在现在的松花江南北及黑龙江一带，每年江水冰冻之后，踩冰滑雪，是他们长期养成的一种生活技能，也是一种军事技能。早在努尔哈赤率部队远征巴尔虎部落时（大约在公元1616—1626年），就已经有擅长滑冰的部队，并在战斗中发挥过决定性作用。譬如"时有费古烈者，所部具皆着乌拉滑子，善冰行，以炮驾爬犁，沿脑温江之冰层驰往救，一日行七百里。时城垂陷，满兵至，巴尔虎特尚弗知，及炮发，群疑兵自天降，围始解。"（引自《清语择钞》）满族人入关以后，非常重视军队的滑冰训练，关外水师，冬季结冰后，即练习滑冰；每年冬季，在太液池（今北海）校阅八旗滑冰。《日下旧闻考》中记载："太液池冬月表演冰嬉，习劳行赏，以阅武事，而修国俗。"同样，《皇朝文献通考·乐考》记录了来滑冰检阅的情况：从十月开始，即进行检阅的准备工作，每旗各选代表二百名。冬至后，皇帝到瀛台等处观看冰嬉表演。分兵丁为二翼，每翼领队十二名，穿红黄马褂，其余穿红黄齐肩褂，背小旗，按八旗各色依次走冰，较射（射球），表演完毕，赏赐银两。故宫博物院藏有创作于乾隆时代的冰嬉图，画面非常壮观。

民间也开展冰嬉活动，京师附近，尤为风行。"都人于各城外护城河下，群聚滑擦"（引自《帝京时纪胜》）。满清贵族宝竹坡曾写过一首描写北京郊区民间冬季滑冰的长诗（载《偶斋诗草》）：

> 朔风卷地河水冻，新冰一片如砥平。
> 何人冒寒作冰嬉，炼铁贯韦当行縢。
> 铁若剑脊冰若镜，以履踏铁摩镜行，
> 其直如矢矢逊疾，剑脊镜面刮有声。
> 左足未往右足进，指前踵后相送迎；
> 有时故意作欹侧，凌虚取势斜燕轻；
> 飘然而行陡然止，操纵自我随纵横。

这首诗把滑冰时的动作神态、冰刀的形制，都描写得非常逼真和清楚。除了滑冰之外，还有冰上拖床等项目："太液池之五龙亭前，中海之水云榭前，寒冬冰冻，以木作床，下镶钢条，一人在前引绳，可坐三四人，行冰如飞，名曰拖床。"也有"以拖床代渡"的，或"将拖床结连一处，治酌陈肴（音：yáo）于上，欢饮高歌，两三人牵引，便捷如云，较之坐骥乘车，远胜多矣"（引自《帝京发时纪胜·冰床、滑擦》）。

# 第五节　明、清时期狩猎活动的复兴

人类自原始社会脱离了渔猎生活以后，狩猎活动便作为一种军事体育训练或健身娱乐活动的形式而存在，并继续盛行于我国历代王朝的日常生活之中。西周时期，每年都要定期组织狩猎活动，用以校阅军队的军事训练，譬如西周时期将田猎定为礼制之一，中秋教治兵，行狝田之礼，叫秋狝；中冬教太阅，行狩田之礼，叫冬狩。据相关文献记载，古代帝王参加狩猎活动的记录有很多，诸如"天子诸侯无事，则岁三田。一为干豆，二为宾客，三为充君之庖。无事而不田，曰不敬；田不以礼，曰暴天物。天子不合围，诸侯不掩群"（引自《礼记·王制》）。"故春蒐夏苗，秋狝冬狩，皆于农隙以讲事也。"（引自《左传·隐公五年》）"中春，教振旅；中夏，教茇舍；中秋，教治兵；中冬，教大阅"（《周礼·夏官·大司马》）。"春以蒐振旅，秋以狝治兵"（引自《国语·齐语·管仲对桓公以霸术》）。"狩者何？田狩也。春曰苗，秋曰蒐，冬曰狩"（引自《春秋公羊传·桓公四年》）。

晋楚之争时期，楚庄王以打猎求"士"（参见《说苑·君道》）。魏晋以后，狩猎之风，逐渐衰落。唐朝帝王，虽然经常在东西廿七里，南北三十里，东至灞水，西连故长安城，南连京城，北枕濡水的唐代禁苑狩猎，其目的是享受生活，并无任何军事意义。我国1972年在陕西乾县出土的唐章怀太子墓葬中挖掘出的壁画《狩猎图》，就很好地证明了这一观点。到了清朝时期，作为军事体育的狩猎活动，由于清朝统治阶级的重视和倡导，狩猎活动再度兴起。

古代帝王、诸侯参加田猎的主要目的大致如下：一则"杀禽助祭，以敦孝敬"，即用于宗庙祭祀，另外还用于宴飨宾客和"充君之庖"；二则为田除害，保护农作物不受禽兽糟蹋；三则安不忘危，治不忘乱，故而要行"讲武"，即驱驰车马，弯弓骑射，兴师动众，进行军事训练；四则也有"与民同乐"之意。最主要的是检阅兵车与士兵的数量、作战能力以及训练战争时的协调配合组织能力，故就显得极为重要。东汉时期的班固所编著《白虎通义》中记载："王者诸侯，所以田猎者何也？为田除害，上以供宗庙，下以简集士众也。"；另据清朝时期的秦蕙田所编著的《五礼通考》中记载："考周礼，大田之礼简众也。又云，听师田以简稽，春而振旅，夏而茇舍，秋而治兵，冬而大阅。非徒以馌禽取兽供宾客宗庙之用而已，盖安不忘危讲武之仪即寓于游田之内。故校阅即田猎、田猎即校阅，二者不可分。"这些著作记录了不同时期古代帝王参加田猎的活动情况。

满族属于北方少数民族，在入关以前就有狩猎的习俗，并把狩猎与练兵紧密结合在一起，"无事耕猎，有事征调"（引自魏源《圣武纪》卷一），就概括了满族狩猎习俗的军事性质。清太祖努尔哈赤就是把狩猎当成一次军事演习的实例。譬如"自沈阳城出猎，严饬（音：chì）武备，申明禁令，训示行军之法"（引自《皇朝通志·礼略》）。

满族是一个非常重视骑射的民族。康熙曾经说："周家以稼穑（音：sè）开基，我国家以弧矢定天下。"满族入关以后，清朝统治者以骑射为本务，一方面，在各级各类学校规定开设骑射科目，并规定"士子应试必先试其骑射"（引自《皇朝文献通考·选举十四》）；另一方面，就是以狩猎来习射练武，增强军队的军事作战能力，抵御外敌入侵。

清朝初期，北方边疆的沙俄经常聚众举兵，连连侵扰我国疆土，或收买边境管理的某些重要头领，煽动叛乱，不断制造边疆事端，扰乱国家安全。而八旗子弟入关以后，逐渐骄逸自安，不太勤于骑射。因此，清朝统治者规定"一年两次行猎，专为讲武"（引自《皇朝文献通考·王礼考十五》）。自康熙二十二年起，又定"木兰秋狝"为恒制。

木兰所在地在承德避暑山庄以北四百里。在康熙、乾隆时期，隔年或者每年秋天都要组织万余人到木兰围场狩猎，称为"秋狝之典"。每年出巡行围，就和行军打仗一样，将士们身披甲胄，腰悬弓箭，跨战马，登战车，军令威严，世止有序，"若有断续不整者，继以军法治之。"这实际上是一次大型的军事演习（引自《注重骑射的康熙乾隆》）。对"木兰秋狝"的意义，清高宗弘历"谕旨"说："古者春蒐、夏苗、秋狝、冬狩，皆因田猎以讲武事。我朝武备超越前代，当皇祖时屡次出师，所向无敌，皆因平日训肆娴熟，是以有勇知方，人思敌忾，若平时将狩猎之事废而不讲，则满洲兵弁，习于晏安，骑射渐至生矣。皇祖每年出口行围，于军伍最为有益，而纪纲整饬，政事悉举，原与在京无异。""皇考因两路出兵，现有征发，时以暂停围猎，若在撤兵之后，亦必举行。况今昇平日久，弓马渐不如前，人情狃于安逸，亦不可不加振厉。朕之降旨行围，所以遵从祖制，整饬戎兵，怀柔属国，非驰骋畋游之谓。至启行时，朕尚欲另降恩旨，加恩赏赉，令其从容行走，亦不至苦累兵弁。朕性耽经史，至今手不释卷，游逸二字，时加警省，若使逸乐是娱，则在禁中，纵所欲为，罔恤国事，何所不可，岂必行围远出耶？"（引自《皇朝文献通考·王礼考十六》）

　　康熙四十二年（公元1703年），承德避暑山庄建成以后，即作为清朝皇帝行宫，或者用作木兰秋狝时的大本营。每次狩猎结束以后，都要在那里处理朝政，接待外国使节和各部族首领，会商政事，并大摆筵席，品尝山珍野味。同时，在万树园举行摔跤、赛马、歌舞等多种体育文化活动，进入夜晚并放焰火，庆祝秋狝大典胜利结束。

# 第六节　明、清时期的导引养生术

## 一、明、清时期导引养生的发展

　　明、清时期导引养生的发展，主要表现在以下两个方面：

　　第一，由于印刷术的快速发展，促进了对导引养生资料的搜集、整理和刊印，使导引养生术得以广泛传播。

　　明、清时期的养生家、医术家通过各种形式搜集、整理并出版了大量有关导引养生的著作，其中比较复杂而著名的有1591年刊印出版的《遵生八笺》由明高濂撰编，1597年刊印出版的《夷门广牍·赤凤髓》由明周履靖编。《遵生八笺》中所记载的导引法有八种，即陈希夷十二月坐功（24式）、灵剑子（即晋人许逊）四时导引法（15式）、五脏导引法12势、太上混元按摩法49势、天竺按摩法18势、婆罗门导引法12势、八段锦导引法和八段锦坐功图、治万病坐功诀33势。《夷门广牍·赤凤髓》中所载导引法有四种：五禽书5图、八段锦8图、诸仙行功47图、华山12睡功图。

　　与此同时，这一时期搜集、处理的导引资料，有以下两个特点：

①选材严谨

高濂编撰的《遵生八笺》的标准是：怪诞不经的，一概删去；有利于防病治病的，尽管收入。

②附有练习歌诀的图像

周履靖编的《夷门广牍·赤凤髓》中有《五禽书》，附有详细图解。宋朝《八段锦》一卷，传至明朝，始见图诀（见明代王圻（音：qí）《三才图会·人事类·八段锦修真图》）。

第二，这一时期，在大量搜集、整理前人所总结导引术式的基础上，又创编了一些新的导引术内容。

①易筋经

"易"就是变的意思，"筋"就是筋骨，"经"是方法。"易筋经"就是强健筋骨的方法，用现在的话说就是"健身术"。

易筋经共分十二种姿势，韦陀献杵（音：chǔ）第一势，韦陀献杵第二势，韦陀献杵第三势，摘星换斗势，倒拽九牛尾势，出爪亮翅势，九鬼拔马刀势，三盘落地势，青龙探爪势，卧虎扑食势，打躬势，掉尾势（引自清王祖源所著《内功图说》）。

最早流行于世的《易筋经》是明熹宗天启四年（公元1624年）天台紫凝道人假托天竺达摩所传的一部手抄本。现在流行的"韦陀献杵"等十二势，是公元1823年以后出版的来章氏缉本《易筋经》。来章氏的辑本中说是"昉（音：fǎng）自释门"。不附会为达摩所创。公元1858年（咸丰八年）潘爵所编撰的《卫士要求》，把来章氏辑本《易筋经》中"昉自释门"四字，改为"达摩西来，传自少林"。从此，"韦陀献杵"就成为达摩所创编的。

《易筋经》中所注解的图像都为僧人，这充分说明从明朝开始，道家所"垄断"的导引养生术，其范围已逐渐扩大了。

②太极拳

太极拳既是一种中华传统武术的拳术，从健身功能和健身价值上看同时又可看成是一种导引养生术。

通常认为，传统的太极拳包括拳术、吐纳和导引三个方面的内容，是强调内外俱练的一种健身方法。太极拳非常注意"行气运气"，《拳经》中所讲的"气沉丹田"就是一种在意念指导下的呼吸运动方法；但太极拳的"气沉丹田"与专注内练的（譬如静坐）不同，太极拳主要同身体运动相结合，强调以意导气是对古导引基础合理运用。《拳经》中记载："其根在脚，形于手指"，可以看成是在意念引导下的行气路线。因此，练太极拳要心静意专，动作柔缓。太极拳虽有攻防含意，但目的主要在于健身养身。实践证明，经常练习太极拳，对神经、心血管、呼吸、消化系统都有良好改善和影响，能起到防病治病、延年益寿的作用。明、清时期太极拳的出现和流行，标志着导引养生的重大发展。

## 二、相扑运动的发展

在宋、元时期相扑运动非常盛行的基础上，明朝的相扑运动仍然在民间广泛流行。《陶庵梦录》中记载：扬州地区每年清明节，都要举行各种娱乐活动，其中就有被称为"浪子相扑"的（"浪子"一词，可能取自《水浒传》中的相扑高手燕青的绰号）。

清朝时期的相扑运动，由于受到统治阶级积极倡导相扑运动的普及与开展，同时，又制定了"相扑营"的新建制，所以比明朝时期更加盛行。

相扑，满语称为"布库"，蒙语则称为"布克"。每年木兰秋狝活动结束以后，在避暑山庄万树园大摆野宴之时，经常以相扑、赛马等各民族的传统体育项目，接待前来朝见清朝皇帝的各族首领和王公贵族。其中在相扑运动的表演中，每个民族都带有本民族的民族文化特点：有的民族摔跤时，边舞边唱；有的民族在赛前互相抵额亲善；有的民族是"脱帽短裤，两两相角，以搏摔扑地诀胜负"（类似现在的中国式摔跤）；有的民族"祖裼（音席）而扑，虽蹶不释，必控首屈肩至地，乃为胜彼"（引自《皇朝文献通考·王礼考十六》）（这与现在的国际摔跤相类似）。《新增都门纪略》中介绍的"扑虎"（即相扑）每逢三、六、九日均在北京大佛寺前表演，表演者身材不高，上半身袒露，穿着褡裤，相互揪住对方，把对方摔倒获得胜利。

为了供奉宫廷宴会期间的相扑表演，以及"与藩部之角抵者较优劣（《清稗（音：bài）类钞一技勇》），清代设有善扑营的建制，编入该营的人员称为"扑户"，根据相扑伎艺的高低，分为一、二、三等三个等级，并按等级、按月份供给钱粮（详见《清会典》）。平时在善扑营训练相扑技能，通过实战钻研相扑技战术体系，每逢遇到大的宴会，都要承应差使，出场比赛。

善扑营人员主要从八旗中遴选出来，很多人为了寻求这一份职业，刻苦训练，就是为了能入选善扑营中。正是因为善扑营的建立，在很大程度上促进了清朝摔跤运动的普及和发展。

## 第七节　明、清时期民间体育的发展

### 一、象棋的发展

象棋和围棋具有很多相似之处，是一种具有悠久历史文化底蕴的娱乐活动。我国象棋的起源和产生具有诸多不同说法，总体来说，基本形成联众流派：一派说法认为源于印度文化的传入，另一派说法认为象棋源于我国古代军事文化的灵魂，同时认为印度象棋是从我国传入的。"国内固有"说，其意见也不尽相同，有主张象棋创世于舜的，有主张象棋创始于周武王的，有主张象棋创始于春秋战国时期的，有的认为象棋创始于汉代等，形成了不同观点的认知。最具代表性的说法是范生、郑震两人经过考证，认为中国象棋创始于春秋战国时期（参见《中国体育史参考资料》第三辑）。

我国象棋文化内涵深厚，具有良好的军事、教育意义，其中象棋棋盘的不同各子，除了后来所增加的"象"和"炮"之外，都源于春秋战国时期的兵制。明朝前期，社会承平，文化发达，象棋在社会上广为流传，并积累了丰富的经验，有几十卷象棋棋谱相继问世。到了清朝时期，象棋得到了进一步的普及，从城市不同人群到农村老人牧童都会象棋，因而某些士大夫以"担粪"（指农民）与象棋同称，而加以对象棋的卑视。清朝黄唐堂为此撰写了一首打油诗《象棋歌》，对这种谬论予以驳斥："市夫牧竖靡不能，著棋遂同担粪称，岂和此中蕴兵法，用心犹贤胡可憎"。

象棋比围棋开展的范围更广，著书立说象棋棋谱的人也很多，但有关记载象棋的文字留存于世的却很少。这大概与宫廷、缙绅之家大多喜欢围棋的原因有关，历代文人居士也把象棋当成"酒次之物"，所学"琴棋书画"中的"棋"，更多的以围棋为主。因此，记录或歌咏象棋的文字一直很少。在我国古代，围棋大多在上流社会开展，而象棋则在平民百姓中开展较为普遍，时至今日依然如此，这也许就是中国几千年来形成的棋艺文化。

## 二、民间的踢毽子运动

从古至今，"踢毽子"是中国民间最深入人心的体育文化活动，特别在少年儿童中盛行踢毽子。踢毽子是产生于我国民间的一项体育活动。早在5世纪时，民间就有踢毽子的活动。《高僧传·佛陀禅师》中记载：五世纪末，北魏佛陀禅师在路过洛阳天街时，看见十二岁的惠光在井栏上反踢毽子，一连五百。唐宋时期，民间踢毽子非常盛行，踢毽子的花样也很多，譬如，"今时小儿以铅锡为钱，装以鸡羽，呼为鞬子，三五成群走踢，有里外廉、拖枪、耸膝、突肚、佛顶珠、剪刀、拐子各色……"（引自《事物纪元》）

到了明朝的时候，踢毽子在儿童中间广泛流传，北京曾流传着这样的童谣："杨柳青，放空神；杨柳死，踢毽子"（引自《帝京景物略》），踢毽子是少年儿童中开展的一项最为广泛的健身活动。

清朝时期，少年儿童中也很盛行踢毽子。明朝北京地区流行的童谣（杨柳死，踢毽子），仍然为京师小儿所传诵，并被潘荣陛编入他撰写的《帝京岁时纪胜》中。"儿童踢弄（毽子），足以活血御寒"（引自《帝京岁时纪胜》），这就是踢毽子常在冬季开展的原因。

踢毽子活动不但在儿童中广为开展，而且社会上还出现了专门踢毽子的艺人。北京一带民间艺人表演踢毽子，不论"顶、额、口、鼻、肩、背、腹、胸，皆可代足。一人能应数敌，自弄则毽子终日绕身不堕"（引自《通俗篇》）。潘荣陛的《帝京岁时纪胜·发时杂戏》也记载："都门有专艺踢毽子者，手舞足蹈，不少停息，若首若面，若背若胸，团转相击，堕其高下，动合机宜，不致堕落。"《广东新语》中记载：在广州一带，每年正月十五，还有踢毽子集会，不论男女老少云集在五仙观进行踢毽子比赛。

# 第八节　明、清时期体育思想的变革

中国封建社会的教育思想始终未能摆脱重视德育和智育而忽视体育的思维定式，孔子和孟子主张重视精神活动的文化修养，而轻视体育和军事训练活动。董仲舒提出"文德为贵，威武天下"的重文轻武思想，对后世体育和军事发展影响深远，文武并行思想的推行在一定程度上强化了体育的发展，但同时又形成了"文者不武，武者不文"的对立观念。从宋朝创立武学开始，逐步建立了体育人才培养的新体制，促进了体育文化的整体发展。清朝统治者为实现自己的政治目的，将文武并举设为一些学校的教学内容。1840年鸦片战争以后，在一些改良派的主张下，先后设立了一些军事学校，这些学校除了开设军事学科之外，同时开设了体育课程，内容大都是西洋体操，正式把西方体育引入我国，结束了我国学校教育无体育的历史，这对以后我国学校体育的发展产生了重大影响。

随着第二次鸦片战争的结束，一些外国传教士在我国兴办了许多教会学校，这些教会学校虽然没有开设体育课程，但却开展各种类型的课外体育活动，其开展的体育活动项目主要有西方的田径运动、球类运动等，这也是西方体育传入我国的重要途径之一。这些教会学校开展的体育活动对我国学校体育发展产生了积极的推动作用。他们原本想通过各种体育活动吸引更多青年人加入教会，但他们组织的各类体育活动和体育比赛、西方体育理论与方法、体育专业人才的培养等，客观上却已经在改变着中国体育的变化和发展。

受西方资本主义启蒙思想的影响，维新主义的体育思想对中国学校体育发展的走向影响较大。譬如严复所翻译斯宾塞的《德育、智育、体育》一书，成为首先传播西方体育思想的维新主义者，其体育思想主要是关于体育对国民健康生活的意义。他所提出自强保种三大要政中的"鼓民力"，其核心就是促进人民具有强健的身体，并通过体育运动和其他劳动形式来达到强身健体之目的。这一时期同时出现了诸多思想认知，比如康有为在《大同书》中较为系统地从德、智、体三育并举的视角阐述了其体育思想。梁启超强调"条理万端，皆归于学校"，他非常重视尚武精神和学校体育发展，在他所拟订的《湖南时务学堂学约》中提出："摄生：饮食作息有定时，勿过劳，重体育锻炼。"他认同英国资产阶级的教育思想，譬如，"其教育之宗旨，在养成活泼进步之国民，故贵自由，重独立，熏陶高尚之德行，锻炼强壮之体魄"。他同时对达尔文启发人们对锻炼身体学说进行反思，认为"知人之精神与体魄，皆因所习而有非常之变化。所故，近日学校，盖注于德育与体育两途，若惟重教授者，今则尤重训练。"

戊戌变法虽然只有百日，但其思想影响深远，清朝统治阶级迫于内外不同形式的压力进行诸多改革。1903年颁布实行的《奏定学堂章程》规定："兹于各学堂的规程中，以肄兵事，并于高等学堂讲授各国海陆空军政学，俾文科稍娴戎略。"在各级学堂的规程里，进一步说明体操的意义，对体操课程的教学任务、教材选用、课外体育活动的开展都有明确规定。

# 第九节 明、清时期的体育文化要点

这一时期，拳术和兵器的发展很快，并逐步形成了近代武术发展的雏形。明朝统治阶级出于他们的政治目的，容许僧人公开练武，使唐宋时期就有弄枪使棒习惯的少林众僧在吸取各家之长的基础上，经过长期的武术训练，形成了具有独特风格的少林武术。明代的少林寺一度成为享有盛名的会武场所，不少人慕名而来学习武艺，也有不少人去少林寺教授武艺。这一时期，少林武术的影响很快遍及国内外。随着武术传授的师承不同，少林武术又形成了不同流派。后来有人针对少林"主于搏人，人亦得而乘之"的缺点，专门创造出"以静制动，后发制人"的拳法。这种拳法称为"内家拳"，以原有少林拳为主流的拳法称为"外家拳"。不同风格、不同套路拳术的出现，使传统武术主要用于军事斗争的武艺，开发出更多健身和表演功能。

明、清初期，整个社会都比较重视武术习练，同时提倡文武兼备（儒生习武，武生习文），譬如明朝的马球运动，清朝的围猎运动。与此同时，清朝统治者能够结合他们自身的民族特点和文化习俗，提倡滑冰、摔跤、骑射等运动，推动了这一时期体育的全面发展。但是，由于重视开展民族传统体育，忽视了我国历代传统的一些具有历史悠久的体育项目（如蹴鞠、击鞠等），使得这些项目慢慢遗失在历史发展的洪流之中。

明洪武到宣德七十年间（公元1368—1435年），是国力强盛、经济繁荣的时期，农业和手工业生产水平都超过了前一个朝代，商品经济的发展也超过了历史上任何一个时期。从明英宗开始，江南地区的一些手工业部门，出现了资本主义的萌芽。永乐三年（公元1405年）到宣德八年（公元1433年）郑和七次下"西洋"，前后经历亚非30多个国家，是一件举世闻名的重大事件，扩大了明朝与南洋各地的交流和联系。在这样一个优越的政治、经济环境里，明代体育却没有什么重大的突破，甚至从明中叶以后，除武艺之外，其他体育项目都呈现出衰退的现象。导致这一状况的原因是多方面的：明朝官吏贪污腐化，锦衣卫特务组织横行霸道，宦官专政，社会矛盾交错复杂等，都是非常重要的社会原因。程朱理学被明朝统治阶级奉为官方哲学，继续鼓吹和提倡"主静""主敬"，使不少文人学士、社会名流，终日在书房中静坐读书，滋长了文弱之风，这也是一个不可忽视的社会原因。明末清初思想家颜习斋描绘了当时一些文人学士在宋明理学影响下的情况是："终日兀坐书房中"（引自《朱子语类评》），"入其斋而诗书盈几，著解讲读盈口，合目静坐者盈座"（引自《颜习斋言行录》卷上）。这在很大程度上影响了体育的普及与发展。

清朝是我国最后一个封建专制王朝。清朝初期，从练兵的需要出发，以民族形式的军事体育一度得到很大发展。但是清朝中期以后，体育活动也出现了衰退现象。究其主要原因是：从乾隆末年开始形成的政治腐败，到了嘉庆、道光年间，腐败问题进一步恶化。吏治腐败，武备废弛，国力苶（音：niè）弱，民生涂炭，国内民族矛盾和阶级矛盾日益尖锐，导致满清王朝走向了更加衰败之路。随着清王朝的衰败，体育事业也日益凋敝衰退，后来在殖民主义坚船利炮面前，延续了2000余年的中国封建社会，彻底崩溃坍塌了。从此，中国沦为半封建半殖民地的社会，中国体育发展的历史，也进入了另一个历史阶段。

# 第十章　清朝末年的体育文化

## 第一节　清朝末年的历史概况

中国历史上最后一个封建王朝——清朝（公元1644—1911年），在历经了268年后宣告消亡。腐朽与无能并存的晚清政府，由于政治专制与僵化而形成长期腐败，经济贫困，不堪重负。满清的地主阶层利用各种手段，对内残酷剥削，对外则实行妥协与委曲求全的傀儡政策。加上西方资本主义列强的武装侵略和大量的鸦片输入，并利用宗教的广泛传播进行文化侵略，西方列强在中华大地上肆意妄为。至此，中华民族逐渐沦落为半殖民地半封建的社会，中华民族光辉灿烂的古代文化艺术和传统体育文化遭到了前所未有的破坏，国家蒙辱、人民蒙难、文明蒙尘，中国人民和中华民族遭到了前所未有的劫难。

1840年，鸦片战争爆发，打破了清政府"闭关锁国"的政策，外国资本主义在制度、物质、精神等层面排山倒海式地入侵和渗透，引起了中国社会的巨大裂变。大规模的农民革命运动不断爆发，以及受西方资本主义文化入侵的影响，"洋务运动"和"戊戌变法"思潮的兴起，中国社会出现了"废科举，兴学校"的运动，新兴学校体育文化逐步兴起。

从1840年鸦片战争至1911年辛亥革命的71年间，中国社会所发生的历史性变革促使西方近代体育思想和体育项目逐步传入我国，对中国古代体育文化产生了新的影响，促成了中国体育发展转向一个新的历史阶段，开启了中国体育发展历史的新纪元。这一时期体育发展的特点是：中国传统的民族体育文化逐渐走向衰落，从早期多元化的发展路径转变为民间传承的单一形式；与此同时，西方近代体育运动项目逐渐在中国广泛传播和发展，并且占据了我国体育发展格局的主导地位。

# 第二节　清朝末年的官政体育

1840年鸦片战争爆发，极大地冲击了清王朝的统治地位，清政府为了维持摇摇欲坠的统治政权，一方面加强军队的武装军事训练，另一方面禁止民间群众练习武艺。清末政府军队的武装军事训练，最初还是沿袭以往常用的武举制考试科目，主要内容为"武艺"。按照当时武举制的规定，不论童试、乡试还是会试，都要分为三场进行。第一场为试射，分马射和步射两种；第二场为开弓、舞刀、掇石；第三场为古典军事理论知识。三场考试中，第一场考试最为重要。这种武举制度的考试，虽然在20世纪初因兴办新学制而被废除，但在以后改头换面重新出现，如"打擂台""国术考试"等。

清朝末年的同治元年（公元1862年），主张"自强新政"的"洋务运动"开始，军队训练中出现了"洋操""洋枪""洋炮"等新技艺训练。但近战冲杀仍然属于训练的主要内容，如弓箭、长矛、藤牌、刀棍等，主要用来对付农民起义军。清末光绪皇帝在开展"百日维新"时期，在一次校阅军队"参用西法"的军事训练活动中，还特意阅视了御前大臣的马步射表演。镇压捻军的刽子手葛士达极力主张训练步卒习射，并配备腰刀；而对骑兵，则专习弓矢，间以长矛，同时配备腰刀。

在清朝军队操练的各种武艺中，摔跤同样占据相当重要的地位。他们没有设置善扑营，主要练习三种技艺："善扑"（摔跤）、"勇射"（开硬弓较力）、"骗马"（骑术），主要以摔跤为主。善扑营既是清末统治阶级的护卫，又是供其享乐的娱乐工具，他们经常和参加武举考试的人比武，偶尔也会与前来拜见清朝皇帝的蒙古族客人进行摔跤比赛。

清朝政府曾经有过这样的规定：凡满族人读书考试，无论举人、进士，都必须会骑射，否则不予录取。清末同治皇帝曾在宫中设立"杆子库"（武技坊），经常习练武艺。他最喜欢的运动是摔跤，常令小太监与其进行摔跤比赛，很多小太监在他的摧残下，都出现了伤残的情况，这充分表明统治者的残忍性。总体来讲，清朝末年的官政体育只为腐朽没落的统治阶级服务。

在鸦片战争的特定环境下，以龚自珍、林则徐、魏源等为代表的一些有识之士，逐渐从统治阶级中分化出来，他们属于地主阶层比较开明的知识分子。

他们主张改革政治、富国强兵、抵抗侵略，曾与清政府的顽固派和投降派开展一定的斗争，因而也促进了当时体育思想和实践的进步。

龚自珍（公元1792—1841年）

龚自珍是清朝末年资产阶级改良主义思想的先驱者，他主张"更法"和"足食足兵"的思想，曾向晚清政府提出建议，治理新疆要"以边安边"，在南疆屯垦而在北疆练兵的稳定边疆思路，"责成伊犁将军平日认真训练军队"，龚自珍还是林则徐抗英的积极支持者。

林则徐（公元1785—1850年）

林则徐是中国历史上鸦片战争中抗英派的英雄首领，他一生喜欢运动，身体健壮，这为他毕生效力军队武勇提供了有利条件。1839年春季，在他任钦差大臣到广东查禁鸦片时，一面严令外商承缴鸦片，一面加紧进行备战。其做法是："首先是整顿水师，裁撤疲弱，用旧洋船作式样，认真训练兵士，演习攻首尾、跃中舱之法"（引自鲍正鹄著《鸦片战争》）。经过整顿，原来腐败、软弱涣散的水师，变成了一支勇猛善战的精锐军队。他在整顿水师的同时，还广泛编练兵团和乡勇，并传授水战中的驾船、放炮、点火等技艺，使他们在抗英战斗中成为水师的重要助手，在战争中屡建战功，名震中外。

林则徐在历任督抚的时候，一贯重视军事训练和阅兵，提倡武勇。在军队中积极传授"弁马步射""放炮""抛掷火球、火钗""撒放箭喷筒""爬桅""跳船""连环排枪""刀矛杂技""击刺跳舞"等。所有这些军事技能当时虽不是在"体育"名义之下进行，但可以看出当时清朝军队中的军事训练与体育活动紧密结合的情况。更难能可贵的是，在清朝末年军队腐败不堪的情况下，林则徐提倡武勇，促进了当时军事体育的客观发展。

魏源（公元1794—1857年）

魏源曾任清朝内阁中书舍人，与林则徐是好友，魏源曾亲自参加过抗英战争，提出"师夷长技以制夷"的军事主张。他在军事训练上提出了四个有影响力的主张：一是主张兵在精而不在多；二是主张官吏要有文武双全的才能；三是主张军队中军令要严；四是主张尽应训练。这些主张，基本特点是要求军队尚武，授以骑马射箭，精通技击、掌握火器和火艇等技艺。

魏源所主张的军事训练中，有不少内容属于军事体育的范畴，或者蕴含着军事体育的因素，这在当时也是难能可贵的。当然，不论林则徐，或是魏源，保家卫国、效忠清王朝是他们思想的共同之处。在当时的社会背景下，那段随他们过往的历史，有当时社会环境所处的历史局限性，其中有不乏损害人民利益之事，但我们要更多地看到他们思想的积极性。

## 第三节　清朝末年的农民革命体育

鸦片战争的爆发，开始改变中国社会的性质，致使单纯的封建社会逐步沦落为半殖民地半封建的社会。鸦片战争的历史，就是一部中国人民奋起抗击帝国主义侵略、打击帝国主义走狗势力的斗争史。在斗争中，有过不同规模的数次农民革命运动，而在整个农民革命斗争中，"武艺"发挥了巨大的作用，其中有些农民革命组织直接采用与民间武术组织相结合的形式，聚集训练起义军的骨干成员。如"平英团""小刀会""义和团"等组织。

### 一、三元里人民抗英斗争中的体育

1841年5月30日，声势浩大的广东三元里"平英团"发起抗英运动，开启了中国人民反对帝国主义运动的先河。在这次斗争中，三元里各行业的人民群众组织起武馆，充分利用闲暇，请武术大师到武馆传授武艺。在战争中，人们手持长矛、大刀、靶头等武器，血战沙场、英勇无比。在三元里的农民反帝斗争中，有著名的精通武艺的首领颜长浩、韦绍光等，人称颜长浩为"定拳长"，韦绍光身材高大，强壮有力，曾任武馆教官。另一位首领是周春，擅长武技，其妻阿凤擅长使用飞钗，人称"飞钗风"。夫妻并肩作战、名震四方，后来参加太平军，在战斗中不幸壮烈牺牲。

在此期间，还有一些习武组织不断加入抗英反帝的民间运动中，比如广东界平学社、福建陈氏等。自鸦片战争爆发，时隔10年，各地从局部习武抗英，发展到后来成为全国性的反清抗外组织的太平天国革命运动，"尚武"成为这一阶段的重要活动，也使得练习武艺在全国范围内广泛开展。

### 二、太平天国革命运动中的体育

太平天国革命运动，发生在19世纪末期，即清朝道光三十年十月初十

（1851年1月11日）至清朝同治三年六月十六日（1864年7月19日），是反对清朝统治阶级和外国侵略者的一次具有伟大历史意义的农民革命运动。

在革命战争过程中，太平军非常重视习练武艺，太平天国《禁律》中曾明文规定："凡各衙各馆兄弟，在馆无事，除练习天条外，俱要磨洗刀矛，操练武艺，以备临阵杀妖，不得偷安"（引自《太平天国野史》卷七）。太平军中许多名将都是武艺高强的尚武之人，如天王洪秀全、东王杨秀清、西王萧朝贵、英王陈玉成、翼王石达开、丞相曾天养、元帅罗大纲等。

太平天国革命军实行"武举"制，主要分乡试、县试、省试和天试。各级考试内容大致分为：首先试马射、步射；其次试开弓、舞刀、举石等；最后试军事理论。武试合格者，分别授予艺士、英士、毅士、猛士、武状元等称号，其特点为"不论门第出身"，使平民百姓都有习武的机会。除正式武考外，太平天国还实行"招贤"制，广揽人才充实革命军队。

太平天国实行男女平等，废除缠足恶习，提倡妇女习练武艺。据吴家桢《金陵纪事杂咏》记载："八百女兵都赤脚，蛮衿扎裤走如风"，这是对太平天国女兵的真实写照。女兵中也有许多能征善战的勇士，如天王洪秀全的妹妹洪宣娇、西王萧朝贵的妹妹萧三娘等，都曾威震四方，名扬一时。著名女将杨二姑，"每次交战时则以黄巾裹头，大红战裙，与其夫并辔而出，冲锋陷阵，人莫敢敌。能于马上掷刀刺人，百发百中。刀长七寸，锋利无比。每临阵，胸前垂一革囊，囊中累累者，皆利刃也。自称飞刀神手。"（引自《清稗类钞》技勇类）

太平天国非常重视对青少年的习武训练，并组织童子兵协助作战。据记载："儿今充童子兵，头编红巾，手执竹枪，朝夕跳叫，喉燥无声，炮声轰轰。"在战斗中，童子兵"凡临阵攻城，亦惯用童子为倡，以重子皆不畏死，无不以号叫跳跃为乐者。且手足轻便，往往登高涉险如履平地，更有捷若猿猱之童子，倏（音：shū）忽至前，为人所猝不及防，转瞬而去，为人所不及追。年少喜动，膂力方刚，久经战场，数见不惊，尤神安而气足，无一切杂念。受贼恩育，一心事贼，虽死不悔，临阵勇往直前，似无不一以当十。"这些少年的英勇善战，使得清朝统治者不能不哀叹："唯此童子，亦心腹之大患。"（引自《贼情汇纂》）

太平天国军队训练的方法还有跑步、练足（负重走）、爬山、跑马等多种类型的训练，这说明太平天国军队充分利用体育运动来进行军事训练。除太平天国起义之外，相继出现的还有上海小刀会、北方捻军、贵州苗族起义军等，其中军事训练大都采用体育训练的内容。

## 三、义和团运动中的体育

义和团的前身叫义和拳，最初是以民间流行的操练拳术结社为基础，后来逐渐建立并发展起来的操练武艺结盟。1900年，以反帝爱国著称的义和团运动爆发，沉重地打击了帝国主义企图瓜分中国的阴谋。义和团成员主要以农民为主，也有小手工业者、水陆交通运输工人和士兵等。该组织遍及山东、河北、安徽一带，开始的时候有"顺刀会""虎尾鞭""大刀会""红灯照""义和拳"等多个组织，这些组织主要攻击教堂、传教士，并抗击前来镇压起义的清朝军队。

1900年初始，山东义和团直入直隶（今河北）与当地义和团会合后，直赴京津冀一带，声势相当浩大。义和团所到之处，群众性练习武艺热情高涨，积极响应，他们广设拳坛，师有传授，盛况空前。据相关史料记载，仅山东平县就设有拳坛组织800余处。北京城区的一条街就设有五六个练拳之地，甚至更多，参加义和团操练的群众不下10余人。义和团所在之地，首设神坛，每一坛至少25人为团，推1人为团首，指挥全团。石景山后面的城墙下，每天都有大批青少年操练拳术和枪棒。据《拳事杂记》记载：少年练武时，"往来舞蹈，或持竹竿秫楷木梃等物，长者以当长枪大戟；短者以当双剑单刀，各分门路，支撑冲突，势极凶悍，几于勇不可当。每时，必聚数十人合练之。""欲演拳势，即时手舞足蹈，颇极超距之能，退时则一揖而罢。"

轰轰烈烈的义和团运动虽然在帝国主义和清朝统治者的镇压下最终走向失败，但我们抛开其带有迷信色彩的一面，义和团运动仅以民族传统体育文化遗产——武术等项目来强身健体，实现抗暴卫国的革命精神和民族情怀，这是值得称赞的。同时，对中国武术的传承与发展也做出了一定的贡献。

# 第四节　清朝末年的民间体育

清朝末年爆发的农民革命运动对体育发展做出了重要贡献，特别是武术运动在民间得到普及与进一步发展。自从义和团运动失败以后，清朝政府采取了一系列的措施严禁民间习武。但是民众意志是无法摧毁的，民间群众除了秘密练习武艺之外，还充分利用各种集会活动进行武术表演。如北方"武会"（又名"走会")中便有"白蜡杆会""开路会""少林棍会""五虎棍会"等。清朝末年的民间体育活动大致有以下几种类型。

## 一、武功、武艺类运动

据《都门琐记》记载：所谓"白蜡杆会"就是，"白蜡杆者，矛也，以白木为柄，光滑如蜡，故名"白蜡杆会"。会员各数十人，人持一杆，至场赛技，尽诸击刺之法，分合变化，数百杆如一杆，忽左忽右，观者目追瞬之而不能及。这种习武的场面十分壮观。

而"开路会"以表演飞钗为主，据《民社北平指南》记载："开路会，本会所表演者为钢钗之戏，飞钗分双头与单头，每个角色表演时，皆作赤臂，间杂其他武器，各显奇技，以钗在身首之间，作多种飞舞之势，生龙活虎，毕现眼前，以其纯粹把弄武器，故推为走会之首。"

另据《民社北平指南》记载：所谓"五虎棍会"者，就是"五虎棍会，此会原分三种，五虎棍为本会之正二，表演董家五虎迁赵匡胤打枣起衅，兄弟五人皆使三截棍，以相搏击，谓之五虎棍会。"

清朝末年的武术种类繁多，流派也很复杂，一直未有著书立传把这个问题叙说清楚，因而众说纷纭，有"内家"和"外家"之分的（与内、外功相分近似），有分"南派"和"北派"的，南派指长江流域一带，以太极拳、形意拳、八卦拳为主；北派主要指豫鲁一带，门类较多，有弹腿（潭腿）、查拳（叉拳）、八番、少林、长拳、迷踪、二郎、短打、地躺、劈挂、八级、红拳、猴拳等。从南北两派所属拳种来看，常因拳术刚柔有别，表现出不同的风格特点，南拳架式小而势紧促，北拳架式大而宏散。

在清末的武术中，有较大发展的应该是太极拳。太极拳起源于明末清初，传至近代以后，形成几个不同的流派，有所谓陈式太极拳、杨式太极拳、吴式太极拳、武式太极拳、孙式太极拳等，流派各具特色，脉络清晰。

## 二、健身、养生类运动

八段锦。起源于宋朝时期的八段锦，流传至清朝以后已经形成相对稳定的各式，大体可分为坐式和站式两大类型。坐式运动量较小，称为"文八段"；站式运动量较大，称为"武八段"。到清朝乾隆年间的时候，又有人根据"八段锦"将其编制成十二段锦。清朝重新修订以后的八段锦，有八节动作，并编有口诀，易记易练，流传较广。

易筋经。"易"是变通、改换、脱换之意，"筋"指筋骨、筋膜，"经"则带有指南、法典之意。易筋经就是改变筋骨，通过修炼丹田真气打通全身经络的内功方法。根据清朝学者凌廷堪所著的《校礼堂文集》、康戈武的《中国武术实用大全》、周中孚的《郑堂读书记》以及《中国大百科全书·体育卷》等著作所记载：易筋经是天台紫凝道人所著述，手抄本最初见于明朝喜宗天名四年（公元1624年），至清朝道光年间以后，才得到较为广泛的流传。易筋经中有不少糟粕部分，但清朝末年所流传的主要是易筋经的肢体运动部分。

五禽戏。起源于汉末时期的五禽戏，相传是神医华佗所创，原法已失传。所谓五禽戏，即模仿虎、鹿、熊、猿、鸟五种动物的动作编制而成。清朝末年所流行的五禽戏，属于后人托名编制而成，因而种类繁杂，有重内功的，有重技击的，清末时仍有传授练习。相传五禽戏之说主要如下：

据《后汉书·方术列传·华佗传》记载："吾有一术，名五禽之戏：一曰虎，二曰鹿，三曰熊，四曰猿，五曰鸟。亦以除疾，兼利蹄足，以当导引。体有不快，起作一禽之戏，怡而汗出，因以著粉，身体轻便而欲食。普施行之，年九十余，耳目聪明，齿牙完坚。"

另据南北朝时期陶弘景所著的《养性延命录》记载："虎戏者，四肢距地，前三掷，却二掷，长引腰，侧脚仰天，即返距行，前、却各七过也。鹿戏者，四肢距地，引项反顾，左三右二，左右伸脚，伸缩亦三亦二也。熊戏者，正仰以两手抱膝下，举头，左擗地七，右亦七，蹲地，以手左右托地。猿戏者，攀物自悬，伸缩身体，上下一七，以脚拘物自悬，左右七，手钩却立，按头各七。鸟戏者，双立手，翘一足，伸两臂，扬眉鼓力，各二七，坐伸脚，手挽足距各七，缩伸二臂各七也。夫五禽戏法，任力为之，以汗出为度，有汗以粉涂身，消谷食，益气力，除百病，能存行之者，必得延年。"对锻炼的原则提出了明确要求："任力为之，以汗出为度"。

## 三、民族、民间体育运动

我国民族、民间传统体育文化资源非常丰富，每个民族都有自己独具特色的体育文化和运动项目，这些体育文化风格明显、类型迥异，运动项目深受民众喜爱、易于开展。譬如土族的轮子秋、回族的武术、傣族的藤球和跳竹竿、高山族的竿球、维吾尔族的舞蹈、蒙古族和藏族等民族的角力、锅庄等。还有诸多民族、民间体育项目，如球类运动、水上运动、滑冰、游泳、滑雪、棋类、放风筝、荡秋千、踢毽子、舞龙、舞狮、踩高跷等，均在民间广泛开展，这里不再一一赘述，清末时各民族开展的体育活动也很丰富。

耍杠子。杠子为木制单杠，杠子两端刻有龙头，北方地区的人民称为"盘龙之戏"。耍杠子有一定的组织，即"盘龙会"或"杠子会"。杠子在大型车子上表演，车上设有木架，架上支起木杠，表演者在杠子上做各种动作。

耍皮筋。属于民间体育活动，皮筋是木架上垂下两根皮带，表演者两手各执一根皮带，或缠在手腕上，或套在手掌上，做各种升降、倒转、支撑、前后水平等动作，类似现在体操项目的吊环。

举石锁。石锁表演是手执锁梁做各种空中姿势。举石担，即石担表演，又名"双石头会"，是在一大杠子两端各放置数10斤重的圆石做各种练习。《北平风俗类征》曾云："一人仰卧，竖两脚擎之，木两端近各二人踏肩立，中复一人，亦以木贯两巨石，举而转之，久乃下，两足擎近十斤。"这种表演最精彩，颇受人民群众欢迎。

跑步类运动。中华民族是一个56个民族的多民族国家，少数民族以散杂居的形式分布在全国各地，跑步是各民族都喜欢的运动项目。除汉族之外，蒙古族、藏族、回族以及台湾的高山族等少数民族群众都喜欢赛跑运动。譬如藏族每年藏历新年从藏历元月一日开始，到十五日结束，共持续15天。在新年期间，西藏各地都会举行各式各样的文体娱乐活动，如赛跑、举石、赛马、射箭、摔跤、跳锅庄等比赛项目。还有在每年"正月十五日清晨，赛马完毕，跑步比赛继之……赛跑选手各得有色丝绸数匹为奖，参与竞赛者则皆得哈达"（引自柏尔的《西藏志》）。高山族是一个善跑的民族，自古就有"自动习足，则以轻捷较胜负，练习既久，及长，一日能驱二百余里，虽快马不能及。"这样的描述虽然有些夸张，但说明高山族确实擅长跑步。

赛马运动。蒙古族、藏族和哈萨克等少数民族群众都喜爱赛马比赛。蒙古族极善骑马，民间盛行赛马运动。据《清稗类钞》记载："蒙人尝于每岁四月祀鄂博。祀毕，年壮子弟相于贯跤、驰马……驰马者，群年少子，各选善走名马，集于预定之处，近则二三十里，远或百余里，待命斗胜负，闻角声起，争叱马鞭其后，疾驰趋鄂博，先至者，谓之夺彩。"藏族每年七月在农牧区举行一种叫"谷物巡行"的赛马会。而以家畜为主的哈萨克族，更加喜欢马背上的运动，少年儿童五六岁时便被缚在马背上练习骑马，到十余岁时，已经成为熟练的骑手。他们喜欢举行"刁羊"活动，与赛马会结合进行。

射箭比赛。射箭比赛在我国各少数民族中流行。藏族喜欢在夏季举行射箭比赛，并伴以各种类型的歌舞比赛，气氛十分活跃。哈萨克族群众则喜欢在新年时驰马较射，跳舞唱歌。蒙古族群众则喜欢在马背上射飞箭。这些少数民族群众以各种类型的体育比赛来抒发自己的情感。

冰上运动。滑冰运动深受广大人民群众的喜爱，滑冰在我国北方地区开展较为普遍，特别是少数民族群众，最喜欢在冬季滑冰。滑冰在当时多为速度滑冰、花样滑冰和杂技滑冰三种。而杂技滑冰最为复杂，动作难以掌握，常与武术、射箭、弹丸相结合，或有数人相叠进行表演。

# 第五节　清朝末年的新兴体育

清朝末年西方体育文化在我国传入和兴起，是这一时期体育文化传播发生转变的一个显著特点。清末近代体育文化的传入和初步兴起，大致开始于洋务运动，形成于戊戌变法，推广于自强新政。在鸦片战争、太平天国革命和义和团运动期间发展的一些体育活动，基本都是我国古代传统体育文化的自然延续，是在上一个历史阶段背景下的传承发展。与此同时，欧美近代体育思想逐渐传入中国，从形式上丰富了我国体育文化，但其根源是帝国主义利用体育活动对中国进行文化侵略。具有先进思想的中国有志之士，为了救国图强，不断向西方学习，引进欧美近代体育文化。

## 一、洋务运动与近代体育的传入

1860年，第二次鸦片战争以后，清朝封建势力与帝国主义相互勾结，导致了"洋务派"的产生。参与洋务派的大多是清朝一些有权势的官僚和军阀，譬如，奕䜣、曾国藩、李鸿章、左宗棠和张之洞等人。他们为了维持统治阶级的利益、培养洋务派人才，打着"自强""求富"的幌子，提倡"中学为体，西学为用"的思想，依靠帝国主义扶持，创办了一些军事学堂，并派遣留学生出国学习。

洋务派在兴办新军事和新学校的过程中，开始把近代传入我国的兵操列为教学和运动的内容。1872年，他们派出第一批留学生远赴美国学习先进的体育思想和运动项目，毕业回国后，带回了英、美式的体育思想和运动项目，并在军事学堂和新学中广为传播。

洋务派变革时期创办的军事学堂有很多，如福建马尾船政局附设的福建船政学堂（1866年）、上海机器学堂（1867年）、天津武备学堂（1885年）、江南陆师学堂（1896年）、广东水师学堂（1887年）、南洋水师学堂（1890年）、湖北武备学堂（1895年）等。另外，还创办了一些性质上并不属于军事的学堂。这些近代创办的第一批新学堂，大都聘请外国人担任教师和军事教练，最初以英、美籍教师为主，后来这些学堂在甲午战争（1894年）中几乎全军覆没，改聘请德、日两国人任教者甚多。新学堂主要从军事训练之目的出发，开设了体操科。当时学校体育的内容有击剑、刺棍、木棒、拳击、哑铃、三足竞走、羹汤托物竞走、爬桅、游泳、滑冰、平台、木马、单杠、双杠、爬山、跳远、跳高、跳栏和足球等诸多项目。洋务派在创办军事学堂的同时，还编训新军，教以洋枪、洋炮和洋操等项目的运动，来代替满清腐朽不堪的"八旗制度"和"绿营制度"体制下的军队。

## 二、资产阶级改良派的体育思想与实践

1898年，改良派以"变法图强"为口号，掀起"戊戌变法"运动，虽然遭到顽固派的残酷镇压最终以失败告终，但它趋向改善封建统治制度，推行西方先进的文化思想，这在当时环境条件下具有一定进步意义，因而具有很大的社会影响。他们选择文化教育作为突破口，主张废除科举、八股，取消旧式书院，兴办各种新式西洋学校，习练西洋兵操和近代体育运动项目等，其目的是改变当时中国社会腐败、落后的现状。戊戌变法中一些主要人物的体育思想和实践如下。

### （一）康有为（1858—1927年）

康有为是戊戌变法的主要领导者，也是我国最早从资产阶级教育观点的视角来论述体育的代表人物之一。他于1891年至1894年间，在广州长兴里创办"万木草堂"时，就很重视学生的体育活动，曾提出学生要"每间一日有体操，每年假时从事游历"。并规定礼、枪、体操与游泳为体育教学内容。后

来，他在《大同书》中也提出："小学院"应做到，"以人方幼童，尤重养身，少年身体强健则长亦强健，少年脑气舒展则长大益舒展。体操场、游步场无不广大适宜，秋千、跳木、沿竿不无具备"。"中学院"应做到，"修建体操场、游步园、操舟渚"。"大学院"应做到，"亦重体操，以行血气而强筋骸"。这说明康有为对教育中关于体育有过进步的设想，因而他提出德、智、体三育并重，尤其在儿童阶段应把体育放在第一位的进步主张。

在军事方面，他主张"停止弓步为之武试"，实行国外军事体育以"强兵"为主体的思想。譬如，他给光绪皇帝的奏折中曾赞美德国的军事体育思想，"其操兵则登山跳涧，横野渡河，遇伏遭伤，无不备，其练兵为两甄，如真战，深夜调千数百里，其兵立如山，其后行如水。"

## （二）梁启超（1873—1929年）

梁启超是康有为的学生，也是戊戌变法运动的骨干成员。他曾根据日本的体育教育制度，并按照儿童身心发展的规律，把教育按年龄分为4个时期：幼儿期（5岁以下），属于家庭教育期；儿童期（6～13岁），即小学校期，认为是"身体发展之盛于在此期"；少年期（14～21岁），即中学校期，认为是"体格渐成大人之型""其自身体所起的欲望，较前期发达"；成人期（22～25岁），即大学校期，认为是"体格已定，全为大人之型。"

梁启超还为8～12岁的儿童拟订了一份教学程序表，即"下午一时集合，学习体操。略依幼儿操身之法，或一月或两月尽一课，由教师指导，操毕听其玩耍不禁。"他还主张"使教之有术，每日伏案一二时，所学抑已不少，自余假暑，或游苑园以观生物，或习体操以强筋骨，或演音乐以调神魂，何事非学，何学非用，其宏多矣。"（引自《变法通议》论幼学）。

他认为"德育、智育、体育三者，为教育上缺一不可之物"，并积极主张"尚武"思想，效仿西洋学校教育的"操练躯体"。他提出"必习体操，强其筋骨，而使人人可为兵也"的教育理念。

梁启超的上述教育新观点，对近代体育文化在初期的发展起到了一定的促进作用。在之后的变法维新运动中，改良派依据他的观点制订了新的学校体育方案。但在梁启超的体育主张中也存在一些消极因素，譬如要求学生每日用一小时或半小时静坐养心，曾遭到学生不同程度的反对。

## （三）谭嗣同（1865—1898年）

谭嗣同是戊戌变法失败后被杀害的"戊戌六君子"之一，是改良派中最具有革命气节的激进人物。他主张的革命思想主要是批判"宋明理学"和"三纲五常"，具有明显的反清思想。在体育理论和实践上，对古代和近代的体育文化有一定研究，并身临其境地参与体育锻炼。擅长击剑，习练体操，极力反对梁启超主张的静坐法，提倡"君子之学，恒其动也。"他曾提出"西人以喜动而霸五大洲，驯至文士亦尚体操，妇女亦侈游历，此其崛兴为何如矣，顾哀中国之亡于静"的教育思想，得到广泛认可。

## （四）严复（1854—1921年）

严复是我国近代极具影响力的资产阶级启蒙思想家、翻译家和教育家，是法家思想的代表人物。他第一次较为系统地把西方资产阶级的政治经济学、自然科学和西方哲学介绍到中国，在中国文化思想领域引起了很大反响。

在体育文化方面，严复主张通过运动强身健体，他曾在《原强》一书中指出诸多先进的体育思想，譬如"一曰血气体力之强，二曰聪明智慧之强，三曰德行义仁之强。是以西洋观化言治之家，莫不以民力、民智、民德三者断民种之高下。未有三者备而民生不优，亦未有三者备而国威不奋者也。""中国礼俗，其贻害民力而坐令其种日偷者，由法制学问之大，以至于饮食居处之微，几于指不胜指。而沿习至深、害效最著者，莫若吸食鸦片、女子缠足二事。""今夫人身，逸则弱，劳则强者，固常理也"等。

总之，资产阶级改良派的代表人物是最早接受西方以及欧洲近代教育、体育思想的先驱者。他们冲击了旧的教育体制和武举制，批判了洋务运动，提出了自己的实施方案，对近代新兴体育思想在中国的传播起到了一定的促进作用。但与此同时，因为受到历史条件的限制，以及社会角色的影响，近代改良体育思想的认知还不彻底，因而对当时中国的体育发展有一定的局限。

## 三、近代学校体育的形成

清朝政府为了缓和各种阶级矛盾，继续维持其反动统治，曾打着"求富求强"的旗号实施改革，并于1901年宣布实行所谓的"新政"，对当时学校体育的初步实施产生了一定影响。

1902年，清朝政府正式颁布《钦定学堂章程》，也称《壬寅学制》，但并未付诸执行。1904年，又颁布了由张百熙、荣庆、张之洞等人拟定的《奏定学堂章程》，也称《癸卯学制》。这是中国历史上第一个在全国范围内统一实施的学制，在当时中国学校教育中占主要地位，直至民国初期所规定的新学校制度都以《奏定学堂章程》为依据。

## （一）《奏定学堂章程》所规定的学校体育内容

3～7岁儿童：为蒙养院。

主要任务之一是"发育其身体"，体育教育的内容是游戏，分随意游戏和同人游戏两种。

7～15岁少儿：为初等教育阶段，包括初等和高等小学堂。

初等小学堂（7～11岁），修业5年，体操课在每学年里每周授课3小时，教材除一年级规定为有益之运动及游戏之外，从二年级到五年级均有普通体操。

高等小学堂（12～15岁）（初等实业学堂、实业补习普通学堂、艺徒学堂），修业4年，体育课在每学年里每周授课3小时，教材包括普通体操、有益之游戏和兵式体操，以兵式体操为主。

16～20岁：为中等教育阶段。

中等学堂（中等实业学堂、初等师范学堂），修业5年，体育课在每学年里每周授课2小时。其规定为："体操宜讲实用，教材内容包括普通体操和兵式体操两种，主要以兵式体操为主。其普通体操先教授准备法、矫正法、徒手操、哑铃操等，然后再教授以球、杆、棍、棒等体操。其兵式体操先教授单人教练、柔软体操、小队教练及器械体操，再进则教授中队教练、枪剑术、野外实习及兵学大意。"同时规定："若系水乡，应该练习水泳。"

21～31岁：为高等教育阶段。

包括高等学堂（21～23岁）（大学预科、实业教育讲习所）；分科大学（24～27岁）（优级师范学堂21～25岁，高等实业学堂21～24、25、26岁，大学选科24～26岁）；通儒院（27～30岁、28～31岁）。体育课的设置，以高等学堂为例，体操为必修课。每学年里每周授课3小时，教材内容是兵式体操和普通体操，以兵式体操为主。另有"兵学"每周1小时，教授军制学、战术学、战史等，其他学堂与其大致相同。

## （二）1904年，清朝政府设立"学部"（相当教育部）

1905年，袁世凯、张之洞等6位督抚联衔奏请立停科举，以便推广学堂，咸趋实学。清廷诏准自1906年开始，所有乡会试一律停止，各省岁科考试亦即停止，并令学务大臣迅速颁发各种教科书，责成各督抚实力通筹，各地普遍设蒙小学堂。（引自《光绪政要》第二十七册，卷三十一）

## （三）军国民体育思想的产生

1906年，学部在《奏请宣示教育宗旨折》中规定的教育宗旨是："忠君""尊孔""尚公""尚武""尚实"。"所谓尚武者何也？东西各国，全国皆兵""凡中小学堂各种教科书，必寓军国民主义，俾儿童熟见而习闻之。体操一科，幼稚者以游戏体操发育其身体，稍长者以兵式体操严格其纪律，以造成完全之人格。"其中在介绍日本师范学校的教育时写道："规则最肃，约束最严三地，而掷球、角力为常课，运动竞走，游设大会。"借以倡导效仿日本军国民教育来推动体操课程的实施。

然而，兵式体操课的普遍实施，其实并不适合青少年的身心特点，加之当时教师质量整体偏低，因此并未受到广大人民群众的欢迎。蔡元培先生认为，军国民教育思想并不是一种理想社会的教育制度，但在当时的中国社会不得不采用。从引进近代体育运动项目这一客观情况来看，还是有其积极的一面，即普遍性地在学校教育中实施了近代体育文化活动。

军国民体育思想产生的主要原因有，外因：从国外环境看来，当时我国正处于"邻强交逼，亟图自卫，而历年丧失之国权，非凭借武力，势难恢复"的困窘状态；内因：就当时国内所面临的形势而言，要打破军人成为"全国中特别之阶级"的僵局，就必须选择"非行举国皆兵之制，否则无以平均其势力"。由此可见，蔡元培先生主张军国民教育，是为了对外实行自卫，对内反对军人的强权统治，这在当时是具有进步意义的。

## 四、清朝末年体育学校的创建

清朝末年废除科举制度、兴办新学以来，全国各类学校突飞猛增。这里以小学为例，1902年只有学生859人，到1904年，学生增加到85213人，到1909年的时候，在校学生已经达到1469412人。由于每所学校均开设体操课，体育教师严重缺失，因而培养体育教师成为当时亟待解决的问题。

当时的学校体育师资不仅数量少，而且质量较低。学校体育教师大多由中小级军官和士兵担任，他们缺乏相应的体育知识，仅懂得一点军队中的兵操知识和技能，许多人缺乏文化基础，言语粗鄙，作风恶劣，实际上是滥竽充数。这种情况在《呈请设立体操学堂意见书》中讲得非常清楚，书中这样写道："乃调查各省学堂之教育，其任体操者，非营兵无取也。"教体育者，"既无初等高等之区别，复无小学中学之特殊。"这些人"目不识丁，口不言文，其品其性，一无可取，侈然胖然，朝酒夜色者不可胜数。于是学界卑之，使不得和各教员齿，学生轻之，指目以动物标本之名。"（引自《学部为邓莹诗呈请设立体操学堂劄》）。譬如：早年办体操学校的体操教员徐一冰在《二十年来体操谈》一文中谈到当时的体操教员时说："一般无知识、无道德之营弁之士兵，竟一跃而为学校教师，品类不齐，非驴非马，既不识教授为何物，又不知学校为何地，酗酒狂赌，好勇斗狠，无所不为；不一年，学校之名誉扫地，社会之信仰尽失，学生父兄，多仇视体操一科。"

诸多问题的存在，是当时国内体育发展面临的形势所迫，兴办体育学校迫在眉睫。1906年，清朝学部（教育部）通令全国各省，于省城师范学堂"附设五个月毕业之体操专修科，授以体操、游戏、教育、生理、教授法等。名额百名，以养成小学体操教习。"加之留学日本学习教育和体育的留学生陆续回国，体育专门学校也兴办起体操教师训练班，学校体育规范实施指日可待。最先在我国创办体育专门学校的，多为留学日本的回国留学生，他们大多效仿日本大森体育学校的办学思路来创建我国的体育学校。

在此期间创办的体育专门学校主要有：大通体育师范（1905年）、江苏两级师范体操专修科（1906年）、四川体育专门学堂（1906年）、四川王氏树人学堂体操科（1907年）、河南体操专科学堂（1907年）、耀梓体育学堂（1907年）、浙江两级师范学堂体操科（1907年）、奉天师范学堂体操科（1907年）、重庆体育学堂（1908年）、中国体操学校（1908年）、中国女子体操学校（1908年）等。以上有公办学校，也有私立学校，教学内容大多沿袭日本的办学体制，以普通体操和兵式体操为主。这些体育学校办学时间较长的，是中国体操学校和中国女子体操学校。后来还陆续创办了一些体育学校，譬如上海东亚体育专科学校、中国女子体育师范以及上海两江女子体育师范学校等，这些后来创办的体育学校多数由中国体操学校毕业的学生所创办。

由于新学堂的快速兴起，促进了在此期间的体育学校发展，为社会培养了大批急需的体育人才，极大地推动了我国近代体育运动的发展。但由于当时我国整体的体育发展基础较为薄弱，师资力量严重不足，加之这些体育学校的学制时间大多为半年或一年，因而培训出来的学生质量无法保证，仍然不能适应各级各类学校的体育师资需求。

## 第六节　近代体育运动的传播

近代体育思想与体育项目在清末时期传入我国，与清末时期新学堂的兴起密切相关，特别是兴办新军、创办军事学堂和体育学校以后，近代体育文化逐渐被引入学校教育，并得到广泛传播。最早传入的体育项目如下。

### 一、体操运动

体操是我国近代体育运动中开展最早的体育项目之一。清末时期，在洋务派兴办的学堂里就设有体操课，教授兵式体操、单杠、双杠、木马等单个项目的器械体操运动。

1903年以后，全国各地普遍兴办新学堂，虽然设有田径、球类、游泳等项目运动，但仍把体操作为体育课的主要内容，故体育课又称"体操课"，担任体育课的教员也称"体操教员"，把上体育课称作"下操"等。当时的体操分为德国式体操和瑞典式体操两种，这两种体操均始于欧洲19世纪中叶，到19世纪后半期已经在全世界许多国家开展。

德式体操的内容包括两大部分：一是徒手体操（上肢、下肢、四肢、躯干、跳跃和呼吸等运动）；二是器械体操（使用的器械有：肋木、单杠、双杠、木马、跳箱、吊绳、吊棒、平台、斜梯和平衡凳等）。德式体操的组合顺序是，先徒手、后器械。

瑞式体操的内容也分为两大部分：即徒手体操和器械体操。与德式体操不同，瑞式体操的组成顺序是，徒手体操与器械体操交叉进行。使用的器械有肋木、木马、长凳、平衡凳、纵横格梯、跳绳、吊绳、吊棒和横杠等。

以上两种体操虽有相似之处，但也有不同之处，其区别主要是德式偏向于蛮拙竞技，瑞式偏向于健美且重艺术性。

19世纪末至20世纪初传入中国的体操，虽然称为"日本体操"，但实际上属于德式体操和瑞式体操的综合体，只是内容上增加了一些器械，如哑铃、头棒、木棍、球杆、天桥、浪桥和藤圈等。当时称为普通体操或柔软体操，以区别旧式兵操。体操虽然引入我国的时间较早，但发展较为缓慢。

## 二、田径运动

近代田径项目传入我国的时间稍晚于体操运动，但早于近代球类项目，田径运动在我国开展较为广泛。早在1890年，上海圣约翰书院就已经开始举办每年两次的校内田径比赛。洋务派兴办的军事学堂里也已经开始设置近代田径运动，如北洋水师学堂，在1894年以前的体操科中，就设有跳高、跳远、跳栏、二人三足竞走和羹匙托物竞走等田径运动的内容。

在此之后，各地新式学堂举办的运动会均把田径运动列为比赛项目之一。比如在1903年山东烟台阖滩运动会上，就有100码、200码、跳高、跳远、掷木球等项目的比赛。1910年第一届"全国运动会"，已经把田径项目列为主要的比赛内容，设有50码、100码、150码、220码、440码、880码替换跑（接力比赛）、120码低栏、跳高、跳远、撑杆跳高、铅球和链球等多个项目的比赛，当时田径竞赛项目以英式的"码"进行标记。

这一时期，田径运动在东南沿海主要城市的学校开展较为普遍，在全国各地举办的运动会上，田径比赛的项目和距离设置大多不一致，充分说明田径运动会在我国已经广泛开展，并得到了社会的高度重视。

## 三、游泳运动

19世纪末在我国东南沿海省、市开展的近代游泳运动较为普遍，特别是上海、广东、福建、青岛、大连和天津等地均不同程度地开展游泳运动。1887年，广州首创室内游泳池，泳池长25米，宽15米，同时利用河道修建天然游泳池。1906年，香港成立"域多利游泳会"，主办每年一次的全港渡海比赛。随着游泳运动的广泛开展，先后成立了不少游泳组织。如香港"华人游泳"、广东"南华水体会""东山水体会"等。

1913年，我国在首届"远东运动会"上参加了游泳比赛，以后历届均参加游泳项目的比赛，并在1915年第二届远东运动会上，获得游泳总分第一名。在1933年举行的第三届全国运动会上，男子游泳被列为正式比赛项目，女子游泳比赛被列为表演项目。

### 四、球类运动

足球。足球起源于中国古代山东淄州（今淄博市）的球类游戏"蹴鞠"，后经阿拉伯人由中国传至欧洲（主要通过古代丝绸之路这一通道传播），逐渐演变发展为现代足球。现代足球始于英国。近代的足球运动，从19世纪末传入我国，最早见于香港，后传至上海、天津、北京等城市，20世纪初，在以上城市已有小型的足球比赛活动。我国早期开展的足球运动和足球组织大致如下。

1903年，在上海居住的外籍人，组织了"史高塔杯"足球比赛。

1904年，香港教会学校发起了足球常年赛会。

1905年，北京教会学校之间开展了足球比赛。

1908年，香港首次成立了中国近代足球运动组织："华南足球会"，同年，上海也组织了华东八大学校足球赛会。

1910年第一届全运会和1913年第一届远东运动会均把足球列为正式比赛项目。当时举办的足球比赛，规则和战术都比较简单，主要以踢高、踢远、运球过人等标准来判定参赛选手的水平。

篮球。篮球运动起源于美国，1891年12月21日由美国马萨诸塞州斯普林菲尔德基督教青年会训练学校的体育教师詹姆士·奈史密斯发明。近代的篮球运动，大约在1896年至1898年间传入我国天津，最初在天津、北京等地开展。如清华大学、汇文学校、通县协和书院、天津青年会普通中学、南开中学、新学书院和北京师大等学校，均开展篮球活动。后来在上海、广州等地也有开展。当时把篮球称作"筐球"，场地无统一规格，参加人数也无限制，球用足球来代替，规则也很简单。

直到20世纪初，篮球运动在我国才较为广泛地开展起来。1910年，男子篮球被列为首届全运会的比赛项目，这是我国第一次全国性的篮球比赛活动。女子篮球运动开展较晚，大约在1916年，始于上海基督教女青年会。女子篮球在全国普遍开展大约是在1930年前后。女子篮球运动刚开始时，球场分3个区域，每个区域3个人，每队为6人，不允许越过中线。大约在1927年时，在我国个别地区才出现男子篮球规则运用。

排球。排球运动起源于美国，1895年，美国马萨诸塞州霍利约克市，由韦廉姆·G·摩根发明；1900年左右，排球自美国传入加拿大。1905年，排球运动传入我国，开始于广州、香港等地的一些学校，后普及至全国各地，最初的排球叫做"队球"或"对球"。

在第一届远东运动会、第二届全运会和第二届华北运动会上，排球运动均被列为比赛项目，仅限男子排球队参赛。女子排球运动开始较晚一些，在第三届全运会上，女子排球只作为表演项目参赛。排球比赛最初每队16人，分4排，每排4人。在第六届远东运动会上改为3排12人，直至第八届远东运动会又改为3排9人。排球运动传入我国初期，有些地区出现过6人制的排球比赛，但一直未被列入正式的排球比赛。

乒乓球。乒乓球大约在19世纪末起源于英国，被称为中国的"国球"。近代的乒乓球运动在1904年前后传入我国，当时上海四路大街一文具店从日本购买回来一批乒乓球器材，在店内举行打球表演，并逐渐向外传播，一直普及至全国各个地方。1918年，上海成立了第一个乒乓球联合会，到1923年扩大改为"中国台球研究会"。

1925年，上海乒乓球联合会与日本桌球代表共同编制了乒乓球规则，又制定了远东乒乓球规则，并在上海创办了《乒乓周刊》（后改为《乒乓世界》），共出刊30余期，介绍乒乓球运动技术以及国内外乒乓球比赛情况。

1935年，上海举办了第一次全国乒乓球比赛大会，成立了"中国乒乓球协进会"。当时的乒乓球运动一直被排斥在全国综合性运动会之外，被视为不登大雅之小道，未能得到足够的重视。

网球。网球运动孕育于法国，起源于19世纪的英国，近代的网球运动大约在1885年传入我国，最初在一些外国教堂和洋行里设有网球场地。后北京、上海、广州、天津等地也有开展，但大多在教会青年会和教会学校中，一直被少数人所掌握，当时人们称之为"贵族运动"。

20世纪初，开始有校际之间的网球比赛，第一届全运会上，网球被列为比赛项目，但参赛选手大多为教会学校的学生。

棒球。棒球最早起源于15世纪，当时是流行于英国的板桨球，后来传到美国。1839年，美国纽约州古帕斯敦举行了首次棒球比赛。近代的棒球运动，大约在1895年传入我国，始于北京汇文书院、通县协和书院等学校。1911年以后，北京清华、天津南开、上海圣约翰等学校相继开展棒球运动，并在每年举行比赛。在第二届全运会上，棒球被列为正式比赛项目。

随着上述近代体育项目的相继传入，我国也逐渐建设相应的场地、设备和器材制作工厂。比如，清末成立了保定市云体育器材工厂（抗战后改为中华体育用品工厂）；1915年以后，天津、北京等地相继建成了利生、华北、春和、协兴等体育用品工厂。这些体育用品工厂，对中国近代体育运动的发展起到了一定的促进作用，但由于帝国主义国家的入侵，未能得到很好发展。

## 第七节　清朝末年的教会体育

清朝末年，中国的军事体育和学校体育均实施兵式体操与普通体操，与此同时，资本主义国家为了加强对中国进行文化侵略，通过教会学校和基督教青年会，把一些现代体育项目逐步引进中国。

### 一、清末教会学校的体育

1807年，基督教传入中国，当时在国内开办了许多教会学校，虽然没有设置体育课，但却较早地开展了田径、球类等运动项目。资本主义国家以体育作为文化侵略的突破口，早期的教会为了争夺和奴化青少年，在中国兴办了大批教会学校，除设置奴化学生思想的唯心主义课程之外，还推行"西洋体育"，譬如田径、球类等运动项目。在当时的通县协和学院，体育活动除柔软体操外，还有壁球、网球、棒球、足球、排球等，每年定期与汇文书院举行体育比赛。

由于田径运动、球类运动具有较强的竞赛性，因而容易被青少年所接受。资本主义国家便以此来灌输个人主义、冒险主义、锦标至上等资产阶级的体育思想，尽力宣扬"体育超阶级""体育超政治"的观念。他们在学校所提倡的体育运动，并不以增强学生身心健康为目的，只是通过课外体育活动训练部分学生出风头、夺锦标、吸引学生不问政治而崇洋媚外。特别是"选手制"和"锦标主义"的推行，给以后中国近代体育的发展留下了一个极大的弊端。

### 二、清末基督教青年会的体育

基督教青年会是西方资本主义国家对青少年进行宗教思想教育的一个组

织，也是西方资本主义国家对我国进行的思想侵略和文化侵略。1880年前后，基督教青年会已经渗透至中国的某些地方，当时只限在中国的外籍青年参加。1885年起，部分教会学校开始组织青年会接受宗教思想教育，比如通县潞河书院。1895年，美国基督教青年会派李昂到天津传教，他在北洋医校组织成立了中国第一个基督教青年会。而后盖勒、饶伯森、林德芳、贺嘉立也相继来到中国，在上海、天津、武汉等地大力发展青年会组织成员。据统计，1895年前后，青年会已遍布全国十多个省市，设有青年会30处，学校青年会170余处。在这些青年会中，均设有德、智、体三个部分的教育内容。

1904年前后，在青年会组织进行的体育活动中，极力鼓吹"西洋体育"思想。1908年以后，先后又派来大批所谓的"体育家"进行有组织、有计划的传教活动，其中不少人进入各地大、中学校，篡夺、窃取体育系主任或教授的职务，有的还充当了中国青年会的体育干事。

1908—1919年间，美国在中国境内频繁组织各种文化入侵活动，他们为了奴化中国人民的思想，以达到其侵略之目的，曾举办过许多体育干事训练班、青年男子和女子体育学校，出版《青年》《进步》《青年进步》等刊物，接管和控制了当时较大的运动会和体育组织，还修建了一些体育馆、运动场和游泳池等。并以"报恩""友谊"等幌子来宣传美国的价值观，奴化青少年的思想，借此推销其体育用品，扩大影响，谋取更大的经济利益。

总之，教会学校和基督教青年会的体育活动，实质上是帝国主义国家和资本主义国家进行文化侵略的工具，但在客观上，却对中国近代体育发展起到了促进作用。

## 三、清末体育的殖民化

1910年10月18日至22日，在南京"南洋劝业会"会址举办了名为"全国学校区分队第一次体育同盟会"的运动会。1911年辛亥革命以后，将这一届运动会改名为"第一届全国运动会"。

1908年，美国基督教青年会派爱克斯纳来到中国，首先在上海基督教青年会组织体育训练班搞体育表演，到1910年，他通过青年会发起并组织了全国五区分区运动会，每个区设竞赛委员会，由青年会派人任委员会主席，各区分别组成代表队，各队联合组成全国竞赛委员会，主席由爱克斯纳担任。

参会运动员大约150名，比赛项目设有田径、篮球、足球、网球。其中，田径项目的比赛分三组进行，一组是五区代表队，二组是五区中学代表队，三组是大学（圣约翰大学、天津工业学校、天津青年会日校、南洋公学、武昌文华大学、协和书院）代表队。裁判员大多由美国人和英国人担任（包括大会讲话、各种文件印制、裁判术语等。田赛用"英尺"制，竞赛用"码"制）。在5天的比赛时间里，观众每天多达4万余人。

对区域性体育竞赛的操控，也是资本主义文化入侵的一个重要方面。当时的一些区域性体育竞赛，大多被当地基督教青年会所控制。

1902—1911年间，天津先后举办过8次全市运动会。在第七、八届运动会举行时，还邀请外省、市学校的代表队参加比赛。另外，华东、华南等地区的体育竞赛，也大多被基督教青年会所操控。

## 第八节　清朝末年的体育文化要点

从鸦片战争开始，近代体育在中国的传播和兴起是一个错综复杂的过程。由于近代体育是从欧美等国家传至我国，从西方传入我国的近代体育，与中国古代传统体育文化没有直接的传承关系。当时在鸦片战争、太平天国运动以及义和团运动中的体育，都是中国传统的体育文化，只是从洋务运动和戊戌变法才开始有了西方近代体育。

近代西方体育的引进，究其原因不外乎：第一，外在条件是帝国主义的入侵及其帮助封建势力镇压人民群众的革命斗争；第二，内在原因是中国的"求富求强"和向西方学习运动的兴起；第三，直接原因是军事体育和兵器的进步，以及对资本主义国家"军国民教育"思想的采用。因此，首先被引入的近代体育是英、法、德、日等国家的兵操，最早被清末的"新军"所接受。

中国近代体育的发展，首先从军队开始，再到学校，最后走向社会。传入的体育项目首先是体操，其次是田径，最后是球类运动项目等。基督教青年会和教会学校最先开展近代体育活动，这与帝国主义的文化入侵有着密切关系。

从社会动荡不安、民族矛盾突出、阶级斗争异常尖锐以及农民革命斗争的兴起可以看出，各个阶级、各种力量都利用体育作为文化武器来达到自己的目的，特别是利用军事体育来实现价值追求。

# 参考文献

## 著作类

［1］马克垚.世界文明史［M］.北京：北京大学出版社，2004.

［2］冯天瑜，等.中华文化史［M］.上海：上海人民出版社，2006.

［3］严文明，等.中华文明史［M］.北京：北京大学出版社，2006.

［4］冯友兰.中国哲学简史［M］.北京：北京大学出版社，1996.

［5］梁漱溟.中国文化要义［M］.上海：学林出版社，1986.

［6］南怀瑾.中国佛教发展史略［M］.上海：复旦大学出版社，1996.

［7］南怀瑾.禅宗与道家［M］.上海：复旦大学出版社，1991.

［8］陈寅恪.唐代政治史述论稿［M］.上海：上海古籍出版社，1982.

［9］李泽厚.中国古代思想史论［M］.北京：人民出版社，1986.

［10］刘骏骧.东方人体文化［M］.上海：上海文艺出版社，1996.

［11］汤一介.中国传统文化的儒释道［M］.北京：中国和平出版社，1988.

［12］黄金贵，等.中国古代文化会要［M］.杭州：西泠印社出版社，2007.

［13］张岱年，等.中国文化概论［M］.北京：北京师范大学出版社，2004.

［14］陈乐民，等.欧洲文明的进程［M］.北京：三联书店，2003.

［15］李喜所.五千年中外文化交流史（第2卷）［M］.北京：世界知识出版社，2002.

［16］中共中央马克思恩格斯列宁斯大林著作编译局.马克思恩格斯选集（第1卷）［M］.北京：人民出版社，1972.

［17］杨善民，等.文化哲学［M］.济南：山东大学出版社，2002.

［18］刘伉.世界社会文化地理手册［M］.北京：中国林业出版社，1993.

［19］孙秋云.文化人类学教程［M］.北京：民族出版社，2004.

［20］克利福德·格尔兹.文化的解释［M］.韩莉，译.上海：上海人民出版社，1999.

［21］特瑞·伊格尔顿.文化的观念［M］.方杰，译.南京：南京大学出版社，2003.

［22］C恩伯，M恩伯.文化的变异［M］.杜杉杉，译.沈阳：辽宁人民出版社，
　　　　1988.

［23］威廉·A·哈维兰.文化人类学［M］.瞿铁鹏，张钰，译.上海：上海社
　　　　会科学出版社，2006.

［24］尤瓦尔·赫拉利.人类简史［M］.林俊宏，译.北京：中信出版集团，
　　　　2021.

［25］斯里·阿纳达.瑜伽大全［M］.北京：中国妇女出版社，1988.

［26］司马迁.史记·孔子世家［M］.北京：中华书局，1982.

［27］周公.周礼·地官·保氏［M］.北京：中华书局，1980.

［28］庄周.庄子·养生主［M］.上海：上海书店出版社，1986.

［29］吕不韦.吕氏春秋·尽数［M］.上海：上海书店出版社，1986.

［30］魏征.隋书·仪礼志［M］.北京：中华书局，1973.

［31］刘勰.文心雕龙·养气篇［M］.上海：上海古籍出版社，1980.

［32］钟敬文.中国民俗史·宋辽金元卷［M］.北京：人民出版社，2008.

［33］孔颖达，毛诗，注疏.朱杰人，李慧玲，整理［M］.上海：上海古籍出版
　　　　社，2013.

［34］钟敬文.中国民俗史·明清卷［M］.北京：人民出版社，2008.

［35］张仲景.伤寒论·自序［M］.北京：人民卫生出版社，1978.

［36］戚继光.练兵实纪［M］.北京：中华书局，2001.

［37］张说.奉和圣制观拔河［M］.北京：中华书局，1960.

［38］许友根.武举制度史略［M］.苏州：苏州大学出版社，1997.

［39］张燕婴.论语［M］.北京：中华书局，2010.

［40］王文锦.大学中庸译注［M］.北京：中华书局，2009.

［41］朱晓鹏.老子哲学研究［M］.北京：商务印书馆，2009.

［42］谢增虎.易说［M］.兰州：兰州大学出版社，2013.

［43］韩高年.《诗经》分类辨体［M］.上海：上海古籍出版社，2011.

［44］饶尚宽.老子［M］.北京：中华书局，2010.

［45］钱逊.孟子［M］.北京：中华书局，2010.

［46］钱逊.先秦儒学［M］.沈阳：辽宁教育出版社，1997.

［47］刘笑敢.庄子哲学及其演变［M］.北京：中国社会科学出版社，1988.

［48］谭介甫.墨经分类译注［M］.北京：中华书局，1981.

［49］孙筱.两汉经学与社会［M］.北京：中国社会科学出版社，2002.

［50］金春峰.汉代思想史［M］.北京：中国社会科学出版社，2006.

［51］许抗生.三国两晋玄、佛、道思想简论［M］.济南：齐鲁书社，1991.

［52］姜广辉.理学与中国文化［M］.上海：上海人民出版社，1994.

［53］梁启超.清代学术概论［M］.北京：中华书局，1936.

［54］韩林合.《庄子》哲学研究［M］.北京：北京大学出版社，2006.

［55］杨国荣.孟子的哲学思想［M］.上海：华东师范大学出版社，2009.

［56］撒穆尔·伊诺克·斯通普夫.西方哲学史［M］.北京：世界图书出版公司，2008.

［57］隋玉杰，等.人类行为与社会环境［M］.北京：中国人民大学出版社，2006.

［58］理查德·格里格，等.心理学与生活［M］.北京：人民邮电出版社，2004.

［59］理查德·谢弗.社会学与生活［M］.赵旭东，译.北京：世界图书出版公司，2006.

［60］亨利·基辛格.论中国［M］.胡利平，等，译.北京：中信出版集团，2012.

［61］阿兰·瑞安.论政治［M］.北京：中信出版集团，2016.

［62］戴维·波普诺.社会学［M］.李强，等，译.北京：中国人民大学出版社，2005.

［63］保罗·肯尼迪.大国的兴衰［M］.王保存，等，译.北京：中信出版集团，2013.

［64］路德维希·维特根斯坦.文化和价值［M］.黄正东，唐少杰，译.北京：译林出版社，2011.

［65］阿诺德·约瑟夫·汤因比.历史研究［M］.郭小凌，刘北威，译.上海：上海人民出版社，2000.

［66］阿雷恩·鲍尔德温.文化研究导论［M］.陶东风，译.北京：高等教育出版社，2005.

［67］亚当·斯密.国富论［M］.高格，译.北京：中国华侨出版社，2013.

［68］沃尔夫冈·查普夫.现代化与社会转型［M］.陈黎，陆宏成，译.北京：社会科学文献出版社，2000.

［69］杨国荣.中国古代思想史［M］.北京：人民出版社，1954.

［70］梁容若.中日文化交流史论［M］.北京：商务印书馆，1985.

［71］丁伟.中国民族性［M］.西安：陕西师范大学出版社，2006.

［72］杨勇进，等.现代文明的生态转向［M］.重庆：重庆出版社，2007.

［73］万明刚.文化视野中的人类行为［M］.兰州：甘肃文化出版社，1996.

［74］徐克谦.中国传统思想与文化［M］.桂林：广西师范大学出版社，2007.

［75］周宪.文化表征与文化研究［M］.北京：北京大学出版社，2007.

［76］苏国勋，等.全球化：文化冲突与共生［M］.北京：中国社会科学出版社，2006.

［77］肖群忠.孝与中国文化［M］.北京：人民出版社，2001.

［78］梅珍生.中国精神的哲学阐释［M］.武汉：湖北人民出版社，2015.

［79］俞吾金，等.当代哲学经典［M］.武汉：北京师范大学出版社，2014.

［80］何星亮，等.宗教信仰与民族文化［M］.北京：中国科学文献出版社，2007.

［81］马戎.社会学的应用研究［M］.北京：华夏出版社，2002.

［82］苏叔阳.中国读本［M］.北京：辽宁教育出版社，2008.

［83］威尔·杜兰特.西方的故事［M］.北京：新星出版社，2013.

［84］房龙.人类的故事［M］.北京：北京出版社，2011.

［85］张应杭.中国传统文化概论［M］.杭州：浙江大学出版社，2005.

［86］司马云杰.文化社会学［M］.北京：中国社会科学出版社，2001.

［87］余敦康，等.中国宗教与中国文化［M］.北京：中国社会科学出版社，2006.

［88］陶东风，等.文化研究［M］.北京：中央编译出版社，2003.

［89］韩高年.《山海经》注释［M］.北京：中华书局，2020.

［90］赵东玉.中国传统节庆文化研究［M］.北京：人民出版社，2002.

［91］乌丙安.中国民俗学［M］.沈阳：辽宁大学出版社，1985.

［92］杨向东.中国古代体育文化史［M］.天津：天津人民出版社，2000.

［93］顾实.穆天子传西征讲疏［M］.上海：三联书店，2014.

［94］袁珂.中国古代神话［M］.北京：中华书局，1960.

［95］徐旭生.中国古史的传说时代［M］.北京：文物出版社，1985.

［96］章学诚.文史通义［M］.北京：中华书局，2014.

［97］郭沫若.中国古代社会研究［M］.上海：上海书店出版社，1989.

［98］顾颉刚.中国上古史研究讲义［M］.北京：中华书局，1988.

［99］李镜池.周易探源［M］.北京：中华书局，1978.

［100］陈来. 古代思想文化的世界：春秋时代的宗教、伦理与社会思想［M］. 上海：三联书店，2009.

［101］杨宽. 战国史［M］. 上海：上海人民出版社，1998.

［102］林剑鸣. 秦史稿［M］. 北京：中国人民大学出版社，2009.

［103］班固. 汉书［M］. 北京：中华书局，1962.

［104］张富祥. 东夷文化通考［M］. 上海：上海古籍出版社，2008.

［105］史念海. 由地理的因素试探远古时期黄河流域文化最为发达的原因［M］. 上海：上海人民出版社，1983.

［106］宋镇豪. 夏商社会生活史［M］. 北京：中国社会科学出版社，1994.

［107］唐兰. 西周青铜器铭文分代史徵［M］. 北京：中华书局，1986.

［108］钱穆. 先秦诸子系年考辨［M］. 北京：商务印书馆，2001.

［109］张荣明. 中国古代气功与先秦哲学［M］. 上海：上海人民出版社，1987.

［110］蔡丰明. 江南民间社戏［M］. 上海：百家出版社，1995.

［111］拉斯洛·孔. 体育运动全史［M］. 颜绍泸，译. 北京：人民体育出版社，1985.

［112］颜绍泸，等. 体育运动史［M］. 北京：人民体育出版社，1990.

［113］易剑东. 体育文化学［M］. 北京：北京体育大学出版社，2009.

［114］卢元镇. 体育社会学［M］. 北京：高等教育出版社，2006.

［115］刘欣然. 生命行为的存在——体育哲学、历史与文化的线索［M］. 北京：北京体育大学出版社，2014.

［116］谢亚龙. 奥林匹克研究［M］. 北京：北京体育大学出版社，1994.

［117］体育学院通用教材. 奥林匹克运动［M］. 北京：人民体育出版社，1993.

［118］国际奥林匹克委员会. 奥林匹克宪章［M］. 北京：奥林匹克出版社，2001.

［119］崔乐泉，等. 中国体育思想史（古代卷）［M］. 北京：首都师范大学出版社，2008.

［120］全国体育学院教材委员会. 体育史［M］. 北京：人民体育出版社，1989.

［121］席焕久. 体育人类学［M］. 北京：北京体育大学出版，2002.

［122］何琼. 西部民族文化研究［M］. 北京：民族出版社，2004.

［123］陈青. 民族体育跨文化融合［M］. 北京：民族出版社，2010.

［124］周之华，等. 中华民族传统体育文化概论［M］. 北京：北京体育大学出版社，2016.

［125］徐玉良，等. 中国少数民族传统体育文化研究［M］. 北京：民族出版
　　　　社，2005.

［126］杨文轩，等. 体育原理［M］. 北京：高等教育出版社，2004.

［127］周伟良. 中华民族传统体育概论高级教程［M］. 北京：高等教育出版
　　　　社，2003.

## 论文类

［1］杨桦. 体育改革：成就、问题与突破［J］. 体育科学，2019（1）.

［2］任海. 中国体育治理逻辑的转型与创新［J］. 体育科学，2020（7）.

［3］杨国庆，等. 习近平中国竞技体育的战略使命与创新路径研究［J］. 体育
　　　科学，2018（9）.

［4］赵富学. 中国共产党体育强国建设的百年探索［J］. 体育科学，2021（9）.

［5］高泳，等. 习近平总书记关于体育工作重要论述的时代使命与实现方略［J］.
　　　北京体育大学学报，2019（3）.

［6］周学政，等. 新时代体育强国之路的思想基础与战略选择［J］. 北京体育
　　　大学学报，2019（9）.

［7］马德浩. 新发展理念视域下的中国体育发展方式转变［J］. 上海体育学院
　　　学报，2019（6）.

［8］易剑东. 从为国争光到文化软实力——对中国体育文化发展的思考［J］.
　　　体育科学，2018（7）.

［9］于思远，等. 体育与构建人类命运共同体：机理与路径［J］. 体育科学，
　　　2019（9）.

［10］熊晓正. 明礼仪知进退的射礼［J］. 体育文史，1984（3）.

［11］崔乐泉，等. 中华优秀传统体育文化的缘起与特征［J］. 武汉体育学院学
　　　　报，2020（7）.

［12］傅光亚. 中华古代兵器辑录［J］. 体育文史，1995（4）.

［13］唐定风. 中国气功与印度瑜伽的比较［J］. 武林，1988（8）.

［14］梅艳玲，等. 庄子体育思想是现代体育科学的基础［J］. 安徽教育学院学
　　　　报，2001（3）.

［15］姜楠. 从诗经看周代祭天礼仪［J］. 天津师范大学学报，1995（2）.

［16］申国卿，等. 春秋战国时期的武术文化自信［J］. 武汉体育学院学报，
　　　　2021（10）.

［17］陈式龙.藏密气功的功理、功法研究［J］.中国气功，2000（4）．

［18］才让.藏族传统体育述略［J］.西藏研究，1993（3）．

［19］车得驷.静功、气功与密宗［J］.西北民族大学学报，1997（1）．

［20］杨静，等.中国传统体育文化对外传播反思与对策［J］.体育文化导刊，2021（6）．

［21］孙文波，等.论中国民族传统体育文化的异化与回归［J］.体育文化导刊，2020（5）．

［22］汤琪，等.中国传统射箭文化复兴研究［J］.体育文化导刊，2020（4）．

［23］张震，等.中国古代身体素养观的哲学论绎［J］.体育科学，2020（9）．

［24］任海.中国体育治理逻辑的转型与创新［J］.体育科学，2020（7）．

［25］刘强，等.物件、空间、记忆与文化认同：国内外体育博物馆研究的回顾与展望［J］.体育科学，2020（5）．

［26］李祥臣.主动健康：从理念到模式［J］.体育科学，2020（2）．

［27］旷文楠.两晋南北朝武术的娱乐性发展［J］.成都体育学院学报，1994（4）．

［28］李力研."尚力思潮"第一人：严复［J］.天津体育学院学报，1991（1）．

［29］马爱民.我国历史上的寺院尚武活动新探［J］.北京体育大学学报，2004（6）．

［30］任多伦，等.论董仲舒思想中的"天"与"元"［J］.西北师大学报，2010（4）．

［31］刘衍青.四大奇书中"上元节"民俗文化析论［J］.西北师大学报，2013（6）．

［32］刘毓庆."女娲补天"与生殖崇拜［J］.文艺研究，1998（6）．

［33］王志功."周易"是世界最早的系统科学著作［J］.汕头大学学报，2006（4）．

［34］杨天宇.礼记的来源、编纂及其在汉代的流传［J］.史学月刊，1998（6）．

［35］严文明.东夷文化的探索［J］.文物，1989（9）．

［36］汪受宽.時祭原始说传［J］.兰州大学学报，2002（5）．

［37］翁士勋.内人踢毬赋［J］.体育文史，1987（1）．

［38］徐素卿.《诗经》中的射猎舞蹈春游活动［J］.体育文史，1987（1）．

［39］中国古代体育史讲座编写小组.魏晋南北朝时期的围棋［J］.体育文史，1987（4）．

［40］谭风.唐代的拔河［J］.体育文史，1987（6）.

［41］中国古代体育史讲座编写小组.唐代的马球运动［J］.体育文史，1987（6）.

［42］张荣明.董仲舒的养生思想和气功学说［J］.体育文史，1987（1）.

［43］许友根.春秋战国时期"士"的崛起及其对体育发展的影响［J］.体育文史，1987（2）.

［44］杨文清.《吕氏春秋》的体育宝藏［J］.体育文史，1987（2）.

［45］张元.论孔、庄体育思想［J］.体育文史，1987（3）.

［46］中国古代体育史讲座编写小组."百戏"与"百戏"中的体育活动［J］.体育文史，1987（3）.

［47］张国朝.龙舟竞渡琐谈［J］.体育文史，1987（3）.

［48］李晶伟.古代的中长跑运动［J］.体育文史，1987（5）.

［49］马诤.宋朝民间围棋的发展［J］.体育文史，1987（6）.

［50］米晓宇，等.宋明理学道德修养论视野下传统武术理想人格研究［J］.体育科学，2021（6）.

［51］马廉祯.明代高颖《武经射学正宗》版本源流与价值研究［J］.体育科学，2021（5）.

［52］杨建营.武术拳种的历史形成及体系化传承研究［J］.体育科学，2018（1）.

［53］张银行，等.明清思想与中国武术发展及启示研究：基于"向实"的线索［J］.体育科学，2019（11）.

［54］丁省伟，等."五禽戏"养生文化的历史流变及生命内涵［J］.武汉体育学院学报，2021（8）.

［55］尚力沛，等.中国近代体育家章辑五思想之研究［J］.体育科学，2017（8）.

［56］张道鑫.中国武术"道"之诠释［J］.体育科学，2018（6）.

［57］李守培.中国传统武术天人伦理的历史形成研究［J］.体育科学，2016（12）.

［58］周佳泉.基督教青年会与中国近现代体育［J］.体育文史，1998（1）.

［59］张三春.近代天津基督教青年会的体育活动［J］.体育文史，1987（5）.

［60］百家.试论人类体育与地理环境［J］.武汉体育学院学报，1992（2）.

［61］任莲香.论体育文化［J］.新华文摘，2003（7）.

［62］黄亚飞，等.我国古代体育活动内容和文化精神研究［J］.体育文化导刊，2009（5）.

［63］史国生.我国古代养生思想之管见［J］.体育文史，1998（1）.

［64］钟全宏.人类生存环境与体育发展［J］.甘肃社会科学，2007（6）.

［65］钟全宏.中国传统哲学思想与古代体育文化［J］.丝绸之路，2010（16）.

［66］谭广鑫.原始武舞与巫术交融的武术萌芽状态［J］.体育科学，2019（4）.

［67］郑振坤.周易的养生思想及其影响［J］.体育文史，1987（1）.

［68］梁诚.体育本质的生存论与发生学阐释［J］.体育科学，2018（1）.

［69］周桂钿.文化流变浅论［J］.中国社会科学院研究生院学报，2009（2）.

［70］邹广文.文化、文化本质与文化变迁［J］.中共天津市委党校学报，2004（4）.

［71］王凯珍，等.我国龙舟竞渡发展研究［J］.体育文化导刊，2010（3）.

［72］白晋湘，等.探寻传统体育文化之根 传承现代体育文明之魂——非物质文化遗产视角下民族传统体育研究述评［J］.北京体育大学学报，2017（1）.

［73］李军.西部少数民族传统节庆中民俗体育的文化特征及价值［J］.成都体育学院学报，2011（1）.

［74］王广虎，等.论中华民族伟大复兴中的民族传统体育发展［J］.北京体育大学学报，2018（12）.

［75］段丽梅，等.民俗体育花棍舞（打莲湘）流变考释［J］.体育文化导刊，2015（10）.

［76］刘青，等.拓展与深化中华人民共和国体育史研究的思考［J］.成都体育学院学报，2019（6）.

［77］侯志涛，等.民族传统体育文化传承场域变迁和实践选择［J］.体育文化导刊，2021（10）.

［78］杨静，等.中国传统体育文化对外传播反思与对策［J］.体育文化导刊，2021（6）.

［79］张红学，等.文化自信背景下民族传统体育文化传播困境及对策［J］.体育文化导刊，2021（8）.

［80］黄振鹏，等.文化自信视角下民族传统体育文化全球化传播探析［J］.体育文化导刊，2021（7）.

# 后　记

　　这是一个信息巨变的时代，人们获取知识的策略发生了重塑性变化。我们不难发现，"平面化的知识获取"已占据主导性的地位，人们把越来越多的读书学习时间投入到以互联网为媒介的电子产品上，这样的阅读方式使他们能够快速而直观地了解当下社会发生的事情、现象和问题，而当人们的思维穿梭于这些浅显的、平面化的时空环境里，传统的、经典的纸质文案的学习却被现代社会逐渐边缘化。

　　用我国宋代思想家张载之观点，如果人们想把自己的认知从平面化的"闻见之知"提升到"感性之知"，就需要调整自己的阅读策略，为传统经典阅读留下一定的时间和空间。从某种意义上讲，任何一种传统文化都是由一系列经典元素构成的。在过去几千年的时间里，我们的先哲们用他们深邃的智慧和启迪人的思想精神力量，创造出了人们通向理想之岸的文明。中华民族几千年的文化积淀和风俗传统，在其独特的生存环境里形成了独有的文化品格。

　　中国古代体育文化历史悠久，博大精深。《周易》开篇所载的"天行健，君子以自强不息；地势坤，君子以厚德载物"与体育所追求的运动之美、公平竞争和尊重规则的理念不谋而合；自先秦之"六艺"总揽德、智、体全面发展之要领，到"庄子效法于庖丁，仲尼取资于射御"等皆孕育着体育的深刻内涵。展开中华民族体育文化的历史长卷，从赵武灵王胡服骑射，到北魏孝文帝汉化改革；从"洛阳家家学胡乐"到"万里羌人尽汉歌"；从边疆民族习用"上衣下裳""雅歌儒服"，到中原盛行"上衣下裤""胡衣胡帽"，以及今天随处可见的舞龙舞狮、养生健身等，展现出各民族文化的互鉴融通。各族文化交相辉映，中华文化历久弥新，这是今天我们强大文化自信的根源。

　　从时间跨度上看，唐朝是一个流光溢彩、绚丽多姿的朝代，其多姿多彩就在于对各民族文化海纳百川的气度，瑰丽奇特的体育文化正是盛唐景象的展现。从王维的"蹴鞠屡过飞鸟上，秋千竞出垂杨里"，到杨巨源的"亲扫球场如砥平，龙骧骤马晓光晴。入门百拜瞻雄势，动地三军唱好声。"从"人间物类无可比，奔车轮缓旋风迟"的胡旋舞，到"环行急蹴皆应节，反手叉腰如却月"的胡腾舞，都展现了唐朝繁荣昌盛与多元一体的民族体育文化，不仅深刻影响着当时人们的精神文化生活，也是唐代体育文化空前繁荣的见证。今天，我们从敦煌莫高窟的壁画上面，从丝绸之路沿线古迹和出土文物以及历史典籍中，都能看到大量关于唐代体育活动和舞蹈表演的画面，它们生动饱满、元气淋漓，仿佛要将我们带到那个风韵流动、光彩耀人的大唐盛世。

中国古代体育文化与世界其他民族的体育文化相比较，呈现出鲜明的整体性特征，构成中国古代体育文化核心要素的就是中国传统思想。从黄帝、尧、舜、禹、汤，到春秋战国时期奠定"哲学突破"的基石，此后历经多次创生、突变、吸纳、交融、整合的历史演变，表现为子学、经学、玄学、佛学、理学、心学、实学等不同的思想形态。中国传统思想根植于古代体育文化的血脉里，它既不是封闭的，也不是静止的，而是在不断的演变发展中壮大自己，延续自己。同时，中国古代体育文化具有独特的一贯连续性，形成了一种传统，体现着中国文化的核心精神。正是这种体现文化核心精神的思想传统及其丰富多彩的外在表现，使得中国古代体育文化经久不衰。

我由衷地感谢在本书撰写过程中给予支持和帮助的诸位同仁，你们的思想和智慧同样融入这部著作里；我还要特别真挚地感谢学界诸多的师长和同道，因为我在本书中大量地参考和汲取了他们在相关领域里精深研究的成果，我已尽可能地在本书所附的"主要参考文献"中一一列出。此外，我也要特别感谢人民体育出版社的姚垚老师，感谢您为本书出版所付出的诸多心血。我将这些理解与支持转化成辛勤耕耘的动力，以更敬业的精神回馈这份情谊。

钟全宏

2022年4月16日